ALEXANDRE MONTEIRO

TORNE-SE UM DECIFRADOR DE PESSOAS

academia

Copyright © Alexandre Monteiro, 2021
Copyright © Editora Planeta do Brasil, 2022
Todos os direitos reservados.

Preparação: Franciane Batagin
Revisão: Alanne Maria e Valquíria Matiolli
Diagramação e projeto gráfico: Vitor Donofrio (Paladra Editorial)
Capa: João Almeida
Fotografia de capa: Pau Storch
Adaptação de capa: Fabio Oliveira
Fotografias de miolo: Shutterstock

DADOS INTERNACIONAIS DE CATALOGAÇÃO NA PUBLICAÇÃO (CIP)
ANGÉLICA ILACQUA CRB-8/7057

Monteiro, Alexandre
 Torne-se um decifrador de pessoas / Alexandre Monteiro.
 — São Paulo: Planeta do Brasil, 2022.
 336 p.

 ISBN: 978-85-422-1936-4

 1. Comportamento humano 2. Linguagem corporal 3. Personalidade —
Avaliação I. Título

22-6675   CDD 155.28

Índice para catálogo sistemático:
1. Comportamento humano

 Ao escolher este livro, você está apoiando o manejo responsável das florestas do mundo

2022
Todos os direitos desta edição reservados à
Editora Planeta do Brasil Ltda.
Rua Bela Cintra, 986, 4º andar – Consolação
São Paulo – SP – 01415-002
www.planetadelivros.com.br
faleconosco@editoraplaneta.com.br

Este livro é dedicado a você.

"Não ser descoberto em uma mentira é o mesmo que dizer a verdade."
Aristóteles Onassis

"Veja o invisível e faça o impossível."
Mossad

"Não acredite apenas no que os seus olhos lhe dizem. Tudo o que mostram é limitação. Olhe com entendimento."
Richard Bach

"Isto não são rugas, são marcas de expressão. Indicam o quanto já foi sentido."
Paulo César

Sumário

INTRODUÇÃO 9
90% DAS SUAS AÇÕES OU DECISÕES SÃO INCONSCIENTES 11
LER A ESSÊNCIA E NÃO A APARÊNCIA 12
DO QUE TEMOS MEDO? 16
A FORÇA DA ROTINA 17
POR QUAL LENTE VOCÊ VÊ O MUNDO? 18
OS TRUQUES DO CÉREBRO 20

1. LEIS DE UM DECIFRADOR 25
1ª LEI: TODOS TEMOS UMA MÁSCARA 25
2ª LEI: TODOS TEMOS UMA INSEGURANÇA,
MAS PENSAMOS QUE NÃO TEMOS 29
3ª LEI: SOMOS PRODUTO DA NOSSA INFÂNCIA 32
4ª LEI: O AMBIENTE É RESPONSÁVEL PELAS CRENÇAS 34
5ª LEI: O CONTEXTO IMPORTA 35
6ª LEI: DETECTAR O QUE É UMA ANOMALIA 36

2. O ESSENCIAL PARA SE TORNAR UM BOM ESPIÃO 37
DECIFRAR O CÉREBRO: POR QUE FAZEMOS O QUE FAZEMOS? 37
» Biologia, evolução, emoção e razão 37
APRENDA A SER MAIS SEDUTOR 47
LIDERANÇA E CARISMA 53
» Padrão animal 57
» Por que queremos obedecer ou ser obedecidos? 57
» Como verificar se você tem a testosterona alta 58
» Os três tipos de líderes 59
» Comportamentos e regras de um líder 60

DECIFRAR MANIPULADORES OU AGRESSORES 69
» Ferramentas necessárias para identificar e se proteger
  das pessoas tóxicas ou manipuladoras 70
» Tipos de manipuladores 79

3. DECIFRE PESSOAS COMO UM ESPIÃO DO KGB, FBI, CIA E MOSSAD 87

O SÉTIMO SENTIDO DE UM ESPIÃO 87
» Como padronizar os sinais não verbais 88
» Categorias de gestos ou sinais 93
OS SEIS PASSOS PARA DECIFRAR PESSOAS COMO UM ESPIÃO 98
» Pistas anatômicas 99
  As sete expressões faciais universais 101
  Rugas 108
» Pistas especiais 116
» Pistas dinâmicas 117
  Articulações 118
  Artérias e genitais 118
  Mãos/dedos 119
  Toques 132
  Linguagem corporal 144
» Pistas ambientais 174
  Casa 179
  Carro 183
  Espaço social 185
  Objetos 186
  Anéis, brincos e relógios 187
  Bolsas e carteiras 192
  Celular 196
  Sapatos 197
  Assinaturas 201
  Rabiscos e desenhos 212
  Cores 214

- » Anomalias – mentira 217
  - Detectar mentiras 218
  - Técnica de elogiar, afirmar ou perguntar 229
  - Técnica conte algo sobre você 230
  - Interrogar como um agente do FBI 231
  - Técnicas avançadas para detectar mentiras 240
  - Técnica de resposta não resposta 247
  - Linguagem corporal 255
- » Faça um perfil como um espião 261
  - Os cinco padrões de pessoas 263
  - Qual é a sua força mais dominante? 269
  - Formas de receber 273
  - A técnica MICE 278
  - A técnica RASCLS 279
  - Decifrar o piloto automático – feitio 282
  - A regra das 24 horas 287
  - A regra dos 15 minutos 288

4. FALAR E SEDUZIR COMO UM ESPIÃO 293
PADRÕES DE PILOTO AUTOMÁTICO
QUE ESTÃO PRESENTES NO DIA A DIA 295
- » Técnica de tendência, hemisfério e gestos (THG) 301

FAÇA O DEVER DE CASA 305
O PODER DOS 4 MINUTOS 306
- » O que fazer para captar a atenção? 307
- » Técnica da empatia competente 312
- » Técnica da autoridade transferida 322
- » Técnica OOAPE 324
- » Técnica OODA 331

CONCLUSÃO 335

INTRODUÇÃO

Decifrar pessoas é ter o poder de descobrir verdades escondidas sobre elas por meio de métodos e técnicas ensinados, adotados e compartilhados pelas maiores escolas de espionagem, agentes de organizações, como CIA, FBI, Mossad, MI6, e também por especialistas em comportamento humano, como psicólogos, peritos em inteligência militar, neurobiólogos, mentalistas, neurologistas, hackers, cientistas e investigadores das melhores universidades.

As informações contidas neste livro foram aprendidas e desenhadas com base em todas as fontes mundiais e em minha própria investigação, com o objetivo de ensinar você a resolver o puzzle humano e revelar as regras mais escondidas do comportamento das pessoas. Como diria Sherlock Holmes: "O mundo está cheio de coisas óbvias que ninguém vê". Decifrar pessoas não se limita a interpretar os sinais, é muito mais do que isso. É ler as nuances mais profundas da essência, é conhecer as pessoas de verdade.

O segredo não está em ver mais, mas sim em aprender e decodificar o que vemos. Estamos constantemente nos comunicando, e existem regras naturais que se aplicam a todas as pessoas.

Entender e compreender essas regras da natureza humana lhe dará o poder de descobrir muito mais sobre aqueles que mais ama, como amigos ou colegas de trabalho, e, mais importante ainda, sobre como pode influenciá-los, levando-os a fazer aquilo que você quer e fazendo-os pensar que são eles que decidiram tomar a atitude.

A arte e a ciência de decifrar pessoas ajudam a compreender a mente humana, e, quando você começar a entender a sua estrutura, será muito mais simples ter uma visão única sobre si e sobre os outros. Será possível também:

- Melhorar o seu poder de observação;
- Promover a análise e a previsibilidade de comportamentos com precisão;

- Descobrir inseguranças, necessidades, pontos de desconforto, interesses, medos e mensagens subliminares;
- Detectar a probabilidade de alguém estar mentindo;
- Desvendar crenças escondidas;
- Perceber a manipulação, em todos os contextos de interações humanas, sejam elas presenciais, sejam elas remotas.

Neste livro, vou compartilhar técnicas e segredos que nunca dividi antes para ensiná-lo a perceber muito mais coisas sobre uma pessoa enquanto a observa: se tem comportamentos ruins, se gosta de socializar, se tem dificuldade de dizer "não" e por quais motivos; além disso, vou ensiná-lo a identificar e se proteger de pessoas manipuladoras ou tóxicas, a ser mais carismático e a reconhecer se elas foram educadas por pais autoritários etc. Você aprenderá ainda sobre o que significa o conteúdo da carteira de uma pessoa, sobre o que revelam as suas publicações, os e-mails e os comentários que cada um faz nas redes sociais. Verá também o que pode decifrar a partir dos animais domésticos de cada um, a partir do destino que escolhem para viajar nas férias, como gostam de ser amados, o que significa colocar determinado pôster na parede ou a decoração escolhida para o local de trabalho, vestir determinadas roupas, apresentar determinada postura e usar certos acessórios e entenderá também quais são as técnicas psicológicas que pode aplicar em interações e quais são necessárias para desencadear verdadeiros curtos-circuitos cerebrais para influenciar pessoas e ganhar discussões facilmente. E isso tudo não é magia, mas a combinação de várias ciências, artes, estratégias, táticas e conhecimentos, que têm por base o estudo do comportamento humano avançado.

Cada capítulo deste livro contém (in)formação e métodos para otimizar a sua performance nas mais variadas áreas da vida, seja ela profissional, pessoal ou social.

Existem muitas pessoas que associam a qualidade de vida somente à sorte ou ao destino. Eu prefiro dizer que um dos grandes fatores para uma vida melhor é a habilidade de ler e encantar pessoas, por isso quero ajudá-lo agora a decifrar e a usar este código que aprendi com os melhores decifradores e encantadores do mundo.

90% DAS SUAS AÇÕES OU DECISÕES SÃO INCONSCIENTES

Antes de começarmos, gostaria de trazer algumas reflexões.

- Você sabia que mais de 90% das suas ações ou decisões são inconscientes?
- Sabia que você não percebe a maior parte daquilo que faz nem tem a percepção de por que fez aquilo?
- Por que se vestiu dessa maneira hoje?
- Por que gosta mais de uma cor do que de outra?
- Por que escolheu a sua armação de óculos e não outra qualquer?
- Por que começou a usar mais maquiagem?
- Qual foi a razão para escolher determinado penteado? Para aqueles que ainda podem fazer isso, claro.
- Por que há homens e mulheres que gostam de usar relógios enormes?
- Por qual motivo algumas pessoas gostam de usar brincos maiores e outras de usar brincos menores? E por qual motivo algumas pessoas nem usam?
- Por que escolheu a roupa que está usando agora? Se você escolheu pela mesma razão que eu, que é a minha esposa que me obriga, então você está no lugar certo. Bem-vindo(a) ao clube!
- Por que algumas pessoas gostam de sapatos de bico fino? Você gosta de sapatos assim?

Respondendo à última pergunta: quem gosta de sapatos de bico fino tem mais indícios de mau comportamento. Agora que já sabe disso, fuja se encontrar alguém que tenha sapatos assim! Brincadeira. Não precisa fugir, mas espere um perfil de pessoas mais diretas, com menos paciência e mais impulsivas. Em relação às respostas para as outras perguntas, as mais comuns são: "Porque é confortável"; "Sinto-me bem"; "Era o que tinha disponível naquele momento"; "É prático"; "Porque gosto", e muitas outras respostas semelhantes.

Ao ouvir essas respostas, pergunto em seguida: "Mas por que é confortável? Por que se sente bem quando usa determinada roupa? Por que as pessoas não escolhem as mesmas peças e não têm exatamente as mesmas preferências?". A maioria não consegue me responder com um argumento lógico. Aqui tudo fica mais confuso e, na maior parte das vezes, nem conseguimos responder por que fazemos o que fazemos, e isso acontece porque são escolhas inconscientes, que têm como base a nossa essência, nossos medos, nossas inseguranças, nossos valores e nossas crenças inconscientes, e, mais importante, tomamos essas atitudes à procura de amor, reconhecimento e admiração, ou seja, existe ali a necessidade de que determinadas pessoas gostem mais de nós e nos aceitem. Seja por ser mais confortável, por nos sentirmos mais confiantes ou porque nos sentimos melhores ao vestir uma determinada cor, ou então porque parecemos mais poderosos ao usar um relógio maior que transmita virilidade ou status. Posso afirmar que existem motivos muito maiores do que essas respostas, uma vez que a maior parte daquilo que fazemos está relacionada à nossa essência e às nossas necessidades mais profundas.

Não fazemos nada "sem querer"; toda ação tem uma razão. Essa razão gera uma determinada escolha, decisão ou ação, que vai ser comunicada por meio de sinais verbais e não verbais, como comportamentos, ações e palavras. Chamo esse conjunto de conceitos de código.

LER A ESSÊNCIA E NÃO A APARÊNCIA

Decifrar pessoas é ler a essência e não a aparência. Acredito que as nossas ações, gostos, medos, conjunto de sinais verbais e não verbais, comportamentos diários e reações refletem quem somos, como pensamos, nossas experiências emocionais passadas e, mais importante, revelam o nosso núcleo ou, como eu gosto de chamar, a nossa essência. Muitas vezes, perguntam-me se acredito que as pessoas podem mudar... Acredito que podemos mudar as versões que vestimos no dia a dia, mas não a nossa essência, isto é, a base que guia os nossos desejos, medos e necessidades mais profundos. O que acontece é que, quando vamos para o trabalho, vestimos a nossa versão profissional, quando nos encontramos com amigos, vestimos a nossa versão social, e, quando estamos em casa, vestimos a nossa versão pessoal, que é a mais genuína porque não temos que impressionar ninguém, ou essa não é a nossa prioridade.

Já reparou que muitas pessoas têm mais facilidade em ser mal-educadas com a família do que com os colegas, chefes ou amigos? Quanto maior for a necessidade de impressionar e de conquistar o amor, a admiração ou o reconhecimento do outro, mais a pessoa irá esconder a sua verdadeira essência. Ela, por sua vez, é camuflada pela necessidade ou pelo medo, e tendemos a apresentar comportamentos mais controlados, simpáticos e subservientes quando, na verdade, até podemos não ter essa vontade.

Todos queremos ser amados. Para confirmar se alguém realmente gosta de mim, costumo utilizar como medida a reação quando digo que não posso ou não quero fazer algo. Muitas pessoas podem estar conosco não pelo que somos, mas sim por aquilo que damos a elas.

Se quiser filtrar as suas relações, comece a dizer "não" algumas vezes. Se a pessoa fica ofendida, deixa de falar com você, de ser simpática ou até mesmo se vinga prejudicando-o, trata-se simplesmente de uma relação tóxica em uma versão egoísta, que só funciona para satisfazer às necessidades escondidas da pessoa.

Nas suas interações, pergunte-se: o que essa pessoa pode ganhar comigo? O que ela quer? Do que ela precisa? Do que ela tem medo? Pergunte-se o que ela pode ganhar ou tem medo de perder. Pode ser amor, dinheiro, segurança, apoio, status, promoções, orientação ou pode até mesmo ser medo de ficar sozinha. Esse é sempre um bom ponto de partida para começar a decifrar pessoas. Aproveito para relembrar que estamos sempre falando do funcionamento do cérebro inconsciente, porque o nosso maior medo é morrer, e temos uma necessidade muito forte e inconsciente de sermos amados, ou seja, é a necessidade mais profunda que procuramos.

Há pessoas que não gostam de ouvir ou reagem mal às negativas recebidas, o que indica egoísmo, foco apenas nas próprias necessidades e dificuldade em dizer não... Por que será que isso acontece? Temos que nos lembrar, sempre que fazemos algo que nos pedem, de que existe normalmente uma forma de recompensa, gratidão ou amor da outra parte, mesmo que não seja genuíno. Também existem pessoas que têm dificuldade em dizer "não" por terem medo da rejeição. Quanto mais dificuldade temos em dizer "não", maior é o medo de morrer e maior é a carência de amor ou de vários tipos dele, tópico que iremos abordar adiante, porque nem todas as pessoas sentem necessidade do mesmo tipo de amor ou o percebem da mesma maneira.

Por vezes, pensamos que são fracas as pessoas que não conseguem dizer "não". Não! Elas, na realidade, estão viciadas ou são dependentes do amor do outro. Pelas regras delas, pensam que não recebem amor suficiente, têm o sentimento de insegurança ou carência de reconhecimento e vão tentar compensar ou comprar esse amor, mostrando-se sempre prestativas e atendendo a todos os pedidos, mesmo que essas solicitações sejam prejudiciais. Gostaria de reforçar que saber dizer "não" é importante, pois assim existe a possibilidade de perceber quem está realmente com você pelo que é e não por necessidade ou interesse.

As relações de dependência acabam se baseando na mentira, uma das maiores razões pelas quais ela e a manipulação têm muito sucesso. Quando estamos carentes emocionalmente e não queremos perder o amor do outro, preferimos acreditar nas pessoas do que enxergar os sinais de alerta, que, muitas vezes, são evidentes. Quantas vezes você teve a sensação de que o comportamento de uma pessoa de que gosta é ruim e depois acabou convencendo-se de que não era nada ou somente a sua imaginação o sabotando? A necessidade exagerada de receber amor faz com que as pessoas fiquem muito vulneráveis e acabem fazendo de tudo para não perder aquele amor, mesmo que seja ilusório.

Os manipuladores usam essas vulnerabilidades da essência – como a necessidade de amor, a ganância ou o medo – para fazer com que você aja de acordo com as más intenções que eles têm.

Os terroristas têm uma estratégia para recrutar novos membros, que é procurar e identificar – presencialmente ou on-line – pessoas que estão sofrendo, que procuram amor, significado, sentido de pertencimento e até mesmo uma família. Essas pessoas são e estão vulneráveis.

Quando quer recrutar um espião, o que um agente da CIA procura em primeiro lugar? As vulnerabilidades daquela pessoa. Problemas conjugais. Saúde. Dinheiro. Ego. Sim, por mais estranho que pareça, o ego em excesso é uma vulnerabilidade e um motivador poderoso para sermos influenciados, característica comum em homens. São as carências da nossa essência que nos deixam vulneráveis, por isso identificá-las é proteger a si mesmo, entendendo as suas fraquezas para estar mais seguro. Identificar as suas vulnerabilidades antes das pessoas mal-intencionadas é uma prioridade para ajudá-lo a ser mais forte.

Ensino esses métodos e técnicas a espiões, militares e profissionais de segurança pelo mundo todo para que consigam se proteger de tentativas de manipulação e de comportamentos ruins. Uma das primeiras lições que trago aqui é a *firewall ilusion*, cujo princípio é o seguinte: quem pensa que nunca vai ser atacado, manipulado, enganado por se achar muito esperto é quem está mais vulnerável. Como aprendi com um dos maiores hackers mundiais, a maior parte das pessoas nem percebe quão vulnerável e insegura está.

> Contaram-me uma história que reflete o poder da essência e que me faz lembrar, todos os dias, da importância de conhecer a essência, e não a aparência, para evitar dissabores nas relações pessoais e profissionais.
>
> "Era uma vez um Escorpião que queria atravessar para a outra margem de um rio, então pediu ao Sapo que o levasse até lá.
>
> O Sapo, muito desconfiado, disse:
>
> — Se eu te levar até lá, corro o risco de ser picado por você, Escorpião!
>
> O Escorpião, com muita lábia, disse ao Sapo:
>
> — Não temas, amigo Sapo. Se eu te picar, nós dois morreremos afogados, pode confiar em mim...
>
> O Sapo pensou... pensou... e viu que até tinha uma certa lógica. Então, resolveu ajudá-lo.
>
> No meio da travessia, porém, o Escorpião picou o Sapo, que se virou para o Escorpião e disse, sem acreditar, enquanto agonizava:
>
> — Você prometeu que não me picaria! E agora vamos morrer afogados...
>
> O Escorpião, com os olhos incandescentes, ainda teve tempo de dizer:
>
> — Desculpe, Sapo... mas essa é a minha natureza."

A fábula reflete aquilo em que acredito desde sempre: cada pessoa tem a sua essência e age de acordo com ela, mesmo quando trabalhada para disfarçar por meio de máscaras. Conhecer a verdadeira essência do outro é fundamental, porque, muitas vezes, as pessoas vestem personas ou personagens para esconder o que realmente são. No entanto, na maioria das vezes, todos acabam emitindo sinais e agindo de acordo com sua natureza, mesmo que de maneira inconsciente. O cérebro está constantemente protegendo a máscara e, quando se sente atacado, entra em modo de alerta.

DO QUE TEMOS MEDO?

Decifrar pessoas não é somente uma leitura antropobiopsicossocial, mas sim uma arte ilimitada para conhecer o ser mais verdadeiro das pessoas. Quando observo alguém, tenho sempre como pressuposto que não há pessoas genuinamente boas ou más, mas sim uma ou várias experiências que as transformaram ao longo da vida e as empurraram para determinados comportamentos. No entanto, todos nascemos com uma predisposição para uma determinada essência ausente de valores, sejam eles bons ou maus. Nascemos, por exemplo, com a consciência de dois medos: cair e escutar sons altos, estridentes. Se eu perguntasse a você os motivos para ter medo, saberia responder? Onde aprendeu? Quem o ensinou? Como aprendeu? Acredito que tenha respostas interessantes e reveladoras para apresentar. Um exemplo claro foi revelado em um estudo em que perguntavam qual era o maior medo dos entrevistados. E, surpreendentemente, a resposta mais selecionada foi falar em público. E o segundo medo? Morrer. Para mim, foi estranho ouvir a sequência das respostas, mas não sei se você terá essa sensação também. O motivo é que uma de nossas maiores necessidades inconscientes é o medo de não sermos aceitos por outros indivíduos de nosso grupo, e não ser aceito significa morrer, sim, morrer!

É por esse motivo que temos tanto medo de falar em público, pois existe a possibilidade de não aprovarem o que dizemos, o que leva ao sentimento de rejeição, resultando em um sentimento pré-histórico que nos acompanha até os dias de hoje.

Na Pré-História, quando alguém não era aceito pelo restante do grupo ou pelos líderes, a pessoa era expulsa da gruta e ficava sujeita às extremas condições climáticas e aos abundantes predadores, o que normalmente resultava na morte. Esse comportamento ficou gravado em nosso inconsciente e em nossa memória genética, e ainda hoje nos comportamos de acordo com ele, agindo para que as pessoas gostem de nós para evitar críticas.

A FORÇA DA ROTINA

No mundo atual em que existe tanta informação e consciência sobre tudo o que nos rodeia, muitas pessoas acreditam que conseguem controlar a vida, as decisões, as ações, as escolhas, e acredite: elas não poderiam estar mais enganadas. Mais de 90% dos 50 mil pensamentos que geram as nossas decisões, ações e escolhas são inconscientes e nem temos a percepção de que estamos fazendo aquilo, sendo que aproximadamente 70% deles são idênticos aos do dia anterior. Andamos quase sempre em piloto automático, e isso é assustador.

Na Segunda Guerra Mundial, o serviço secreto nazista aproveitou o estudo do piloto automático para criar um departamento específico para estudar os comportamentos-padrão dos ingleses e dos norte-americanos em comparação com os dos alemães, identificando espiões em seu exército. Esse estudo consistia em observar as diferenças entre comportamentos ditos normais – desde a forma como cruzavam a perna, quais eram as diferenças ao fumar um cigarro, como faziam o gesto para ilustrar o número 3, se colocavam ou não gelo nas bebidas, se davam ou não gorjeta, se comiam a refeição com ou sem pão. Por exemplo, o ato de cruzar as pernas do norte-americano era em forma de 4, o que indica mais autoridade e ego, enquanto o alemão cruzava a perna acima do joelho, mais pragmático e controlado. O norte-americano segurava o cigarro entre o indicador e o polegar, enquanto o alemão segurava com o polegar e o médio. O gesto para indicar o número 3, feito pelo alemão, começava pelo polegar, enquanto o inglês começava pelo indicador. Existiam centenas de indicadores de hábitos ingleses e norte-americanos que os alemães não faziam, como colocar gelo nas bebidas, comer pão junto com as refeições e dar gorjeta.

Esses comportamentos aconteciam porque o nosso cérebro está habituado à rotina. Ele é preguiçoso, mas não é estúpido. Então, se não é estúpido, o que o leva a ser preguiçoso, a querer criar rotinas? Ele quer poupar energia!

Grande parte das pessoas tiveram hoje os mesmos comportamentos de ontem e anteontem. Por exemplo, no trânsito há quem siga todos os dias o mesmo trajeto sem se dar ao trabalho de procurar alternativas para evitar qualquer constrangimento, como acidentes ou obras. Mesmo querendo mudar, a sistematização e a rotina dão segurança e poupam energia, fazendo com que a mudança seja sempre difícil. O cérebro precisa de rotinas e hábitos para poupar energia, pois é uma forma que encontra para não ativar a área que consome mais energia, o neocórtex, a área mais racional, responsável pelas decisões conscientes e a mais recente do cérebro. Já se perguntou por que existem estereótipos, preconceitos e "rótulos" criados de maneira generalizada e simplificada pelo senso comum? Como é fácil olharmos para alguém e adivinharmos o comportamento dessa pessoa unicamente com base no senso comum e nas intuições, não é mesmo? Esse foi o modo que o cérebro arranjou de poupar energia, já que não tem que analisar cada pessoa como um novo indivíduo, mas pode generalizar a leitura por meio da história, da geografia, da cultura e de crenças diversas da sociedade. O cérebro primitivo percebe que quem não é como eu ou como meu grupo é uma ameaça inconsciente. Há milhares de anos, quando surgiam pessoas de tribos diferentes, o objetivo era conquistar ou roubar, logo seriam ameaças.

Ler pessoas significa ir além dos estereótipos. Nos tempos de hoje, essa avaliação já não faz sentido, uma vez que existe a multiculturalidade e muitas diferenças entre as pessoas, além de termos consciência clara de que a intenção de conquista de território já não é real. É sinal de insegurança ter a percepção de que as diferenças são uma ameaça. Observar verdadeiramente é evitar os julgamentos preconceituosos e investigar sempre com base nos sinais que observamos e não somente na intuição.

POR QUAL LENTE VOCÊ VÊ O MUNDO?

Identifique agora se comete algum desses erros e observe como percebe o mundo de acordo com suas atitudes no trânsito. Quando vê alguém cometendo alguma infração, você costuma verbalizar e corrigir? Normalmente, você se refere a todos os motociclistas como perigosos? Quando passa por um acidente, você tenta perceber o que aconteceu ou apenas reflete: "aconteceu porque tinha que acontecer"? Essas são as três lentes do piloto automático pelas quais normalmente vemos a realidade e a julgamos: a lente da justiça sente que deve corrigir ou julgar; a lente do contra vai criticar, desdenhar ou maldizer; e a lente do destino vai dizer que tinha de ser, já que é o destino, assim Deus o quis, foi azar.

Para não cair nessas armadilhas, meu conselho é que não julgue, investigue mais e pergunte-se: por que será que a pessoa faz ou fez aquilo? O ideal é fazer essa pergunta em todas as interações do seu dia a dia, quando estiver prestes a julgar alguém. Questione o motivo pelo qual a sua filha está tomando atitudes ruins, o motivo pelo qual o seu amigo deixou de ligar, a sua parceira começou a se maquiar mais, a sua chefe ou o seu chefe está gritando com frequência... Não caia no erro de dizer que é *normal*, porque não é. Esse hábito de olhar para os sinais e dizer que é normal é uma das primeiras lições dos serviços secretos, então não caia nessa armadilha. Investigue e pergunte o porquê, analisando o que levou a pessoa a fazer determinada ação ou a ter determinado comportamento. Toda ação tem uma razão. Descubra a razão e se aproximará da verdade.

 DICA DO DECIFRADOR

Os agentes secretos norte-americanos que protegem o presidente não procuram o que é igual quando olham para uma multidão, mas sim o que é diferente, porque comportamentos irregulares significam que algo mudou.

Quando mudo o meu estilo, comportamento, cor ou corte de cabelo, alguma coisa mudou em minha vida. Muitas vezes, porém, ao vermos a mudança e por termos um cérebro preguiçoso, desconsideramos o seu perigo potencial, achando que não é nada para não precisarmos investigar e ignoramos aquilo. Contudo, quando tramam algo para nós, os sinais de alerta aparecem antes mesmo de algo acontecer.

Não podemos pensar que uma ação ou interação acontece sem um propósito, que não existe intencionalidade, pensar que não é nada... Há várias pessoas que são demitidas ou se divorciam e só se dão conta no dia em que acontece, mas posso garantir que todos os comportamentos já haviam sido alterados antes do acontecimento.

Alguém é convocado para todas as reuniões da empresa e de repente não é mais... O que começa a fazer? Inventar desculpas. Não crie desculpas! Se algo mudou, pergunte-se: por que não me convidaram? O que está acontecendo? No fundo, quero semear em sua mente que nada acontece por acaso, tudo serve para satisfazer as necessidades da essência.

OS TRUQUES DO CÉREBRO

Algo curioso é que existe foco quase total na formação de conhecimento técnico, certificados ou diplomas, mas nenhum foco no estudo do comportamento e das emoções. Por exemplo, nas escolas e universidades, qual é o tempo dedicado aos temas comportamentais, como gestão de emoções, manejo de ansiedade, aprendizado mais eficaz, estudos profissionalizantes, apresentações poderosas? Até onde tenho ciência, o tempo é reduzido.

> **EXERCÍCIO**
>
> Observe as duas setas.
> Qual é a seta maior?
>
>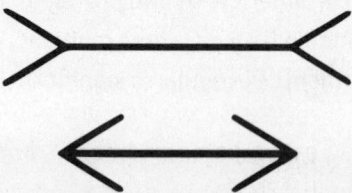
>
> Se você respondeu que as duas são iguais, você acertou. À primeira vista, sem racionalizar, uma delas pareceu maior? Se aconteceu com você, fique tranquilo pois também aconteceu comigo, e achei que a seta maior era a de cima. A realidade não é a realidade, mas a percepção da realidade.

Agora vou contar um segredo: você sabia que a competência é a última característica percebida nas pessoas? Por exemplo: você é o recrutador de uma empresa e vai conduzir as entrevistas com dois candidatos com currículos muito semelhantes. Entra o primeiro candidato, e você gosta dele, faz várias perguntas e uma delas é sobre os seus gostos pessoais, no que ele lhe responde ter preferência por cães. Como gostou dele, você imagina qual tipo de cão o candidato gosta ou tem, e, por ter se identificado com ele, se lembra do labrador, que é uma raça amigável e mais tranquila.

Entra o segundo candidato e você não gosta dele, mas faz exatamente o mesmo processo. Durante a entrevista, você imagina qual tipo de cão gostará o candidato, associando-o às raças rottweiler e pit bull, que podem ser mais bravas e sérias.

Esta é uma das armadilhas que o nosso cérebro prega em nós: quando gostamos de uma pessoa, temos tendência a associar coisas boas a ela, e, quando não gostamos, temos tendência a associar coisas ruins. Isso acontece em muitas de nossas decisões, incluindo as mais importantes, como a escolha dos destinos de viagem em seu país. Gostaria de trazer uma pergunta: você já leu as propostas políticas de quem votou nas eleições? Leu as propostas dos partidos nos quais não votou?

Muitas das pessoas, nas formações que faço pelo mundo, respondem não para ambas as perguntas, mas, se houver uma ou duas pessoas que respondem sim, faço outra pergunta em seguida: Você mudou de opinião depois de ler todas as propostas? A resposta quase sempre é: "Não!"

Então o que andaram fazendo as pessoas que leram as propostas dos candidatos? Perderam tempo! Isso acontece pois, mais uma vez, o nosso cérebro pregou uma peça em nós ao fazer parecer que vamos escolher de imediato de quem gostamos e deu a percepção de que essa escolha vai ser racional. As nossas escolhas são inconscientes na maior parte do tempo. Não conseguimos controlar as emoções e, muitas vezes, nem temos a percepção do impacto da decisão que tomamos.

Sim, infelizmente é verdade que tomamos muitas decisões inconscientemente, e isso é o que acontece com frequência na nossa vida quando as pessoas nos avaliam, não por aquilo que somos, mas sim pelo que elas percebem que somos. Sim, é difícil de acreditar, mas é a verdade e acontece porque as emoções que sentimos são o maior inimigo ao decifrar pessoas.

O que significa que, muitas vezes, não temos consciência do que as pessoas sedutoras fazem, de qual é o seu poder de influência e de como ele não vem só da competência, mas sim do charme, do carisma e da confiança;

não somente daquilo que elas sabem, mas sim da competência emocional e do que sabem sobre pessoas. Ser competente emocionalmente dá o poder para que outras pessoas queiram ouvir a sua competência técnica.

Outro exemplo: você vai até uma farmácia e encontra cinco atendentes. Pega uma senha, olha para as cinco pessoas e pensa: *Espero que não me chamem.* Já aconteceu isso com você? Imagino que sim. Já aconteceu com todos nós. E, como o universo pode ser complicado, muitas vezes encarrega-se de atribuir aquela pessoa a nós. Isso é o que fazemos e nem percebemos: julgamos uma pessoa não pela sua competência, mas sim pela sua postura de líder ou amigo.

Por esse motivo, se eu pedir para você indicar duas características boas de uma pessoa de que não gosta, quais seriam? Será que a resposta estava na ponta da língua ou você precisou pensar mais do que o normal? Quantas características pensou: em uma ou em duas?

> Quero contar outra pequena grande história a você.
>
> Um barco naufragou e, após o acidente, uma pessoa foi parar em uma ilha que tinha uma praia maravilhosa e tropical. Agradeceu por estar viva. No entanto, nos momentos seguintes, começou a se questionar como iria sobreviver, o que iria comer e beber, onde iria dormir, como iria se aquecer...
>
> Depois de um dia, algo extraordinário aconteceu: outra pessoa que estava vindo do centro da ilha e carregava um enorme peixe na mão apareceu. Sorrindo, ela cumprimentou a recém-chegada e disse:
>
> — Vim ajudar você! Trouxe um peixe e vou ensiná-lo a cozinhar.
>
> E assim aconteceu: ensinou o visitante a limpar o peixe, a acender uma boa fogueira, a cozinhar o peixe, a conseguir água boa e, assim, a fazer um excelente almoço.
>
> Em seguida, preocupada com o novo habitante, ainda o ensinou e ajudou a construir uma cabana, uma cama, uma mesa e tudo o que fosse necessário para ter um abrigo seguro e confortável.

> Depois de tudo isso, a pessoa que tinha surgido do centro da ilha desapareceu da mesma maneira misteriosa que havia surgido, o que deixou o visitante preocupado, mesmo depois de ter aprendido tantas coisas.
>
> Qual era sua maior preocupação?
>
> Se você pensou sobre como pescar o peixe, acertou. Ela agora se perguntava: "Como vou pescar um peixe?"
>
> De que adiantava ter aprendido sobre a parte técnica, se não sabia pescar um peixe?
>
> Se não soubesse pescar, tudo o que aprendera era quase inútil.

Essa situação acontece, muitas vezes, no nosso dia a dia. Aprendemos muitas informações técnicas, fazemos cursos, mestrados e outras formações, e o que acontece é que ainda existem muitas pessoas que não aprenderam a interagir e a influenciar pessoas. Essa situação se assemelha ao caso da pessoa na ilha. Se não souber pescar um peixe, de que serve todo o resto?

Acredito profundamente que competência é algo obrigatório e necessário, no entanto aqueles que sabem mais sobre pessoas e como influenciá-las são pessoas melhores, mais competentes e ainda têm vidas e resultados pessoais e profissionais melhores. E para isso não são necessárias técnicas ou estratégias muito complexas.

Os grandes negociadores usam uma fórmula muito simples de condicionar o nosso cérebro. No início de uma reunião, servem café ou chá quente. Qual é o impacto dessa atitude na percepção emocional? Quando nos referimos a uma pessoa como calorosa, normalmente estamos falando de alguém bondoso ou simpático; logo, se a pessoa sente calor nas mãos, existe maior probabilidade de a associarmos a emoções positivas. Um aperto de mão com a mão gelada ou fria, ou servir bebidas geladas, portanto, pode prejudicar e ter o efeito inverso. Ao categorizar uma pessoa como fria, imagina-se alguém má ou sem sentimentos.

Dito isso, está pronto para começar a nossa aventura de decifrar pessoas? Você já sabe que, para se tornar um decifrador de elite, deve ter três características-base:

- Conhecer qual é o impacto da biologia no dia a dia;
- Compreender as emoções e como se traduzem em comportamentos verbais e não verbais;
- Saber como seduzir para ser ouvido e influenciar com mais facilidade.

ATENÇÃO

Ler uma pessoa sem qualquer plano é exaustivo e perigoso. O segredo é descobrir a história dela por meio da arte e da ciência da espionagem, e, algumas vezes, mesmo sem saber toda a verdade, temos que jogar com a probabilidade. Ser um decifrador não é um trabalho, é dominar uma ferramenta para a vida. Quando conhecer alguém, entrar em um escritório ou em uma casa, automaticamente entre no modo de recolher informações. Tudo é uma pista.

1. LEIS DE UM DECIFRADOR

1ª LEI: TODOS TEMOS UMA MÁSCARA

Ter uma máscara é a maneira que dispomos para disfarçar as nossas vulnerabilidades ou exponenciar as nossas forças para sermos mais admirados ou amados. A nossa essência pode ser transformada em três máscaras:

- Profissional;
- Social;
- Pessoal.

Colocar a máscara é a estratégia que utilizamos quando interagimos com o nosso grupo social, sejam amigos ou colegas. O que quer dizer que, muitos dos nossos comportamentos no trabalho, podem não ser os mesmos que temos com o nosso grupo de amigos ou com a nossa família. Ao sair para trabalhar, vestimos a máscara profissional e temos comportamentos e ações para que sejamos entendidos de determinada forma, com o objetivo de sermos reconhecidos como líderes poderosos e competentes. A máscara pessoal é aquela que só o nosso núcleo mais próximo, como a família, conhece, aquela versão que se aproxima mais de quem somos na essência.

É preciso entender que em todas as versões está sempre implícita a essência. Isso significa que não sou diferente no trabalho, na vida profissional e pessoal, mas sim que sou a mesma pessoa e coloco a máscara da versão que mais combina com quem vou interagir e de quem quero receber admiração. Essa essência é proveniente do sistema emocional, porque não padronizamos o mundo de uma forma muito racional.

Imagine uma pessoa que tem muitos conflitos no local de trabalho, mas não no seu grupo de amigos. Será que ela é uma pessoa diferente nesses ambientes? Será que os amigos e amigas conseguem satisfazer a necessidade emocional de que precisa e o mesmo não acontece no trabalho? E quando as necessidades emocionais não são satisfeitas?

Quando a nossa essência tem uma necessidade emocional e ela não é satisfeita, entramos em modo de alerta, reagindo de três modos diferentes.

(1) Procuramos satisfazer a necessidade em outro local

Em um casamento, por exemplo, quando uma das partes tem uma necessidade que não é satisfeita, existe maior probabilidade de traição. É como um cliente que deixa de comprar em uma loja e vai procurar o produto que não encontrou na concorrência.

(2) Utilizamos a agressividade

Essa estratégia é muito comum quando não encontramos o que precisamos e não podemos ou queremos procurar em outro lugar. Um bom exemplo é pensar em uma pessoa agressiva em casa e submissa no trabalho. Ou seja, a falta de poder e reconhecimento no local de trabalho faz com que ela queira exercer e compensar esse poder em casa por meio da violência. Acredito que uma das razões mais comuns de violência está nas necessidades não satisfeitas de atenção, amor e reconhecimento, que criam pessoas que sofrem e traduzem essa dor em violência verbal ou não verbal para os mais frágeis ou vulneráveis. A raiva surge porque temos medo, isto é, ela é a ausência de amor, é o desejo de mudar alguma coisa secretamente. Tanto a dor física como a rejeição ativam as mesmas zonas do cérebro. Quando somos rejeitados, sentimos como se tivéssemos sido feridos fisicamente. Costumo dizer que, quando um dos cônjuges grita com mais frequência com o outro, temos ali a necessidade de um abraço.

Todas as máscaras escondem, em parte, a verdadeira essência e, principalmente, escondem a insegurança de pessoas que exageram comportamentos. Em muitas empresas, o exagero que revela insegurança é o reforço constante de líderes que dizem: "Eu é que mando aqui!", "Quem é você para decidir alguma coisa?!". É normal encontrar pessoas que falam isso para se afirmar como líderes quando, na realidade e inconscientemente, sentem-se em risco na liderança. As inseguranças podem surgir tanto de modo não verbal como verbal, sendo que o último, na maioria das vezes, é mais fácil de interpretar.

Quando sente que temos alguma fragilidade ou que algo pode nos prejudicar, o nosso cérebro racional – também responsável pelas palavras – tende a compensá-la escondida por meio de frases que equilibram ou escondem essa insegurança. Um exemplo é que, quando alguém diz frases como "Modéstia à parte" e "Para ser humilde", acaba revelando insegurança. Modéstia significa o desejo de não ser visto, mas o seu uso em excesso revela inconscientemente que quer ser notado por não se sentir assim. As pessoas verdadeiramente humildes não precisam falar isso. O ato de verbalizar a humildade é tentar disfarçar a falta dela, e isso acontece porque não se sente reconhecido. Em outras palavras, é uma compensação, pois, quando sente falta de atenção ou admiração, o cérebro quer compensar com palavras para disfarçar a falta de modéstia.

> Uma das melhores explicações para compreender a insegurança das pessoas foi a que ouvi de um dos meus mentores do FBI, e ele compartilha esse exemplo muitas vezes.
>
> — Qual é o cão que late mais: o grande ou o pequeno?
>
> E eu respondi:
>
> — O pequeno!
>
> Ele respondeu, sorrindo:
>
> — Por quê? O cão pequeno é o que late mais porque se sente mais inseguro ou está se sentindo diferente e sofrendo por isso. Com as pessoas é semelhante.
>
> Lembre-se: não julgue, investigue mais. Para mim, não existem pessoas más, mas sim pessoas que estão sofrendo. E, para decifrá-las, em vez de dizer somente que são más, pergunte-se por que elas fazem o que fazem. Qual é a razão? Qual é a dor? Qual é a necessidade não satisfeita?

Quando temos necessidades não satisfeitas, o nosso cérebro tenta compensar aquilo que temos em falta. Quando reforçamos o nosso papel de liderança dizendo "eu que mando", o nosso cérebro está tentando compensar a falta de liderança que sentimos ou a falta de controle que temos sobre as pessoas que deveríamos liderar. Esses comportamentos exagerados não são nada mais do que inseguranças. Gritar é um exemplo. Falar alto não demonstra controle e domínio. Quando gritamos com os nossos filhos, sabe o que eles pensam? Que nos descontrolamos, porque gritar é falta de controle ou falta de soluções racionais. Se não conseguimos gerir a situação, aumentamos o tom de voz porque estamos perdendo o comando. Assim, se o que queremos é ser vistos como líderes, temos que baixar o nosso tom de voz quando falamos com os outros. Falar muito rápido também representa falta de controle, e, nesse tipo de situação, mostra a vontade de querer ser ouvido e a tentativa de chamar a atenção. E os que interrompem constantemente os outros? São os que estão sedentos por atenção ou por poder, por terem medo de serem contrariados, assim como acontece com as crianças.

Uma recomendação para todos os pais: quando estamos em uma conversa e as crianças estão interrompendo constantemente, peçam para que aguardem a vez delas de falar, para que os deixem acabar a conversa e, então, responder em seguida. Se você aceita a interrupção, a criança vai se sentir dominando a situação, já que é uma tentativa de controle, seja para dominar a casa, seja para chamar a atenção.

Deixe as pessoas falarem e não as interrompa, ouça para que elas se sintam compreendidas. As pessoas acreditam que, quanto mais tempo falam, mais prestígio têm, logo sentem também mais poder. Essa percepção é falsa. Em uma interação, quem pergunta mais domina a interação. Muitas conversas não são troca de informações, mas sim para exercer domínio ou receber admiração. O debate, muitas vezes, não é troca de informação, e sim validação de quem é dominante, quem consegue chamar a atenção dos outros e assim vai ganhar mais status. Mais do que saber o que vai dizer, é importante entender o que vai perguntar e como vai fazer isso.

(3) Acabamos nos anulando

Anular-se é ficar em modo passivo, sentindo que a melhor maneira de reagir é evitar lutas, discussões, ou percebendo que não tem força para mudar a situação. Quem se anula lida com a dor em modo submisso ou apático.

Acontece muito em casais, mas também em empresas. Quando a dor é tanta e um elemento do casal ou o profissional sente que não há esperança, acaba por se anular na relação ou no trabalho, perdendo a vontade de dar e/ou receber. Ele simplesmente está ali.

2ª LEI: TODOS TEMOS UMA INSEGURANÇA, MAS PENSAMOS QUE NÃO TEMOS

Quando temos controle, sentimos segurança, e há inúmeras maneiras de as pessoas procurarem controle. Uma das formas é a negativa, que reforça insegurança e é uma sensação falsa de controle, ou seja, o indivíduo é possessivo, controlador, agressivo, bolinador ou desvalorizador de terceiros. A maneira positiva de buscar segurança é controlar o ambiente ou prever o que vai acontecer. Se tiver a habilidade de planejar e avaliar as possibilidades do futuro, terá sentimento maior de controle, sentindo-se mais seguro.

Aqui não falamos da insegurança consciente, mas sim queremos compreender qual é a insegurança mais profunda, saber qual é a consequência que a pessoa teme. Conforto e segurança não são a mesma coisa, uma vez que ter conforto não implica estar seguro.

Podemos ter várias inseguranças. A mais básica e a mais primitiva é a de sermos rejeitados, porque associamos rejeição à morte. A insegurança é um medo? Sim, mas apesar de os medos poderem ser de algo mais específico, como aranhas ou cães, não temos propriamente medo dos animais, mas sim das consequências que podem nos trazer. O mesmo acontece com medos mais racionais, como falar em público, falar com os nossos parceiros, ou conduzir e verbalizar uma opinião, entre outros.

De maneira simples, mas não simplista, vamos pegar o exemplo do medo de andar de elevador. Esse medo intenso não é racional, porque a pessoa sabe que a probabilidade de ter problemas é baixa. Racionalmente ela tem consciência disso, no entanto o que acontece quando precisa andar de elevador? Há o despertar de um alerta para uma ameaça falsa, mas o piloto automático gera o medo pois a regra já está definida. Essa percepção chega diretamente ao sistema límbico e já não será interpretada pela parte racional, dirigindo-se à parte da amígdala, que dá instruções para que várias substâncias sejam produzidas, entre elas o cortisol e a adrenalina, as quais, para reagir à ameaça não real, manifestam sintomas de respiração rápida, taquicardia, transpiração e sentimento de fuga. É importante conhecermos os nossos medos, sabendo o porquê e os gatilhos que os fazem despertar. Assim conseguiremos gerir melhor as nossas emoções e antecipar as situações menos confortáveis e que podem nos prejudicar. Lembre-se de que, com medo, somos mais vulneráveis, decidimos e pensamos pior.

Durante uma discussão, quando existe muita tensão emocional, uma vez que as pessoas costumam revelar as necessidades não satisfeitas em forma de acusação ou gritos, usam palavras que acabam se arrependendo e depois se desculpam, dizendo que, na verdade, não era aquilo que sentiam. Mas a verdade é que essas palavras têm origem na essência. Ouça as palavras que surgem durante uma discussão mais calorosa para descobrir qual é a dor da pessoa e as necessidades que não estão sendo abarcadas, já que nas discussões são ditas muitas verdades escondidas. Guiamo-nos mais pelas emoções e pelos sentimentos do que pela razão.

A ansiedade e o medo surgem na parte mais primitiva do cérebro, a amígdala. O medo é uma das emoções mais influenciadoras e persuasivas, uma vez que as pessoas agem mais movidas por ele do que pelo prazer. Por que a maioria das pessoas deixa de fumar? Por que muitas pessoas não seguem os seus sonhos? Medo! Conhecer o seu medo é o primeiro passo para compreendê-lo.

Essa regra é muito útil e uma das mais importantes no processo de influência. Usando esse conhecimento, se conseguir identificar os medos do outro, você irá controlar mais facilmente o seu comportamento e as suas ações. Influenciar por meio do medo não gera uma influência duradoura, só serve quando se quer resultados imediatos, e mesmo assim pode gerar resistência.

Pare de se importar com o que os outros pensam de você, devemos querer respeito, mas não precisamos dele. Muitos líderes, devido às suas dores e inseguranças, podem ter comportamentos mais rudes, agressivos e depreciativos em relação às pessoas, mesmo em frente aos colegas de trabalho, e fazem isso para anestesiar a própria insegurança. Ouço dos melhores líderes que, muitas vezes, devemos elogiar em público e repreender ou criticar no privado, mas o que observamos no dia a dia e, muito mais nas redes sociais, é criticar em público e elogiar em privado. Intimidar, criticar, humilhar e ameaçar não é a melhor forma de influenciar, pois o ego ferido faz com que as pessoas reajam de três formas: parar (deixam de ouvir); fugir (vão embora); lutar (vão começar a discutir e a gritar para contrariar aquilo que está sendo dito).

Influenciar torna-se mais fácil e simples se eliminarmos o medo, fazendo com que as pessoas se sintam bem. Esse é o segredo.

Uma pessoa que se autoelogia muito está procurando o amor do outro, querendo tornar-se mais atraente para que ele goste mais dela. No fundo, a insegurança é a antítese da compensação. Quanto mais compensamos uma coisa, mais precisamos dela. E isso prejudica várias relações, pois, quando queremos amor, nos esquecemos de dar amor. Esse é o grande desafio: dar e receber amor.

Ao falarmos com alguém, qual é o interesse que queremos satisfazer? Primeiro, será o nosso ou o do outro? É o nosso, porque tudo o que fazemos é para ganhar e aqui está a questão. Quando queremos seduzir alguém, temos que ter em mente três etapas: começar a compartilhar amor; contrariar a necessidade inata de satisfazer o nosso interesse; e, quando tentamos negociar com alguém, nossa principal preocupação é ganhar a negociação, ajudar o outro a ter o que ele quer, para que também nos dê aquilo que queremos, tendo em vista os interesses dele como prioridade.

Abaixo estão as três perguntas que devemos sempre fazer, a partir de hoje, para que tenhamos mais conhecimento sobre o outro.

- Como ele quer receber amor?
- Qual é o interesse dessa pessoa?
- O que posso dar para que tenha vontade de me dar o que preciso?

Ou seja, como a pessoa gosta de ser amada, qual tipo de amor ela quer; segundo: o que ela ganha em falar ou em interagir comigo; e terceiro: o que ela ganha em negociar comigo.

Em cada interação, para ter maior poder de encantamento e não cair em armadilhas emocionais, pergunte-se: o que essa pessoa ganha comigo? O que ela precisa? O que ela quer? Qual é o seu medo? Nem sempre os ganhos são materiais, como dinheiro ou coisas, podem ser emocionais, como amor, reconhecimento ou atenção, e podem ser sociais, como promoções, aceitação e proteção.

Muitas vezes, não nos fazemos essas perguntas e simplesmente nos deixamos levar, ficando mais vulneráveis às possíveis tentativas de manipulação, por isso pergunte-se mais vezes o porquê. Saiba o motivo de uma pessoa querer interagir com você, o que ela quer ganhar. Não existem almoços grátis.

3ª LEI: SOMOS PRODUTO DA NOSSA INFÂNCIA

Há uma lei muito importante que cria regras de interação com as pessoas nas mais diversas situações, dentre elas a infância. Até os 7 anos, estamos em modo hipnótico e, até os 12, consolidamos o perfil comportamental, o que quer dizer que, nesse período, somos como esponjas, absorvendo comportamentos e regras. Para isso, as crianças não ouvem o que os pais dizem, mas sim observam o que eles fazem e imitam os seus comportamentos, adotando aqueles que os fazem se sentir mais amados, seja pela atenção positiva, seja pela atenção negativa.

Uma pergunta simples: em sua infância, de quem você queria mais admiração?

Quando somos crianças, tendemos sempre a querer e pedir mais admiração de um dos progenitores. Quando fazia algo bom, a qual deles queria mostrar primeiro? Enquanto crianças, percebemos que existem regras e comportamentos que satisfazem mais algum deles e repetimos essas ações como forma de obtermos admiração. Procuramos amor por meio de comportamentos valorizados por nossos pais, sejam eles bons ou não. Por exemplo: quando uma criança tira nota 10 em um trabalho escolar e aquela pessoa de quem ela procura mais admiração lhe responde: "Não fez mais do que a sua obrigação". O que essa criança sente? Se o outro não a admirou por causa dessa nota, quer dizer que o que ela está fazendo não é suficiente para receber a atenção tão desejada.

Crianças que se comportam tentando chamar muito a atenção têm mais inseguranças. Temos que nos lembrar de que comportamentos de compensação são inseguranças. Por vezes, mesmo que tenhamos feito muito, dificilmente vamos ter o amor daquela pessoa, e a sensação é de que temos que sempre dar mais para conseguirmos o amor.

Por que existem pessoas perfeccionistas? Muitas vezes, a maioria dos comportamentos de perfeccionismo está associada à infância. Quando o pai, a mãe ou o cuidador diz à criança que o que ela faz não é suficiente, ela torna-se perfeccionista porque sente que nada é suficiente. O curioso é que essa criança, se não tiver consciência disso, levará esse comportamento até o fim de sua vida. Quando chegar ao mundo profissional, terá sempre o pensamento perfeccionista para buscar o amor do seu superior hierárquico. No âmbito familiar, fará exatamente o mesmo para obter o reconhecimento do seu parceiro e dos seus filhos.

Temos que compreender quais são os comportamentos que tínhamos na infância e agora se aplicam na vida adulta. Quando passamos por uma infância marcada pelo bullying e nos ensinam que devemos retaliar de forma agressiva, na idade adulta, perante um desafio no trabalho, responderemos de modo explosivo, devido à regra que criamos na infância. Se quando criança descredibilizamos professores, por exemplo, quando nos tornarmos adultos teremos mais dificuldade em respeitar figuras de autoridade, como superiores hierárquicos. Outro exemplo é de quem sempre ouviu "não" enquanto ainda era pequeno e teve a sensação de que a sua opinião não interessava. É comum que, nesses casos, pais e cuidadores pareçam sábios. E assim temos adultos habituados a sensação de que só serão amados quando fizerem aquilo que foi pedido e que sentem que suas questões não são válidas, tendo uma dificuldade enorme em compartilhar uma opinião.

Se olharmos à nossa volta, iremos perceber as regras já definidas em nós, e como muitas delas já vêm desde a infância. Por isso, quando observar o outro a partir de agora, pense qual é a regra que ele ou ela criou para buscar o amor na infância, porque o que ela expressa agora é exatamente o que ela expressava quando criança e vice-versa. Esse aprendizado foi muito enriquecedor para mim. Até nas minhas próprias ações eu tento perceber, interrogando-me por que desafio mais um determinado tipo de pessoa, por que tenho necessidade, às vezes, de compensar comportamentos.

Será que conseguimos criar regras novas ou quebrar esse padrão?

Sim. Primeiro precisamos ter consciência de quais são as regras que criamos e não tínhamos consciência. Depois precisamos perceber se determinada regra nos aproxima ou nos afasta daquilo que queremos. Podemos ter regras positivas ou negativas de acordo com a nossa infância. Se as regras foram criadas para ter a aprovação de alguém, são positivas, mas, se as regras foram criadas para desafiar em forma de vingança, dor ou desafio, são regras negativas.

Na infância, há também outro fator que pode determinar a vida adulta. Há pessoas que não gostam de ser ajudadas, querem fazer tudo sozinhas, não gostam de pedir ajuda quando precisam, desejam sempre cuidar dos outros, não exprimem os sentimentos e acham que os outros têm que adivinhar o que querem. São pessoas exigentes, que na maioria dos casos sofreram carência de amor de uma das pessoas mais próximas durante a sua infância.

4ª LEI: O AMBIENTE É RESPONSÁVEL PELAS CRENÇAS

O ambiente é onde nós estamos, a sociedade em que estamos inseridos, o país em que habitamos, a cultura em que vivemos. Todas essas variáveis influenciam o nosso comportamento.

Nós convivemos com pessoas semelhantes a nós, andamos e queremos estar com o nosso grupo. Por isso somos, muitas vezes, o resultado das pessoas com que nos relacionamos. Um dos meus mentores diz: "Se quer saber como será o seu futuro, observe com quem anda com frequência. Olhe para o futuro dessas pessoas e verá que o seu será muito semelhante". Sabemos que o ambiente é poderoso e influencia sempre nossos comportamentos. Nós somos pressionados pelo grupo, então o ambiente vai fazer com que nossos comportamentos sejam modelados de certa forma. Viver com pessoas felizes nos faz mais felizes, viver com pessoas medrosas nos torna mais medrosos – é biologia e evolução, porque assumimos o comportamento da sabedoria do grupo, vemos nele segurança e aumentamos a nossa probabilidade de sobrevivência.

5ª LEI: O CONTEXTO IMPORTA

O contexto, ao contrário do ambiente, informa o que acontece esporadicamente em um determinado momento, independentemente de local, crenças ou valores. São acontecimentos aleatórios, enquanto o ambiente é menos mutável, são as crenças, valores e gostos aos quais somos expostos de acordo com o local em que crescemos, com quem interagimos regularmente, algo a que fomos expostos consecutivamente que define o contexto.

Algumas pessoas só revelam a sua verdadeira essência em certos contextos, quando são desafiadas. E temos que compreender isso, não aceitar. Pergunte-se sempre o que aconteceu ou quais são as regras para que determinada pessoa adote certo comportamento. É necessário averiguar porque todos os contextos têm regras. Por exemplo, quando vamos a uma farmácia, quais são as regras que, normalmente, teríamos que cumprir, em termos sociais, antes da pandemia de covid-19? Chegávamos à farmácia, entrávamos no local, pegávamos uma senha para fazer o pedido e esperávamos ali dentro, andando livremente. Ao sermos chamados, íamos até o balcão, sem máscara, pedíamos o que precisávamos, pagávamos e vínhamos embora. Essas são as regras de ambiente padrão, é o comportamento esperado há muito tempo e que a maioria das pessoas tem quando vai a uma farmácia. O contexto de pandemia alterou esse comportamento. E aqui está o poder do contexto. É necessário e importante compreender quais são as tarefas repetitivas e rotineiras do ambiente, como normalmente as coisas se processam, para compreender alterações devido ao contexto. Saber que as regras do ambiente foram desafiadas gera um alerta de que algo deve ter mudado devido a um novo contexto.

Imagine que vai tomar café no Starbucks. Qual é a regra? Vamos para a fila, esperamos e somos atendidos, pedimos o que queremos, pagamos e falamos o nosso nome. Depois esperamos e somos chamados. Agora, se você entra no Starbucks, pede o café e não perguntam o seu nome, o que você faz? Acha estranho ou fica perdido? Pensa que supostamente deviam ter perguntado o nome e, se não o fizerem, é porque algo está errado. Houve uma quebra das regras do ambiente, o que o fará sentir a necessidade de entender a razão dessa anomalia. Investigue mais e questione-se se aquele funcionário é novo, se não quer simplesmente seguir as regras, se não as respeita ou se está tendo apenas um dia ruim.

6ª LEI: DETECTAR O QUE É UMA ANOMALIA

Tendo agora consciência dos comportamentos – da máscara, das regras da infância, do ambiente e do contexto –, vai conseguir mais facilmente detectar aquilo que não é padrão em uma determinada situação, perguntando-se o que deveria estar acontecendo e não está ou o que está e não deveria estar. Quando isso acontece, chamamos de anomalia.

Um exemplo de anomalia simples é este: uma equipe de futebol festeja os gols do time adversário. Outro exemplo: imagine que vamos ter uma reunião com o CEO ou com a administração de uma empresa e vestimos calça jeans, camiseta e tênis. Será que essa é a roupa mais adequada de acordo com o ambiente e o contexto? Não, é uma anomalia.

Se há uma anomalia, ela irá gerar atenção redobrada. Muitas vezes, temos tendência a não dar importância aos comportamentos anômalos. Por exemplo: em um ambiente profissional, uma pessoa cumprimenta e toca em todas as pessoas, com exceção de uma. Por quê? Por qual motivo ela toca em todos os colegas menos em um? O que ela quer e do que esse colega tem medo?

2. O ESSENCIAL PARA SE TORNAR UM BOM ESPIÃO

DECIFRAR O CÉREBRO: POR QUE FAZEMOS O QUE FAZEMOS?

Biologia, evolução, emoção e razão

Uma das primeiras coisas que faço para conhecer melhor uma pessoa, e o mais rápido possível, é questionar quem ela gostaria de ser e quem não gostaria de ser. A resposta para essa pergunta pode nos dar informações preciosas sem que o outro perceba o que está compartilhando. Sabia que quem admira também imita? Imitamos os comportamentos, regras ou crenças das pessoas que mais admiramos e evitamos os das pessoas de que não gostamos ou repudiamos.

> **EXERCÍCIO**
>
> Quem você gostaria de ser? Escreva abaixo o nome de uma celebridade, de um super-herói ou de um personagem que gostaria de ser.
> ....
>
> Quem você não gostaria de ser? Escreva abaixo o nome de até três celebridades, super-heróis ou personagens que não gostaria de ser.
> 1. ....
> 2. ....
> 3. ....
>
> Registre a seguir três características que aprecia na pessoa de que gosta.
> 1. ....
> 2. ....
> 3. ....

> Registre a seguir três características que não aprecia na pessoa de que não gosta.
> 1. ....
> 2. ....
> 3. ....

As respostas vão revelar suas regras, crenças e valores. As características que colocou de que gostava são as que tem ou quer ter, ao contrário das de que não gosta, que são aquelas das quais quer se afastar.

O cérebro cria as mais diversas regras para satisfazer às nossas necessidades e, se essas regras não existissem, não seria possível manter comportamentos estáveis com tantas variáveis a que somos sujeitos. Antes de sermos racionais, somos emocionais; antes de sermos emocionais, somos seres biológicos, o que quer dizer que, ao aprender sobre isso, compreenderá por que as pessoas fazem o que fazem e também como criar uma ligação mais poderosa com elas.

Biologia, memória genética, emoção e razão. Essa é a ordem de importância para o cérebro criar ligações, perceber liderança, ter carisma, ameaçar, decidir, agir, reagir, entre muitas outras ações.

Imagine conseguir influenciar a biologia de alguém por meio de palavras e ações e fazer com que determinadas substâncias químicas sejam liberadas e ativadas, desativando ou bloqueando outras?

Para ser um bom decifrador de pessoas, é importante compreender como o cérebro funciona e como ele controla os nossos comportamentos e interpreta o nosso mundo, porque é ele que nos faz escolher determinada peça de roupa ou comprar um objeto específico.

Como vimos anteriormente, as nossas ações são motivadas pela busca constante de amor, e é isso que nos torna transparentes, suscetíveis e vulneráveis. Esse amor não é racional, encontra-se nas profundezas da nossa essência.

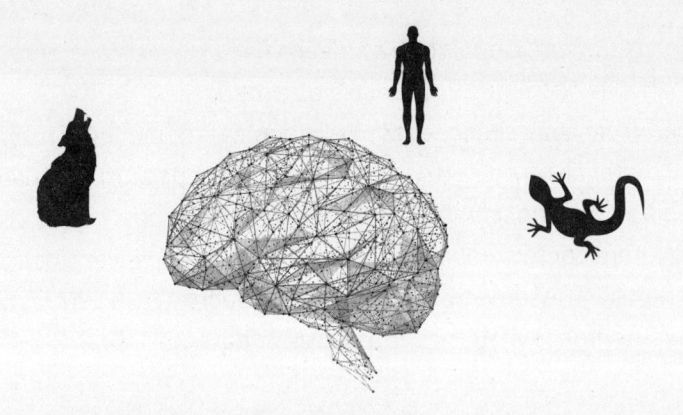

A teoria do cérebro trino de Paul MacLean mostra o cérebro dividido em três partes, mas sabemos que ele funciona como um todo. Contudo, para a temática da influência é bom considerarmos três cérebros diferentes. O primeiro, chamado reptiliano, é responsável pela sobrevivência. É o mais primitivo e aquele que reage às ameaças através de três respostas diferentes: *freeze, flight, fight* (F3) – pare, fuja ou lute. Não necessariamente nessa sequência, mas essas são as respostas possíveis quando nos sentimos ameaçados e queremos nos proteger: podemos parar e não ser vistos porque não conseguimos lidar com a ameaça; podemos fugir para não sermos atacados por percebermos que não queremos lidar com a ameaça; ou podemos lutar para nos defender porque entendemos que somos capazes de lidar com a ameaça e eliminá-la.

Pense no seu comportamento no trânsito. Existem muitas pessoas que param quando passam por situações desafiadoras, outras não querem saber e fogem, e ainda há quem discuta e gesticule para os outros condutores. Muitas vezes, não temos consciência do tipo de resposta que damos, porque não temos controle sobre essa área do cérebro, a área reptiliana. Ela não pensa, só reage. Não ao passado ou ao futuro, mas sim ao presente, ao que está acontecendo aqui e agora.

O sistema simpático é aquele que, quando está assustado, faz com que o corpo se torne mais forte e mais rápido, liberando noradrenalina e adrenalina, substâncias que fazem o coração bater mais rápido, os músculos ficarem mais tensos, as pupilas dilatarem e a respiração aumentar, respondendo assim à ameaça da melhor forma. O objetivo é que os músculos fiquem oxigenados e a visão fique mais eficaz. Depois que a ameaça não está mais presente, o sistema parassimpático faz com que você relaxe e se recupere.

Já reparou em quais situações as pessoas cruzam os braços? Cruzar os braços representa proteção ou conforto e poderá acontecer pelas mais variadas razões, sem que seja sempre um comportamento ruim. Muitas pessoas o fazem porque têm frio, querem conforto ou percebem que há uma possível ameaça. Então o complexo reptiliano assume a posição de defesa sobre a zona ventral, que é onde estão os nossos órgãos vitais, e ativa a resposta "parar".

Nossos pés fazem também certos movimentos quando não queremos interagir com alguém ou quando sentimos a presença de perigo: eles mudam de posição, normalmente para o lado contrário da ameaça ou para uma saída. A resposta ativada, nesse caso, foi a fuga. Quando alguém nos ameaça e fechamos o punho, ativamos a resposta de luta. Essa dinâmica acontece no dia a dia, sem que tenhamos percepção dela.

EXERCÍCIO

Todos temos padrões naturalizados para lidar com conflitos e ameaças. Você já descobriu o seu? Deixe abaixo a sua resposta.

....
....
....

Conhecer a sua resposta normal ou natural vai ajudá-lo a geri-la melhor, a prever e a adaptar-se ao contexto para não se prejudicar e tirar vantagem da situação. Lembre-se de que a emoção nos faz perder a compreensão. A melhor resposta vai nos manter vivos e a pior resposta pode nos impedir de viver.

Há pessoas que, quando estão falando com alguém, fecham o punho. Ao ter essa atitude, revelam que estão prontas para reagir, que estão tentando conter qualquer tensão negativa ou que vão lutar.

> **DICA DO DECIFRADOR**
>
> Esta é uma dica preciosa para quem está em posição de autoridade. Uma maneira de compreender se a pessoa atacará ou dará um murro é reparar se a perna dominante recua, porque, quando queremos atacar, não mantemos os dois pés um ao lado do outro, mas sim recuamos o pé dominante para ganhar força para dar o murro. Esse é um pré-indicador de violência.

A área reptiliana controla apenas a resposta às ameaças. Mas então qual é a área que sente as ameaças? O sistema límbico é responsável pelas emoções, pela socialização ou pela necessidade de interagir com outras pessoas para cooperar ou reproduzir e pelo sentimento de tribo para compreender quem a lidera e quem pertence a ela. Essa área só pensa em imagens e emoções, não interpreta palavras. Só sente, e é aqui que surge a intuição. Amor, ódio, ciúmes, desconfiança e capacidade de liderança surgem nessa área e não conseguimos ter controle racional, simplesmente sentimos.

A terceira parte do cérebro, o neocórtex, é a área que está relacionada com a racionalidade, a parte que verbaliza e que é responsável pela criação das palavras, por calcular e prever o futuro, tanto que somos o único animal que tem a percepção de que vai morrer no futuro.

ENTRE AS TRÊS ÁREAS DO CÉREBRO, QUAL VOCÊ ACHA QUE É RESPONSÁVEL PELA ANÁLISE DAS PESSOAS?

> O grande mito é achar que é o neocórtex, ou seja, a parte racional. Ao contrário, é o sistema límbico que interpreta e avalia se determinado indivíduo vai nos

atacar ou não; se uma situação é uma ameaça ou não. Depois de determinar a existência ou não de uma ameaça, essa área ordena qual parte do cérebro vai ativar ou enviar a informação. Caso a situação se apresente como ameaça, é ativada a F3 do cérebro reptiliano. Se não, a emoção é absorvida ou o neocórtex é ativado para interpretar aquilo racionalmente.

Quando assistimos a um filme de suspense e alguém corre o risco de ser atacado e, em vez de agir de maneira inteligente, opta por fazer algo que o prejudicará ainda mais, nós, enquanto espectadores, nos perguntamos por que o personagem teve uma atitude tão idiota. Isso também acontece na vida real. Quando as pessoas enfrentam uma ameaça desconhecida, ativam o cérebro reptiliano e, como ele só reage e não racionaliza, perde-se o sentido lógico da realidade, tendendo a ações que vão as prejudicar.

Por que será que o recrutamento nas forças especiais é tão exigente, com treinamentos pesados e exposição a situações extremas? O objetivo é treinar e habituar o sistema límbico para possíveis cenários de ameaça e, assim, não deixar espaço para que o medo entre e faça o militar agir de maneira errada, colocando não somente sua vida em risco, como também a de toda a equipe. O medo descontrolado faz com que as pessoas fiquem menos inteligentes, porque o cérebro reptiliano vive no presente e não calcula, apenas reage. O nosso cérebro não foi programado para ser feliz, tendo como prioridade sobreviver e reproduzir, assim, o córtex visual, através da visão, está sempre atento e à procura de possíveis ameaças. Durante 97% do tempo, o cérebro anda à procura de ameaças.

Ficar em modo de medo ou emocional nos torna vulneráveis. Em ambas as situações, não pensamos de maneira clara e ficamos mais sugestionáveis. Quando nos apaixonamos, não racionalizamos, não vemos defeitos no outro, apenas nos deixamos levar pelo que sentimos. Quando é que as pessoas aceitam mais o que lhes dizemos para fazer? Quando estão com medo ou apaixonadas? A maioria obedece mais por medo, já que é uma força mais poderosa para influenciar e controlar alguém, porque além de perdermos o processo de raciocínio, não pedimos muita informação.

Diz-se no mundo das forças especiais que a fome, o cansaço, o estresse, a pressão e o poder revelam o verdadeiro caráter das pessoas. A maior fraqueza e a maior força das relações são as emoções, e estas são explosões químicas que vão ajudar ou deixá-lo exposto, a depender da sua verdadeira essência. A vida é o produto da química e da eletricidade do cérebro: os sentidos recolhem a informação e a química do cérebro nos faz sentir. Uma mente barulhenta é uma mente com medo, e esse barulho é ganância, inveja, vaidade, autoritarismo ou raiva; por outro lado, uma mente calma é uma mente que ama, é tranquila, ponderada, não reativa, tal como os leões, que não atacam sem serem provocados ou encurralados.

Para conquistar a confiança das pessoas, também é importante compreender os mecanismos biológicos que influenciam os comportamentos humanos. Aprender sobre influência nos mostra o comportamento humano como um verdadeiro desafio. A partir do momento em que sabemos como funciona a dinâmica do cérebro, o que as pessoas querem emocionalmente, percebemos o porquê da direção dos seus comportamentos, sabemos como a mente comunica os sentimentos e as emoções com o corpo e como as emoções e ações podem influenciar a mente.

A competência mais trabalhada pelos agentes secretos é a sedução, e isso está relacionado ao fato de que influenciar ou seduzir não é somente um processo de falar, não é racional, é conhecer a verdadeira essência das pessoas. A influência mais poderosa é um processo emocional, por isso eles olham para as pessoas em uma perspectiva emocional antes de olhar de maneira racional. A influência racional não funciona.

Antes de sermos emocionais, somos biológicos, o que quer dizer que a ordem de importância para influenciarmos alguém começa na biologia, uma vez que temos que influenciar a biologia da pessoa por meio de palavras e ações, ou seja, temos aqui a bioinfluência. É preciso perceber por que determinadas substâncias estão ativas, por que outras não estão, quais são as substâncias que temos que ativar paralelamente às palavras que falamos ou quais são os movimentos que fazemos para isso. Primeiro precisamos influenciar a biologia, em seguida as emoções e, por fim, o neocórtex, por meio de palavras, textos ou fatos.

A parte inconsciente é mais rápida e emocional, já a consciente é mais lenta e lógica. A parte inconsciente, mesmo sem ter percepção disso, influencia as decisões racionais, que, por sua vez, afetam a razão. Logo, se influencia o inconsciente, influencia o consciente. Esse é o segredo. Se não sabe o que o inconsciente quer, precisa ou tem medo, não consegue influenciar.

Quando falamos dos sedutores, eles raramente usam estratégias com o neocórtex, mas sim com a segunda área, o sistema límbico, responsável pelas emoções e sentimentos de tribo, como a confiança, o carisma e o amor. Por que você acha que temos dificuldade em explicar o que é o carisma ou a felicidade? Porque é uma área que não pensa com palavras, mas sim com emoções.

O sistema límbico interpreta o mundo por meio de imagens. Assim, imagine o mar. Será que pensou na grafia da palavra ou nas letras M-A-R? Certamente poucos são os que pensaram no mar dessa forma. A maioria pensou ou no mar que nos dá prazer ou no mar que nos gera ameaça, associando à ligação que cada um de nós tem com ele. Quando pensamos no mar de maneira positiva, passamos do sistema límbico para o neocórtex; quando pensamos no mar com uma conotação negativa, passamos do sistema límbico para o complexo reptiliano, provocando o descontrole das emoções e despertando a F3.

> **DICA DO DECIFRADOR**
>
> Um antigo mentor do FBI me instruiu para que sempre que decifrarmos e falarmos com alguém, o façamos como se nos comunicássemos com um cão. Pode parecer duro, chocante ou até mesmo desagradável, mas se conseguirmos influenciar o sistema límbico por meio dos gatilhos mais primitivos e simples, tudo se tornará mais fácil, porque o neocórtex será sempre influenciado por esse sistema emocional. Lembre-se sempre de que as emoções se sobrepõem à razão.

Quantas vezes você já discutiu com alguém e, quando começou a se sentir mais emocional, disse coisas que não queria e se arrependeu? Quantas vezes acabou uma discussão sem se lembrar por que ela começou? As pessoas mais analíticas são mais ponderadas e têm tendência a dizerem menos coisas emocionais, arrependendo-se menos. Por isso, muitas vezes, quando olhamos para alguém e o outro faz determinada ação, não é o nosso cérebro racional – o neocórtex – que nos controla, mas sim o sistema límbico. Assim, se quisermos controlar ou influenciar alguém, temos que nos dirigir ao sistema emocional, temos que falar de modo emocional e biológico.

Qual é a racionalidade do amor? Quando estamos apaixonados, liberamos feniletilamina, também conhecida como o hormônio da paixão, responsável por gerar sensação de embriaguez emocional; quando as pessoas estão embriagadas emocionalmente, ficam mais vulneráveis e suscetíveis, procuram somente o bom da pessoa e ficam mais propícias a serem manipuladas. Esse hormônio gera uma bebedeira emocional que só nos permite ver o que há de bom. Se não houvesse essas substâncias, a feniletilamina, a dopamina e a oxitocina, não nos casaríamos, não nos reproduziríamos e abandonaríamos os nossos filhos.

A sedução faz com que as pessoas gostem e confiem em nós. Muitas vezes, pensamos que ser bonito ou bonita, inteligente ou competente é suficiente, mas não, temos que nos destacar emocionalmente para conseguirmos nos evidenciar no meio da concorrência ou de outras pessoas.

Guiamo-nos mais pelas emoções e pelos sentimentos do que propriamente pela razão, e não podemos nos esquecer desta verdade: não dá para confiar nas pessoas somente porque gostamos delas, temos que ler nas entrelinhas para descobrir a verdade.

Temos que ter atenção e compreender que a ferramenta mais poderosa para influenciar alguém é dar o que a pessoa procura emocionalmente e lhe apresentar um líder que a faça se sentir mais segura. E o que nos faz ser percebidos como líderes respeitáveis, atraentes e carismáticos? A combinação de gatilhos, que aumenta exponencialmente o seu poder de influência, e não é nada mais, nada menos do que a seguinte fórmula:

Fórmula da autoridade
(C + M) × LN

O **C** representa a competência. Temos que ser competentes, não há nenhuma dúvida nisso, porque a aparência é importante, mas a beleza dura dez segundos. Assim, se a pessoa não for competente, é desmascarada rapidamente.

O **M** corresponde à marca. É a percepção de valor de marca, seja a marca pessoal, seja o currículo ou a experiência de vida ou profissional. Isso quer dizer que a marca em si é importante.

O **L** significa a ligação. Se a pessoa gosta e confia em mim, crio uma ligação com ela.

O **N** em potência é a novidade. Essa letra quer dizer que, se associarmos a ligação à novidade, a nossa competência e nossa percepção de valor sobem exponencialmente. Somos programados para dar atenção à novidade, para ter a consciência de que o novo é seguro ou ameaça. Pergunto agora: o que você oferece que mais ninguém pode ofertar? O que me responde? Lembre-se de que o nosso cérebro está sempre à procura de movimento porque, desde a Pré-História, temos que estar atentos às ameaças. Isso significa que, se ofereço novidade e ligação, vou ter mais atenção e mais facilmente serei percebido como autoridade. Novidade cria atenção, e atenção é poder.

Quando está em um restaurante, você consegue perceber quem é casado ou está namorando? Ou se a relação é recente ou longa? Os namorados só olham um para o outro, os casados olham para o lado. Isso não quer dizer que não se gostam e que procuram alguém novo, é só um indicador de que apareceu algo novo. As redes sociais, com as notificações, induzem o mesmo sentimento de que há algo novo, pedindo atenção. O novo e o diferente estimulam dopamina e geram motivação, prazer, foco e paixão.

Agora que você sabe que autoridade é influência, quero revelar algo curioso. Vamos olhar novamente para a fórmula **(C + M) × LN**. Repare: se L(igação) for igual a zero, qual é o resultado da fórmula? Zero! Podemos ser muito competentes e ter um ótimo currículo, mas, se a pessoa não gostar de você, ela vai desvalorizar sempre as suas qualidades ou até mesmo não as reconhecer.

A ligação é a variável mais importante no processo de autoridade, que, por consequência, vai afetar o poder de influência: a ligação. Criar uma relação emocional evidencia e aumenta de modo positivo ou negativo a percepção de liderança que as pessoas têm de si, porque, quanto mais gostamos de uma pessoa, mais líder e competente ela vai parecer, mais valor vou dar a ela e, portanto, mais a quero seguir.

> **EXERCÍCIO**
>
> Quero pedir agora que você olhe e decore o número da página, toque duas vezes no número e, em seguida, feche o livro e abra novamente.
> Agora que abriu o livro mais uma vez e sabe o número da página, pergunto: por que fez isso?
> Autoridade! Quando percebemos alguém como autoridade, fazemos o que ela nos pede sem questionar.

Quando vemos alguém como autoridade, o nosso cérebro inconsciente reage mais rápido e com emoção, fazendo que tomemos a decisão de seguir esse alguém. Se você tem um cão, por exemplo, você sabe, muitas vezes, que nem precisa falar que ele já obedece. Por quê? O animal o vê como autoridade. Em todas as ocasiões, ou somos a autoridade ou é a pessoa à nossa frente, tendo consciência de que a ligação é muito mais importante do que a competência.

Em alguns momentos, pergunto: quem é o líder que você mais admira? A pessoa responde e questiono novamente: por quê? Na maioria das vezes a resposta é: carisma, fala bem, é bom para as pessoas... É raro alguém se referir aos resultados de competências técnicas, como profissão, artigos publicados ou conquistas profissionais. Por isso, muitas vezes não sabemos o que os líderes mundiais mais carismáticos fazem, mas os admiramos.

A monarquia, os influenciadores e os políticos: todos eles apostam na ligação emocional, já que ela gera autoridade.

APRENDA A SER MAIS SEDUTOR

Sabia que as pessoas altas e bonitas são vistas como mais competentes, honestas e trabalhadoras? O universo consegue ser mesmo injusto! Digo isso porque sou feio e baixo, caso contrário diria que o universo é espetacular. Mas, se você sente a injustiça do universo, vou compartilhar alguns truques poderosos que funcionam. Pode acreditar em mim porque eu consegui me casar, mesmo não sendo bonito nem alto, então, se funcionou comigo, funciona com todas as pessoas nas mais variadas situações.

Existem várias ferramentas simples que potencializam e permitem que uma pessoa demonstre ainda mais autoridade.

- O primeiro truque é: se quiser ser visto como mais bonito ou bonita, ande com dois amigos mais feios. É impecável e um grande truque! Claro que estou brincando, mas funciona. Existe ainda um outro que pode trazer resultados: quando levantamos rapidamente as sobrancelhas, estamos dizendo que reconhecemos e gostamos da outra pessoa, logo ela vai querer devolver da mesma forma. Trouxe esses exemplos de maneira divertida, apelando à irracionalidade do nosso cérebro, mas, na realidade, eu utilizo essas técnicas, sobretudo na política. Quando trabalho com um candidato menos bonito, tenho que procurar duas pessoas da lista ainda menos bonitas para que ele seja beneficiado.
- O segundo truque é ter sempre em mente a seguinte frase: seja o interessado, não o interessante.

O nosso ego nos engana constantemente e nos faz pensar que precisamos de admiração, que o nosso interesse está em primeiro lugar e que devemos dar e só depois receber. No entanto, não podíamos estar mais enganados. Para que a pessoa dê o que nós queremos, temos que lhe dar primeiro o que ela quer e focar mais a pessoa que está à nossa frente do que em nós mesmos. Temos de amar o outro e não andar à procura de amor. Temos que satisfazer o interesse do outro e não querer satisfazer logo o nosso. Temos que fazer o outro ganhar para que possamos ganhar também. Por essa razão é que essa é a frase mais importante que podem utilizar para influenciar alguém. Quando somos interessantes, repetindo constantemente "eu sou isso" ou "eu tenho aquilo", quando ouvimos alguém elogiando a si mesmo em excesso, nos sentimos automaticamente aborrecidos e com repulsa. Por isso é importante olharmos para o outro e pensarmos: como é que podemos ajudá-lo e como ele quer ser ajudado?

Vou compartilhar com você a primeira fórmula ensinada por um ex-agente do FBI, o Dr. Jack Schafer, para avaliar e criar relações com parceiros, parceiras, filhos, clientes, amigos e colegas. Existem quatro fatores que determinam e influenciam o sucesso de uma relação:

Proximidade > Frequência > Duração > Intensidade

- **Primeira variável:** proximidade. Queremos estar próximos de quem? Das pessoas de quem gostamos. Quem procura ama.
- **Segunda variável:** frequência. Quantas vezes queremos estar com elas? Sempre.
- **Terceira variável:** duração. Durante quanto tempo queremos estar com essas pessoas? Muito tempo. Aqui o valor pode diminuir se a frequência for alta e vice-versa.
- **Quarta variável:** intensidade. Qual é a intensidade da conversa e da relação? Alta. Compartilhamento de emoções, histórias pessoais, momentos e carinho.

Para perceber se uma pessoa gosta de você ou não, observe se ela quer estar ou não por perto. Outra pista é o tempo que demora para responder a uma mensagem, e-mail ou chamada, pois isso indica a importância que você tem para essa pessoa: quanto maior o período de resposta, menos importante você é. Precisamos entender que acontecimentos podem influenciar o tempo de resposta, como estar em uma reunião ou estar ocupado com uma tarefa que o impeça de responder, mas, se for recorrente, desconfie. Essa pista pode ser aplicada às mais variadas áreas da sua vida: trabalho, amigos e vida amorosa.

Às vezes, temos a ilusão de que as pessoas que não gostam de nós, não nos procuram pelas mais variadas razões e criamos desculpas. Esse é o nosso cérebro nos enganando, porque não quer sentir ou ter a certeza de que vai perder aquela pessoa. Então, essa fórmula pode ser usada para interpretar duas situações: para avaliar o que o outro sente por mim, mas também para fazer com que o outro goste mais de mim.

Temos, por exemplo, pessoas que trabalham na área comercial. Se quero estar com um cliente ou seduzir mais clientes, onde preciso estar? Onde os clientes estão. Preciso ir aos cafés em que eles estão ou frequentar os mesmos eventos. Se não estiver perto deles, eles não irão me conhecer.

Os espiões usam a fórmula acima da seguinte maneira: quando eles querem cativar ou seduzir alguém de um país inimigo para que ele lhe passe os segredos, mesmo que para isso precisem morrer, começam a frequentar os mesmos espaços públicos que essa pessoa, mas sem se apresentar de imediato, apenas mantendo proximidade. Sabem que aquela pessoa passa por aquele local todos os dias de carro e atravessam na faixa de pedestres enquanto a pessoa que está no carro a deixa passar, aumentando a frequência do encontro e sendo cada vez menos percebidos como estranhos. Durante o café, por exemplo, tentam aumentar a duração, entrando em pequenos diálogos sobre as notícias diárias ou pedindo o jornal e, quando a proximidade, a frequência e a duração aumentam, automaticamente cresce a intensidade, fazendo com que, passado algum tempo, já estejam falando de assuntos mais pessoais, como filhos e hobbies. Simples e eficaz.

É possível fazer isso também por meio de chamadas telefônicas, ativando a proximidade com o número de vezes que liga, com a frequência, com o tempo que fica ao telefone, com a duração, com o que é falado, compartilhado e com a intensidade das conversas.

Relembrando o comportamento de piloto automático abordado anteriormente, que dita que temos sempre comportamentos semelhantes, imaginem que há uma pessoa (parceiro, parceira, cliente ou colega) que liga para você todas as segundas-feiras (proximidade e frequência), normalmente fica conversando por meia hora (duração) e sempre com alegria e interesse sobre situações pessoais (intensidade). Esse é o padrão ou o comportamento-base.

Se a pessoa não ligar em uma segunda-feira, não pense que é normal ou que não deve ser nada, pois alguma coisa aconteceu, por isso questione-se. Veja como um alerta! Quando alguma das variáveis muda, alguma coisa mudou ou aconteceu. A fórmula serve para avaliar as relações: se a pessoa me procurava duas vezes por semana e passa a me procurar uma única vez, alguma coisa aconteceu. O mesmo acontece em relação à duração e intensidade do contato: sempre que se altera, é um alerta para mostrar que algo mudou. Pegando um exemplo comentado anteriormente, quando falei dos alertas que recebemos antes de sermos demitidos, podemos prestar atenção às quatro variáveis, que se alteram a partir de um determinado momento até o ponto da demissão. Quer dizer que as pessoas não querem estar conosco, querem estar menos vezes e menos tempo, e então irão compartilhar menos informação.

Em uma relação amorosa existem pessoas que não esperam que o outro peça o divórcio ou que queira acabar com a relação. Ficam surpresas porque o cérebro emocional está tão automatizado naquela rotina que não veem nada de errado. É importante conhecer a norma dos comportamentos das pessoas normais e detectar se há algo de anormal nesses comportamentos. A maior parte das vezes não damos atenção para o que acontece ao nosso redor, então não caia nessa armadilha.

Apesar de recebermos cerca de dois gigas de informação por segundo, o cérebro emocional vê tudo, ouve tudo, cheira tudo, mas só depois filtra aquilo que é importante ou não e traz isso à consciência. Muitas vezes, julgamos de maneira imediata, sem dar a oportunidade do outro mostrar aquilo que realmente é.

- O terceiro truque decisivo para sermos bons sedutores e decifradores é saber nos comunicar.

Saber se comunicar não é saber conversar, mas sim transmitir claramente o que se quer para que o outro interprete a partir daquilo que eu digo. Não basta dizer que somos sedutores ou líderes, temos que comunicar de modo sedutor e carismático. As pessoas, além de procurarem competência e marca pessoal, querem ligação e novidade. Querem também uma boa aparência, então temos que nos preocupar sempre com isso. Não vamos chamar a atenção gritando. Não basta ser competente e atraente e saber falar, é necessário energia e ser percebido como jovem e saudável para ter mais poder e ser mais atraente. Essas fórmulas funcionam, muitas vezes, em cinquenta milissegundos, tempo que corresponde a um piscar de olhos. Isso quer dizer que o nosso cérebro emocional avalia as pessoas nesse curto espaço de tempo e só temos consciência disso passados, no máximo, quatro segundos, depois é que racionalizamos com base nessa impressão. Essa percepção de cinquenta milissegundos define todas as interações da nossa vida. O sistema límbico olha para o outro e determina se é amigo ou ameaça. O emocional interpreta e responde à pergunta se o outro é ou não líder, se é ou não competente, de forma a satisfazer as nossas necessidades de sobrevivência. Se for amigo, nos ajudará a sobreviver; se for uma ameaça, vai arriscar a nossa sobrevivência. Se é líder, é bom porque nos ajuda a sobreviver, por isso é que temos uma tendência para seguir a liderança, fazendo coisas de modo inconsciente só porque assim nos foi pedido pela autoridade. Quando alguém é derrotado, perde o poder de influência. Por fim, não esquecendo a competência, percebendo se o outro irá nos ajudar ou não com a competência que tem. Quando vemos alguém, automaticamente o julgamos, não tendo nenhum tipo de informação sobre ele. Atenção: isso acontece em apenas cinquenta milissegundos, só que o cérebro não racionaliza.

Uma das lições mais importantes é confiar, mas se manter sempre cético, perguntar o porquê das coisas e participar de muitas conversas em que se possam compartilhar informações profundas e íntimas, mas jamais sobre si. Não diga nada em privado que não possa dizer em público.

Saber se uma pessoa é calma, ansiosa, introvertida, egocêntrica aumenta a eficácia, porque é um modo de identificar como ela gosta de se comunicar.

DICA DO DECIFRADOR

Para mim, uma das lições que sempre me acompanham é que a pessoa que está à minha frente pode ser tão ou mais inteligente do que eu, pode ser mais implacável, desejar satisfazer os seus interesses tal como eu, e todas as pessoas com quem interagimos podem nos trair. Assim, o segredo é estar atento e ver através e para além da máscara. Os piores erros implicam não compreender as pessoas. Pode haver pessoas fortes e líderes, mas quando ganham ou perdem é que sabemos quem realmente são. Todas as pessoas têm um esqueleto no armário do qual não querem falar ou preferem esconder. A pessoa forte é aquela que reconhece as suas fraquezas, sabe como controlá-las ou geri-las, é alguém que se conhece. Temos de controlar a incerteza, impedir que isso nos domine, controlando o que é possível controlar, já que nunca sabemos o que pode acontecer, e a incerteza e o desconhecido fomentam o medo. Não podemos nos bloquear com o inesperado. Os membros das forças especiais e os espiões sabem que nada é certo, por isso não podem se bloquear com o inesperado. Se perdemos

> o controle emocional, somos percebidos como vítimas aos olhos dos agressores, perdemos capacidade cognitiva, temos maior probabilidade de burnout, ficamos mais inseguros e perdemos a eficácia.
> Em todas as situações temos que assimilar o máximo de informação possível, temos de ter consciência da própria situação. Temos sempre de perceber por que é que as pessoas fazem o que fazem, ter calma quando estamos esgotados, conseguir ajustar a situação. Quando lidamos com pessoas dominadas pelo medo, é muito difícil tirá-las desse estado e não deixar que a situação nos controle.

Muitas vezes me perguntam: É bruxo? E eu respondo: Não, apenas presto atenção.

LIDERANÇA E CARISMA

Quantas vezes você olhou para alguém, mesmo sem o conhecer, e considerou que ele era líder ou dominante? Reparou que nem teve de pensar sobre as razões, simplesmente sentiu. A liderança é sentida tal qual a relação entre um cão e o seu dono. Há uma energia invisível que nos indica que devemos confiar naquela pessoa e seguir as suas orientações, e muitas vezes nem temos a percepção de que o estamos fazendo. Em todas as interações há sempre um dominante e um submisso, até no nosso grupo de amigos, em que facilmente sabemos indicar quem é a pessoa dominante nesse círculo.

"Eu é que mando!" é a pior frase que um líder pode dizer, pois revela insegurança. A liderança, quando tem de ser verbalizada, é sempre um mau sinal, seja no local de trabalho, seja em casa com os filhos.

A liderança e o carisma são sentidos através de gatilhos e comportamentos inconscientes, biológicos, emocionais e evolutivos, e não com a razão ou com justificações. Nos SEALs, a força especial norte-americana, quando ensinam liderança, começam por dizer que há pessoas que querem mudar o mundo, mas nem a própria cama fazem, e é um mau sinal.

Não impinja liderança. Não dá resultados!

Por que é importante ser visto como líder ou carismático? Somos programados pela nossa genética para seguirmos um líder, e, quando o reconhecemos, fazemos com mais facilidade o que ele nos pede. Uma das melhores ferramentas de influência e de alcançar o que deseja – um trabalho, uma promoção, ficar com a pessoa da sua vida ou simplesmente ser ouvido – é ser visto como um líder ou ser carismático.

O cérebro emocional denuncia quem não tem determinadas qualidades, como o sentimento de grupo e comportamentos não verbais, verbais e emocionais, como: "Eu é que mando aqui!", castigos e atitudes agressivas. Esses comportamentos de compensação são reflexo de insegurança, como acontece quando as pessoas gritam, claro sinal de descontrole. Assim como o nosso cérebro entende essa falta de controle, irá aumentar o tom de voz para se recuperar, mas, uma vez que ele sentiu que, de uma forma racional, não consegue resolver o problema, ocorre a compensação. Assim, ao mudar a sua relação com o medo, o mesmo se dá com a sua vida.

Quando trago termos como líder, dominante e submisso, não estou associando diretamente a uma pessoa dominante e autoritária, nem ao submisso e coitadinho. Dominante é aquele que acreditamos que vai nos proteger ou orientar, enquanto o submisso é orientado e protegido. Uma pessoa que é alfa não sente necessidade de falar sobre isso, mas há aquelas que, com medo de perder o controle, têm necessidade de compensar, reforçando essa questão o tempo inteiro. Analisando as pessoas dessa maneira, quando vemos alguém com comportamentos extremos, percebemos que é insegurança, assim como fazem as crianças para chamar a atenção. O medo é uma resposta natural e necessária perante uma ameaça, o que não pode acontecer é o medo transformar-se em pânico. Ele alerta para o perigo e faz com que nos protejamos, enquanto o pânico nos faz perder a capacidade de raciocinar com clareza e planejar de modo inteligente, tornando-nos mais vulneráveis e levando-nos a cometer mais erros, podendo até mesmo colocar nossa vida em perigo. Há pessoas que não têm a percepção de que vivem com medo, o que é prejudicial para as suas relações profissionais, sociais e pessoais.

Na formação, os espiões aprendem a ter consciência dos comportamentos de medo, primeiro porque identificam logo as pessoas que são mais fáceis de influenciar e controlar e, segundo, percebem os próprios comportamentos inconscientes de medo que prejudicam a sua imagem de liderança, carisma e confiança. Saber lidar com o medo e com a dor é essencial para não perder o rumo e ficar vulnerável. Se eles detectarem ou souberem qual é o medo mais profundo que têm, ganham domínio e poder de controle sobre si.

**NOS FILMES DE ESPIÕES,
JÁ REPAROU COMO SÃO OS AGENTES SECRETOS?**

> Costumam fazer a chamada *poker face*, que é o não mostrar muitas emoções por meio da expressão facial, especialmente as emoções negativas, e não são pessoas que se queixam constantemente, resmungam ou falam mal dos outros; mas, por outro lado, tendem a ser otimistas e felizes, olham para a solução e não somente para o problema. Um exemplo excelente é o dos serviços secretos norte-americanos que protegem o presidente. Parecem sempre inexpressivos e usam óculos de sol, não pelo estilo, mas para não passarem sinais ou mostrarem as suas intenções a uma possível ameaça. Além disso, esse acessório também ajuda para que ninguém saiba para onde estão realmente olhando.

Quais são os comportamentos mais comuns observados no dia a dia quando as pessoas sentem insegurança e podem prejudicar a sua imagem de liderança?

- Negatividade;
- Minimizar as outras pessoas;
- Raiva;
- Falta de autocontrole emocional;
- Falta de higiene ou aparência descuidada;
- Postura encolhida;
- Movimentos rápidos constantes;
- Falar rápido;
- Andar acelerado;
- Má postura;
- Explosão emocional repentina;

- Piscar muito os olhos;
- Mexer muito nas roupas ou ajeitar muito a postura;
- Tocar no rosto com frequência;
- Falta de interesse genuíno pelos outros;
- Falar alto;
- Comportamento agressivo;
- Qualquer comportamento destinado a atrair a atenção;
- Roupas ou acessórios barulhentos;
- Resposta agressiva quando confrontado;
- Desconforto quando recebe elogios ou quando não os recebe;
- Excesso de joias;
- Desculpar-se em demasia;
- Ansiedade social;
- Medo de ser interrompido;
- Medo do confronto;
- Reclamar, murmurar ou pedir pena;
- Excesso de críticas ao meio ambiente ou aos outros;
- Reclamar ou ficar abatido;
- Fazer bullying;
- Culpar constantemente as outras pessoas, eventos ou circunstâncias;
- Desonestidade;
- Conformidade de opinião, não partilhar opiniões quando necessário ou medo de dizer não.

> **DICA DO DECIFRADOR**
>
> Como se diz no mundo da espionagem, um parceiro sem medo nos torna mais vulneráveis e expostos porque não calcula os riscos e as oportunidades, simplesmente age. Tanto a ausência de medo como o excesso, quando demostrados por meio de comportamentos, são prejudiciais para a sua imagem de líder. Na Mossad, diz-se que aqueles que são muito corajosos normalmente falham; se alguém é muito ousado, destemido ou corajoso, não lê as situações muito bem e não vê o perigo que se aproxima.

Padrão animal

Muitas das regras para reconhecer a liderança são semelhantes às do mundo animal. Aqui existem muitos exemplos do comportamento de liderança, como a diferença entre presas e predadores, em que as presas tendem a fazer movimentos mais nervosos e erráticos, ao contrário dos predadores, com os seus comportamentos mais controlados e gestos mais tranquilos.

O leão não é o mais forte, não é o mais rápido nem é o mais inteligente, mas a maneira como se comporta lhe dá um status de rei da selva. Quais comportamentos são mais comuns nos animais escolhidos como líderes? Calma, serenidade, movimentos controlados, fazer um bom contato visual, não atacar por impulso, orientar, proteger e demonstrar confiança. Os animais que têm esses comportamentos são os escolhidos, porque a liderança é oferecida e não imposta. É engraçado perceber que algumas pessoas, para serem percebidas como líderes, são agressivas. Muitos comportamentos de agressividade são só uma tentativa de domínio pela falta de capacidade de os transmitir inconscientemente.

> **DICA DO DECIFRADOR**
>
> O que você sente sobre uma pessoa vem das milhares de pistas inconscientes que ela emite e que o cérebro capta sem ter a percepção disso. Se você optar por ter comportamentos que o tornem ainda mais líder e evitar aqueles que o prejudiquem de maneira consciente, mais facilmente será visto como autoridade, líder e alguém carismático.

Por que queremos obedecer ou ser obedecidos?

O ato de obedecer nos torna menos responsáveis pelas nossas ações, nos sentimos mais seguros e com uma sensação maior de pertencimento à tribo.

O líder é aquele que o grupo sente que vai proteger e ajudar a todos por consequência de seus comportamentos. Ele ganha respeito por meio de suas ações. Autoridade é diferente de poder, tudo começa na mente, que pode ser o seu maior aliado ou o seu maior adversário. Os seus pensamentos podem gerar ação ou inércia.

**Liderança não é sobre domínio e agressividade,
é sobre confiança, ligação e autoridade.**

O poder da biologia na liderança é enorme. As pessoas que têm níveis mais elevados de testosterona procuram mais status, são mais competitivas e ficam estressadas se não ganham, ao passo que as com níveis mais baixos desse hormônio querem menos status, são menos competitivas e o mais curioso: quando ganham, ficam estressadas. Esse é um dos motivos para que algumas pessoas não queiram ou sonhem com lugares de liderança, porque ela gera desconforto. Inconscientemente, nos colocamos em posições a que pertencemos biologicamente, ou seja, os comportamentos confirmam o que o inconsciente sente.

Como verificar se você tem a testosterona alta
As pessoas com mais testosterona são mais competitivas, desafiadoras, de opinião forte, ambiciosas, viris, costumam ter o aperto de mão mais intenso, ficam menos nervosas quando colocadas em situações de estresse, são menos expressivas, falam menos, fazem gestos e movimentos mais controlados e têm mais vontade e necessidade de liderar.

No campo afetivo, a liderança tem papel importante e curioso para as pessoas solteiras. Confirmou-se que as mulheres respondem positivamente aos sinais de liderança, mais do que à aparência física, ao contrário dos homens, que respondem mais aos sinais de aparência física do que de liderança.

Muitas vezes, abordamos a engenharia comportamental de maneira errada, queremos influenciar e ser percebidos como líderes por meio de roteiros ou procedimentos que causam mudança racional. E isso não funciona. A liderança tem que ser transmitida de modo não verbal, subliminar e constante, porque, caso mostre vulnerabilidade ou fraqueza, tal como no mundo animal, alguns dos elementos do grupo estão sempre à espreita para tirar essa liderança. Um líder tem o trabalho constante de equilibrar força e serenidade.

Quando se fala de carisma e liderança no mundo da espionagem, ouço muito as três frases a seguir.

- "Um lobo em cima de uma colina nunca tem tanta fome como um lobo que está subindo";
- "Quando um animal está ferido, normalmente desce a colina e não a sobe";
- "Diz-me como serves e dir-te-ei como lideras".

Essas frases explicam o motivo pelo qual tantas lideranças falham. Existem líderes que caem no erro de pensar que, por já serem o alfa, não têm que fazer tanto pelo grupo; quando há problemas ou resultados ruins, olham para baixo e o que fazem é procurar culpados sem investigar e acusar, em vez de responsabilizar. Uma das maneiras de observar a liderança é avaliando como ela serve aos outros, uma vez que isso indica o tipo de líder que você é.

A liderança é oferecida para nós não por palavras ditas, mas sim pelos nossos comportamentos não verbais. Às vezes, para aprender é preciso desaprender algo antigo. Quando você é um *marine* norte-americano, começam ensinando você no recrutamento o básico para desaprender antigos comportamentos de resposta natural, para que então consiga aprender novos e melhores.

Ser líder e carismático não é simplesmente uma questão de hierarquia, é um jeito de agir e ser percebido pelos outros.

Os três tipos de líderes

(1) Independentes: pessoas que não gostam de trabalhar em equipe ou de ser controladas são mais eficazes sozinhas, em ambientes mais tranquilos, e apresentam melhores resultados com liberdade.

Quando trabalho com algumas empresas, reparo que existem chefes que querem controlar todos os passos do colaborador com esse perfil de liderança. No entanto, o controle e a pressão costumam ter o efeito contrário, ou seja, trazem insatisfação e menos eficácia. Nem todas as pessoas são boas em trabalho em equipe.

Exemplos: Mark Zuckerberg (Facebook) e Kylie Jenner (Kylie Cosmetics).

(2) Orientadores: aqueles que gostam de trabalhar em equipe, especialmente se forem os líderes, para que possam orientar, controlar e criar regras.

Trabalham bem sob pressão e são condutores de pessoas. Esse estilo de liderança pode ter desafios com a equipe devido ao seu ego elevado.

Exemplos: Steve Jobs (Apple), Christine Lagarde (presidente do Banco Central Europeu) e Elon Musk (Tesla).

(3) **Cooperativos:** perfil de liderança de quem não gosta de dar orientações ou ordens, trabalham bem em ambiente de trabalho horizontal, ou seja, aquele em que não há um líder instituído, mas sim em que impera a igualdade, ajuda entre colaboradores e cooperação. Um erro que vejo acontecer regularmente é o de colocar esse perfil em cargos de chefia. O resultado é ver o colaborador ter mais dificuldades na exigência de resultados ou na gestão sob pressão. São líderes que funcionam melhor para equipes que funcionam por meio da divisão de tarefas e trabalho em grupo.

Exemplos: Madre Teresa de Calcutá e Dalai Lama.

Comportamentos e regras de um líder

Independentemente do tipo de liderança, existem comportamentos que são essenciais para um líder. Não basta ser, é preciso agir. Existe um ditado que diz: "Não se vista como é, vista-se como quer ser". A comunicação entre a mente e o corpo é bidirecional, já que a mente influencia os comportamentos e os comportamentos influenciam a mente. As ações mudam a neurobiologia. A Mossad ensina que, ao se mudar a percepção, acontece o mesmo com as emoções e a biologia e aumenta-se a possibilidade de controle próprio ou de outros.

> Diga não mais vezes!

Se você não consegue dizer "não", não tem opinião. E os líderes são reconhecidos justamente por isso, uma vez que passam direcionamento e segurança. Um líder tem que saber dizer "não"! Quem tem medo de fazer isso está em modo de necessidade, tem medo de perder o amor das pessoas e, portanto, tem falta de autoestima. Sente que só obtém amor do outro se estiver sempre disponível ou fazendo algo por ele. Dizer "sim" para tudo indica um nível elevado de necessidade de aprovação, de medo de fracassar, da avaliação alheia ou medo da instabilidade emocional. Compreendo que, para algumas pessoas, é mais desafiador falar "não", no entanto existem maneiras elegantes e seguras de fazer isso. Liderar não é concordar, é dar a sua opinião, o que o torna até mais atraente.

OUÇA O OUTRO E, SE NÃO CONCORDAR, USE AS SEGUINTES FRASES:

- Adoraria fazer isso, mas...
- É uma ótima ideia! Mas...
- Hoje/esta semana/este mês não consigo/não posso. E amanhã/na próxima semana/no próximo mês? (Use essa técnica se perceber que o pedido tem um prazo ruim.)
- Muito obrigado, agradeço por ter se lembrado de mim, entretanto neste momento é impossível conseguir fazer.
- Agora não consigo me comprometer com mais nada. Desculpe.
- Ajudaria se pudesse, mas infelizmente não posso me comprometer com algo que não consigo cumprir.
- Infelizmente não consigo ajudar você, mas e se tentasse fazer isso/aquilo?
- Não sou a melhor pessoa para ajudar com isso. Por que não fala com Fulano?
- Não é uma boa hora, estou no meio de um projeto desafiador que me ocupa muito tempo e com prazos curtos.
- Deixe-me pensar primeiro e depois volto com uma resposta.
- Desculpe, por mais que quisesse me comprometer, agora não consigo.
- Não posso ir jantar, mas podemos tomar um café depois?
- Infelizmente a reunião não vai ser possível, mas podemos falar por telefone.
- Desculpe, não posso ir à festa, mas se quiser podemos almoçar amanhã.

Mantenha-se em silêncio

Simplesmente não reaja ao pedido e olhe para a pessoa. Não responda durante alguns segundos antes de dar o parecer. O silêncio é desconfortável e dá um sinal inconsciente à outra pessoa de que não está interessado.

Fique em silêncio até o outro preencher o vazio e vai ficar surpreendido, porque muitas vezes a pessoa preenche o silêncio retirando o pedido.

Associe uma consequência
Dizer que sim ou mostrar disponibilidade, associando a uma consequência, é uma das formas de dizer "não" educadamente a um líder ou chefe. Quando pedem a você algo que irá sobrecarregá-lo e que não é possível de ser feito simultaneamente com outras tarefas, você pode dizer que fará o que estão pedindo, mas precisa perguntar o que deve deixar de fazer. Quando o pedido chegar, pode dizer: "Farei isso com todo o prazer, mas precisarei deixar aquela tarefa para depois ou irei atrasá-la".

Ao mostrar a consequência para a pessoa, vai obrigá-la a analisar o pedido e, assim, ela pode perceber que é mais importante a outra tarefa do que aquela que está pedindo a você.

> Evite pedir desculpas em excesso

Um comportamento que prejudica a imagem de liderança é pedir desculpas em excesso. Pedir desculpas serve para evitar agressão ou agressividade, e, muitas vezes, é sinal de submissão, medo ou traumas de infância, devido a uma parentalidade autoritária ou até mesmo agressiva.

> Seja feliz e empático

O córtex visual está constantemente à procura de informação. Ao olhar para as pessoas, é necessário ter a percepção dos seus medos, inseguranças ou conflitos. O fato é que as pessoas que estão à sua volta são seres humanos vulneráveis e têm famílias a quem amam, vivem desafios, lutas, medos ou incertezas como todos nós. Lembre-se de que as pessoas decidem de acordo com quem confiam, gostam, admiram e, mais importante, como as fazem se sentir. Gostamos de andar com pessoas felizes, que nos protejam e nos salvem do nosso medo ou vergonha. Fique calmo em todas as situações, não se queixe, não critique até que seja mesmo necessário. A liderança tem mudado ao logo das décadas, e o que se procura hoje em um líder é a empatia, palavra que, nas décadas de 1960 e 1970, não se ouvia. Não sinta o que as pessoas sentem, compreenda o que elas sentem para ajudá-las.

Um bom truque para que se sintam felizes é escrever "bom dia", "boa tarde", "boa noite" ou "olá" no início das mensagens. Essas palavras ativam a parte do cérebro que gera felicidade.

> Não seja uma superpessoa

Desconfiamos de pessoas perfeitas, então é bom admitir pequenas falhas ou erros e acredite: você não será visto como incompetente por isso. Na realidade, o efeito é o contrário, uma vez que falhas podem criar ligações poderosas. As pessoas respondem melhor à autenticidade, à sinceridade e à inteligência.

> Quando estiver com uma pessoa, esteja com ela

Estar genuinamente interessado e completamente presente quando está falando com alguém cria fortes ligações. Hoje, o mais comum é vermos quem fica distraído com o celular. Essa distração é um impeditivo para criar conexão. Ouça para compreender e não para responder. Se estiver olhando para o celular, com certeza não está ouvindo o outro. Guarde o celular. Faça com que o outro sinta como se fosse a única pessoa na sala.

> Elogie sinceramente

Ninguém gosta de ouvir que está mal ou que errou. Se fizer isso, vai ativar o ego ferido. Costumamos nos lembrar mais das pessoas e das conversas quando somos elogiados, e a probabilidade de isso acontecer sobe 800%, então faça com que a próxima interação seja mais fluida e agradável. As pessoas fortes não precisam rebaixar ninguém para se sentirem poderosas. Quanto menos gostamos de algo nos outros, normalmente se trata de algo que não gostamos em nós. Investigue.

> Faça contato visual ao falar

A média de tempo do contato visual é de sete segundos. Quanto mais feliz a pessoa está, mais confortável será o olhar. Há um estudo que comprova que as pessoas que são percebidas como líderes olham mais nos olhos quando falam do que quando escutam o outro. Olhe, mas não exagere no tempo, uma vez que, se fizer o contato visual durante muito tempo, poderá ser interpretado como uma ameaça. Não olhe fixamente, que é percebido como foco, como se o objetivo fosse caçar ou atacar. Por isso não gostamos de olhares fixos e ficamos nervosos, já que nos sentimos como possíveis presas.

Olhares inconstantes, de um lado para o outro, prejudicam a liderança. Esse é o comportamento típico para se observar ameaças, revelando receio de ser o alvo. Na verdade, o comportamento de presa atrai predadores e dá permissão para atacar.

> **Quem pergunta, domina!**
Ouça para compreender e não para responder. Escute com atenção e faça perguntas parafraseando o que a pessoa disse, assim demonstrará interesse, foco e empatia. O objetivo é a pessoa pensar que você está ouvindo os seus pensamentos e, ao fazer isso, vai encorajar o outro a falar com menos travas e a se sentir mais compreendido.

Você sabia que os bons comunicadores normalmente falam 10% do tempo? No restante do tempo apenas escutam. As pessoas adoram falar sobre elas e, quando o fazem, associam o bem-estar à pessoa que está ouvindo. Ouça mais e pergunte mais. Alguns exemplos:

- Como você estava falando...
- O que você está me dizendo é que ...
- Resumindo, o que você me disse foi...
- Você falou sobre...

Um sinal de que está perguntando pouco e falando muito ou sendo teimoso é receber a seguinte devolutiva: "Tem razão". Isso significa, geralmente, que não querem mais ouvir você ou querem que você vá embora.

> **Gestão emocional**
Os leões não atacam sem serem provocados ou encurralados. A forma como responde emocionalmente ao que acontece com você revela a sua maturidade. Quanto maior for a carga emocional, menor é o grau de maturidade caso

responda às ameaças, às críticas ou aos desafios com gritos, violência verbal e não verbal. Não se sentir confortável com elogios também indica insegurança.

Uma dica importante: se encontrar com uma pessoa muito alterada emocionalmente, não diga "fique calma!", pois isso só vai fazer com que ela fique ainda mais agitada; quando pedimos calma, acabamos ativando os nervos. Diga, por exemplo, "vamos resolver" e repita. Quando alguém está alterado emocionalmente, não está sendo racional e está reagindo emocionalmente à situação. Assim, use frases simples, curtas e repetidas para interromper o padrão. As crianças fazem isso para influenciar os pais; as sirenes e a publicidade recorrem muito à repetição, a chamada cadência primata. É uma técnica muito usada em debates políticos quando querem destruir o argumento do opositor, enquanto o outro fala sempre a mesma frase. Se a pessoa diz "nunca mais!", sugere que não está pensando. Muda a energia e a forma como as pessoas se sentem e o que sentem por você. Duvidar de nós mesmos é um sentimento muito forte e pode se tornar o nosso pior inimigo.

> Serenidade é poder

É difícil confiar em pessoas que veem tudo como um desastre. Algumas pessoas ainda pensam que fazer muito barulho ou gritar é sinal de autoridade ou domínio, no entanto esse comportamento revela o oposto. Estar calmo e relaxado é um gatilho automático para que as pessoas respondam, também automaticamente, à autoridade. Não faça movimentos rápidos e nervosos, porque isso indica ansiedade e insegurança. Os generais, por exemplo, falam devagar e querem ouvir o que todas as pessoas têm a dizer. Baixe o tom de voz, mantenha uma postura ereta, faça gestos suaves em frente ao umbigo e não esconda as mãos, já que o cérebro tem necessidade de vê-las para se sentir seguro e perceber as intenções, tal como os primatas. Se quiser perder poder, gesticule muito e aleatoriamente. Para comandar os movimentos, controle a respiração, respire com mais serenidade e o corpo vai corresponder.

> Aparência

Boa aparência inconsciente indica saúde e é importante para perceber um líder ou alguém carismático. Uma aparência descuidada vai emitir a mensagem de que não está saudável. Isso não quer dizer que seja verdade, no entanto o cérebro emocional e primitivo vai perceber dessa forma. Cuide da sua aparência. Mantenha-se elegante e limpo, com a roupa cuidada e de acordo com o contexto, calçado limpo e bem tratado, pele cuidada, cabelo arrumado e penteado, acessórios não gastos ou estragados, evite malas ou pastas desorganizadas ou o carro cheio de riscos. Pessoas descuidadas têm maior probabilidade de receber multas ou serem condenadas a penas mais duras.

Uma dica muito engraçada: o olfato é o único sentido com ligação direta ao cérebro e o sentido que está mais ligado à memória, pois não necessita de tanta carga cognitiva. Os agentes secretos, ao saber que os cheiros também criam memórias e que ajudam a relembrar momentos bons, geram sentimentos felizes a partir de memórias afetivas. Por exemplo, ao saber que alguém gosta de férias na praia e usa protetor solar ou um hidratante pós-sol, usam o mesmo cheiro para que a pessoa associe o cheiro deles às férias que lhe transmitem sentimentos positivos. A aparência faz obedecer e gera obediência.

> Seja organizado

Não tente controlar o caos à sua volta, mas controle como organiza as suas coisas com preparação e planejamento. Se é desorganizado, não vai encontrar as ferramentas necessárias em momentos de caos. Organizar é clarificar para planejar. Nas forças especiais inglesas, diz-se que uma mente desorganizada é uma mente com medo, uma mente confusa é uma mente "aberta". Pessoas sem medo são mais egoístas. Uma mente calma e organizada é uma mente que vive o amor e é poderosa. O ambiente tem impacto em tudo o que fazemos e observamos. Quando o quarto está desarrumado, cria pesadelos. Então, arrume o quarto e tenha sonhos mais positivos.

> Mexa-se

Quando estamos sofrendo, há liberação de prolactina, um hormônio calmante e tranquilizante que, na verdade, impede que nos sintamos emocionalmente piores, por isso muitas pessoas, quando estão estressadas ou passando por desafios, dormem.

Estar parado e sem energia nos torna um alvo fácil, tanto que os agentes secretos e as forças militares especiais são treinados para que, quando estejam encurralados, não fiquem no lugar, mas sim planejem uma saída. Foque as soluções ou saídas, não os problemas ou o que aconteceu. Resolva.

Associamos também poder a quem é jovem e está em movimento. Repare que, quando alguns dos líderes mundiais entram em apresentações públicas, fazem isso acelerando o passo com o objetivo de emitir energia e, por consequência, poder. Não corra, desfile.

> Peça ajuda

As pessoas adoram ajudar e, para ser ainda mais respeitado, faça pedidos simples em determinadas situações, mas não abuse. Fazer pedidos subliminares dá a percepção de controle e domínio. Algo como: "Poderia fazer um pequeno favor para mim?". Nunca comece o seu pedido por "Será que poderia" ou "Poderia...?". Substitua por "Pode me passar a água?", "Traga um cafezinho para mim, por favor".

Se quer saber quem está no controle em casa ou no trabalho, veja quem pede mais coisas pequenas ou então, no restaurante, quem faz os pedidos ao garçom. Peça, mas não abuse.

COMO TER MAIS SUCESSO NOS SEUS PEDIDOS/FAVORES?

> Ao pedir, dê um ligeiro toque no braço da outra pessoa. Um ligeiro toque no antebraço cria uma ligação inconsciente com a outra pessoa e faz com que você seja percebido como amigo e como alguém agradável.

> Orientar

Mostre o caminho à pessoa tocando ligeiramente no braço e apontando para onde ela deve ir ou se sentar. Se tiver que passar por uma porta, dê a vez ao outro para que passe primeiro. Ao conduzir alguém, você mostra que está no controle. Mostrar o que vai fazer faz com que ganhe poder.

Se quiser ter poder no ambiente profissional, use técnicas de "cavalheirismo", seja com homens, seja com mulheres. E pode experimentar um truque engraçado para confirmar o controle que tem sobre alguém: agarre o ombro da pessoa e comece a balançá-lo suavemente; se ela balançar, ela o considera um líder e confia em você. Só faça isso com amigos muito próximos ou familiares. Em um contexto profissional, dê um passo para trás e, se a pessoa der um passo à frente, ela está conectada e sente liderança. Em contexto social, um bom indicador é puxar a mão e a pessoa não resistir.

> Fale como um líder

A química altera o nosso tom de voz, e podemos alterar a química do outro através dele. Use um tom de voz calmo e mais grave para que a pessoa produza mais dopamina, substância produzida pela amígdala quando sentimos prazer, gerando o mesmo impacto de quando recebemos um elogio, ganhamos um presente ou recebemos carinho. A produção de dopamina ajuda a recordar, a dar mais importância à conversa, otimiza a memória e o processo de raciocínio; se o tom de voz gerar dopamina, a pessoa vai se lembrar mais de você. Se usar o tom de voz mais alto, agudo e agressivo, vai fazer com que a pessoa produza cortisol, o hormônio do estresse, e assim você conseguirá o efeito contrário na emoção e na memória. O tom mais grave gera uma percepção de liderança, confiança e poder, seja nos homens, seja nas mulheres. A velocidade que você utiliza na fala gera também diferentes percepções: se fala rápido demais, é percebido como nervoso, ansioso e menos confiável, mas, se fala lentamente é percebido como menos interessante, cansativo e com pouca liderança. O ideal é falar com calma para ser percebido como mais confiante, convicto e ponderado. Em uma conversa, as pessoas com menos poder social tendem a falar mais, e as pessoas mais difíceis de ajudar são aquelas que frequentemente falam mais sobre elas mesmas.

> Dê gorjeta

Qual é a racionalidade em oferecer presentes? Por qual razão é importante oferecer presentes? Essa atitude revela abundância. Você sabia que quem dá gorjeta é percebido como mais atraente e líder?

> Cuide das suas relações

Uma regra que aprendi: pessoas competentes em seus casamentos ou relações sociais tendem a ser mais competentes profissionalmente. Essa é uma das melhores pistas para decifrar o pessoal e o profissional. Pergunte sobre relações importantes na vida: filhos, esposa, marido e amigos. Uma pessoa que culpa os outros por tudo o que acontece de ruim em sua vida costuma apresentar raiva e irritação. Pode ser rude, exagerada, manipuladora, emotiva, invasiva, medrosa e verborrágica. A forma como trata as pessoas no restaurante ou nas lojas revela muito sobre o seu caráter.

Carisma e autoridade são o processo-chave para que as pessoas queiram estar com você, queiram ouvir a sua demanda e ajudá-lo, e esse processo funciona na maioria das vezes para o cérebro que não é racional. O cérebro racional usa a razão como base para a emoção: ele irá decidir sempre de acordo com o cérebro emocional. Não interessa adicionar mais àquilo que sabemos, o importante é simplificar aquilo que sabemos e retirar aquilo que é útil para o nosso dia a dia.

> **"Não mudamos porque sabemos que podemos, mudamos porque acreditamos que podemos."**
> **– Alex Rovira**

A consequência de ser líder é ter que estar ainda mais atento aos sinais de traição e desonestidade, é observar quem é tóxico ou manipulador para se proteger.

DECIFRAR MANIPULADORES OU AGRESSORES

Como identificar e se proteger de pessoas difíceis, narcisistas, tóxicas, destrutivas ou manipuladoras e impedir que todas elas entrem na sua cabeça? Como criar barreiras para que elas sejam impedidas de fazer mal ou subjugar você, seja no seu dia a dia, seja em encontros presenciais ou mesmo on-line? Há sempre pessoas que conseguem entrar na nossa mente com o objetivo de nos prejudicar, e aceitar essa possibilidade é o primeiro passo para se proteger. Aquelas pessoas que dizem ou pensam que nunca vão ser manipuladas ou enganadas são as mais fáceis de passarem por isso, pois a arrogância faz com que o cérebro não fique atento às possíveis tentativas de engano ou manipulação.

**90% da proteção é a prevenção,
mas para isso é preciso ter conhecimento.**

Ferramentas necessárias para identificar e se proteger das pessoas tóxicas ou manipuladoras

> Estar atento

Ser líder e estar atento é a primeira arma para afastar manipuladores, pois eles procuram sempre presas fáceis ou distraídas, assim como os agressores.

Ser percebido como frágil é um gatilho poderoso para se tornar uma vítima, mas estar perdido ou distraído tem o mesmo efeito na cabeça dos manipuladores quando escolhem uma pessoa para atacar ou dominar.

Sabe por que existem pessoas que não gostam de pedir informações quando estão perdidas? Estar perdido é percebido como vulnerabilidade, tanto que muitas das vítimas escolhidas para assaltos são aquelas que dão sinais de estarem perdidas ou distraídas, consultando mapas, olhando para o celular constantemente absortas, andando depressa ou muito devagar, cabisbaixas, desviando o olhar ou olhando intensamente. Esses são gatilhos inconscientes para os predadores perceberem alguém como presa. Reconhecer os comportamentos perigosos e os padrões das pessoas perigosas e saber como, quem e quando elas atacam e quais são os sinais de alerta é essencial para se proteger, se defender ou se afastar.

> Agir perante uma pessoa tóxica ou manipuladora

Lembra-se da máxima no mundo dos agentes secretos? "Estar parado torna-o um alvo fácil". Se você identificar que está perante uma pessoa tóxica, manipuladora, narcisista ou agressora, mexa-se! Não fique parado como acontece em muitas situações, quando a pessoa não se sente confiante ou segura, seja em relações profissionais, nas quais lida com chefes narcisistas ou psicopatas e não procura novas oportunidades, seja nas relações sociais, quando supostos amigos são manipuladores e só interagem porque precisam de favores e deixamos que isso aconteça porque temos medo de perder o amor deles. Ou até mesmo nas relações pessoais, em que existem agressões verbais ou não verbais por parte de um dos elementos do casal e a vítima se mantém no relacionamento porque tem uma falsa sensação de segurança ou medo de um futuro incerto. Quanto mais tempo ficar, maior será sua vulnerabilidade.

> **DICA DO DECIFRADOR**
>
> Uma mentora minha que foi agente secreta norte-americana diz constantemente: "Escolha suas batalhas". Temos que escolher o que queremos enfrentar, percebendo se faz sentido e se ganhamos algo ao enfrentar a ameaça. Seja em situações mais ou menos ameaçadoras, seja em situações desconfortáveis, se não valer a pena, não compre aquela briga, não fique e não lute.

Evite situações e discussões tolas ou confrontos desnecessários. Sair ou não enfrentar não é uma fraqueza, é inteligência. O objetivo é não confrontar ou desafiar a pessoa imediatamente, já que, se o fizer, está sendo previsível. Nem toda ação deve ter reação, tenha o poder de não reagir quando atacado, pergunte-se se é mesmo necessário responder ou ganhe tempo para pensar como pretende fazer isso.

Faça perguntas simples para identificar a necessidade de responder:

- É urgente?
- Posso ignorar?
- É relevante?
- Se não responder, vou ter consequências negativas?
- É uma crítica construtiva?

Se as respostas forem "não" para a maior parte das perguntas, então não precisa responder. Vá embora porque será previsível ou o ego falará por você.

Um ego ferido nos torna agressivos e parvos, e a tendência é termos comportamentos que vão nos prejudicar no futuro. Nas relações pessoais, muitas vezes começamos a discutir por situações que não são importantes e se transformam facilmente em situações graves, porque, a partir do momento que se começa a discutir, o ego faz perder o raciocínio. Não caia nessa armadilha. As pessoas difíceis e os manipuladores jogam racionalmente no campo emocional, isto é, usam e pensam como podem usar as suas emoções contra o outro para controlar e prejudicar, e, se você reagir sem pensar, vai ceder às técnicas e ficar vulnerável.

Quando não conseguir se fazer ouvir, repita para você: "Pare! Pare!". Caso responda ou se defenda verbalmente do ataque do manipulador, revelará um ego frágil. E, se alguém fizer uma crítica a você, não reaja. Pergunte-se: é verdade o que o outro está dizendo? Quais são as intenções de quem está enviando essa mensagem: intenções positivas ou negativas? Se a intenção for positiva, aceite e agradeça. Não responda: "Não foi nada". É melhor dizer: "Eu sei que faria o mesmo por mim". Se a crítica for feita com intenções negativas, não responda ou justifique-se.

Escolha as suas batalhas, pergunte-se sempre por que as pessoas estão sendo mal-educadas e aprenda a lidar com elas sem reagir. Se alguém for rude com você, não é necessário permanecer no local. Se você for impulsivo e responder, temos o ego falando. Se for forte, não responda. Você é confiante de quem é. Não leve o insulto para o pessoal, não grite, não insulte. Queira informação e fale de modo que a prioridade seja se acalmar: "Compreendo a sua opinião, respeito a sua forma de ver as coisas, mas...". Não veja o confronto como uma batalha, e sim como um jogo. Você até pode discordar, mas com inteligência e sem força. Há formas tranquilas de confrontar, fique calmo e não os imite.

Não tem como obrigar ninguém a respeitá-lo, uma vez que o respeito é um presente. Não se pode forçar a pessoa a gostar de você e, muitas vezes, nem precisa que ela goste. Você não pode controlar a outra pessoa, mas pode controlar a si mesmo, uma vez que, se você fica emocional e não consegue se controlar, então deve se afastar. Não fale, não envie um e-mail, não ligue. Espere vinte e quatro horas e dê tempo para conseguir pensar. Não reaja quando as emoções estiverem à flor da pele, pois para que esse estado passe é preciso tempo. Interrompa o que está acontecendo para não responder, saia do local onde está ou ligue para outra pessoa e pergunte a opinião dela.

O grande objetivo das pessoas tóxicas, difíceis ou manipuladoras é o controle sobre o outro para satisfazer as suas necessidades, não considerando as necessidades do outro. Para as pessoas difíceis, é uma questão de gestão da dor emocional. Fazem isso para minimizar essa mesma dor, que pode ser falta de segurança, atenção, reconhecimento ou poder, sem intenção de prejudicar. Por outro lado, as manipuladoras querem poder e não se importam com os danos que causam ou com as pessoas que prejudicam no caminho para o poder.

> **Compreenda as pessoas difíceis**

As pessoas difíceis não querem o seu mal, querem a sua admiração. Em períodos de carência, as pessoas ficam mais invejosas, é um comportamento automático de sobrevivência. Na Pré-História, quanto maior fosse a carência, mais as pessoas lutavam por comida ou território, por esse motivo grupos grandes sentem mais ansiedade, percebendo-se que há maior concorrência pelas nossas necessidades em falta, e, quando as coisas não acontecem conforme o planejado, tendemos a nos focar mais no que está ruim do que propriamente nas soluções. A falta cria pessoas difíceis.

D-D-D-D é o padrão mais comum de pessoas difíceis. Elas são aquelas que estão sofrendo.

Desdenha, Desconfia, Desafia, Domina.

a) Desdenha

"Sim, mas...", "Não é bem assim", "Você pensa que é fácil", "Eu sou o mais bonito!", "Eu sou a melhor!". A pessoa que desdenha é aquela que desvaloriza ou rejeita quase tudo o que diz ou vê pelo medo de perder amor ou atenção. Ela parece ser incapaz de tomar decisões, é pessimista e o outro é quase sempre responsável pelos erros ou pela falta de diálogo. Para ela, há sempre uma razão para que as coisas não funcionem e a culpa nunca é dela.

Dor: falta de atenção.

b) Desconfia

"Isso não é bem assim", "Quem ensinou isso a você? É óbvio que você não sabe", "Eu sei!", "Já sabia!", "Você não sabe de nada". A pessoa desconfiada é controlada pelo medo de errar ou de ser enganada, questiona para ter a certeza de que tem toda a informação. Se sente que não tem informações e pode errar, fica estressada e acusa o outro de incompetente.

Dor: medo de errar.

c) Desafia

"Você vai ver as consequências!", "Já não aguento mais você!", "#$*#%, não aguento mais ouvir você!". É uma pessoa hostil ou zangada, que tenta controlar por meio da intimidação. Esse indivíduo apresenta raiva e costuma insultar terceiros, porque é o seu mecanismo para lidar com a insegurança por falta de reconhecimento.

Dor: falta de reconhecimento.

d) Domina

"Eu sei que é assim", "É assim, você pode concordar ou não!", "Quem manda aqui sou eu!". Esse perfil interrompe com frequência. A pessoa dominante quer exercer poder e vai demonstrar um sentimento de superioridade, porque o seu maior receio é não ter poder. O foco está em quem decide ou manda.

Dor: falta de poder.

É preferível fingir que não se importa e não reagir para que a ação acabe rebatendo a reação. A melhor forma de lidar com as pessoas difíceis é não gerar mais sofrimento em seu ego. Lembre-se de que elas são difíceis porque estão sofrendo. Então, deixe o ego de lado, não meça forças para ser melhor e descubra a causa subjacente do seu comportamento para tentar mudar e ganhar vantagem. O que resiste persiste e, quanto mais entrar em confronto, mais esse estilo de pessoa vai exibir esse comportamento. Escolha as suas batalhas. Seja firme e utilize os seus princípios.

> Aprenda a lidar com conflitos

O que deve fazer para lidar com conflitos e explosões emocionais? O ambiente de tensão é muito dinâmico e imprevisível.

- Posicione-se a uma distância de um a três braços do conflito, não bloqueie as saídas, não se posicione no meio de duas pessoas em divergência.
- Olhe e escute. Ouça 70% e fale 30%. Evite olhar fixamente quando der ordens, fale sorrindo ou acene. Diga obrigado com os olhos.
- Ângulos. Não se coloque frente a frente, não enfrente, fale colocando o tronco em um ângulo de 15° a 30°, aponte um pé para a porta. O ideal é estar lado a lado e do lado direito.
- Humanize. Compreenda a história, coloque as mãos no umbigo em alguns momentos, mantenha as palmas das mãos visíveis, faça perguntas sobre o que aconteceu e coloque-se em uma postura de interesse. Evite gestos rápidos e falar depressa demais. A postura de quem está implicitamente falando "eu sei que sou melhor, posso enfrentar você, eu mando, faça o que eu quero" gera ataque.
- Empatia. Use um nome ou apelido habitual, já que somos programados a responder por ele. Faça elogios sobre a pessoa ou o que ela tem em uma só frase. Fale devagar para acalmar a situação.
- Descubra o medo do outro. Pergunte-se: do que essa pessoa tem medo? O medo gera comportamentos ruins, agressivos ou reclamações. Descubra os medos mais comuns por meio de comportamentos observados no dia a dia. "Estou cansado dessa situação, é muito injusto" demonstra medo de não ser compreendido. Ser mandão revela medo da falta de controle.
- Estar na defensiva, evitar pessoas e ser invisível são comportamentos que indicam medo da crítica e do julgamento.
- Criticar muito é medo de ser percebido como burro.
- O narcisismo está relacionado ao medo de não ser bonito e não ser visto como centro das atenções.
- Os egoístas têm, acima de tudo, medo de perder.
- Os dramáticos têm medo de não chamarem a atenção.

- As pessoas muito negativas têm medo de serem ignoradas.
- Explosões emocionais fazem parte do medo de não ser reconhecido e ouvido.
- Estar muito emocional indica medo de perder, de ser excluído e da rejeição.

No fundo, todos os comportamentos de conflito são formas de disfarçar os medos, inseguranças ou necessidades emocionais não satisfeitas. Desse modo, para conseguir se comunicar melhor com uma pessoa em conflito, temos que acalmá-la com comportamentos verbais ou não verbais, assim como vimos anteriormente. Em seguida, faça com que a pessoa o ouça transferindo a carga negativa do sistema límbico ou reptiliano para o neocórtex; isso vai fazer com que ela concorde mais com você ou pelo menos que escute o que você está falando.

Há um caminho que deve seguir para ser ouvido para conseguir ajudar ou orientar:

Ganhe atenção
Use a seguinte técnica: como somos programados para responder pelo nosso nome, diga-o seguido das ações "olhar", "ouvir" ou "sentir". Exemplos: "Kika, olhe!", "Maria, ouça!", "Tata, sinta!".

Pergunte para descobrir e acalmar
"Conte-me: o que aconteceu com você para se sentir assim?"
"Por que você está tão chateada?"
"O que causou isso?"
"Como posso ajudar?"
"O que posso fazer para melhorar a situação?"
"O que pode fazer para melhorar a situação?"

Ganhe concordância
Diga três coisas que a pessoa não possa negar. Exemplo:
"É normal se sentir assim por ter passado por isso. Eu passei pelo mesmo e sei que é desafiador."

"Seus sentimentos são compreendidos. Todos aqui respeitam você. Estamos agora eu e você conversando, nós dois."

"Estamos conversando agora para resolver, vou fazer o que você está pedindo e ninguém vai julgar. Eu irei ajudar você."

Importante: acene com a cabeça durante essas afirmações.

Confusão

Criar confusão faz com que a pessoa quebre o padrão de comportamento e procure alguém para a guiar. Puxe assunto de algo que o outro gosta e não se preocupe em fazer sentido naquele momento.

Exemplo: "Nossa, mas você prefere Xbox ou PlayStation?"

Questione coisas que promovam as qualidades da pessoa, mesmo que não seja verdade.

Exemplo: "Não foi você que ajudou Fulano no dia X?", "Não foi você que me ajudou naquela reunião?"

Use essas técnicas simples para que uma pessoa fácil não se torne difícil e para que uma pessoa difícil não se torne impossível.

Uma característica comum e que diferencia todos os manipuladores é a demonstração de comportamentos bons quando precisam de algo e comportamentos ruins quando não precisam ou são desafiados. As pessoas difíceis, em contrapartida, não conseguem esconder e evidenciam esses comportamentos, denunciando-se logo, uma vez que o objetivo delas é chamar a atenção. Elas são fáceis de ler. Justamente por isso os manipuladores são mais perigosos, pois é difícil detectar, são mais hábeis socialmente, são controlados e demonstram empatia falsa com facilidade, são inteligentes, bons faladores e confiantes. A genética aumenta a probabilidade de ter esse perfil, mas a infância, o ambiente e as experiências são os gatilhos que mais desencadeiam esse comportamento. Não se arrependem do que fazem pela falta de empatia, mas queixam-se mais do castigo ou das consequências.

SINAIS DE UM MANIPULADOR

Muitos são os sinais que podemos observar nos manipuladores, no entanto uso uma regra simples e eficaz: quanto maior for o número de sinais e comportamentos associados à manipulação, maior a probabilidade de estar perante um manipulador. Na dúvida, desconfie. Lembre-se da regra: não é normal, investigue e prepare-se.

- Necessidade pelo domínio e controle excessivos;
- Necessidade de admiração exagerada;
- Falta de sentimentos pelos outros;
- Quando o grupo está comovido, ele exibe felicidade ou indiferença;
- É egoísta;
- Faz muitos gestos e usa palavras de superioridade moral;
- Quer ter sempre a última palavra;
- Ouve, mas não escuta;
- Despreza os demais;
- Costuma elevar um ombro constantemente;
- Projeta a língua frequentemente ao falar;
- Mente em excesso, porque se sente superior e mais esperto;
- Não tem remorsos ou sente culpa;
- Explode emocionalmente quando está sob pressão;
- Demonstra muita familiaridade, intimidade e amizade no início da relação;
- Fala sobre os outros para procurar informação, mas não dá informação;
- Sedutor, principalmente no início da interação;
- Tem ego elevado;
- Quer ser visto como inteligente;
- Inventa elogios; elogia para ganhar poder;
- Oferece ajuda para ganhar algo em troca;
- É gentil quando interessa, quando não interessa torna-se cínico;
- Reclama e critica com frequência;
- Gosta de diminuir os outros, procura defeitos, ninguém faz nada certo, apenas ele é bom;
- Ridiculariza, expõe medos e defeitos, é sarcástico e incita o sentimento de culpa;

- Adora se fazer de vítima;
- Cobra favores;
- Fala de traumas do passado e se faz de vítima para não se virarem contra ele;
- É chantagista, faz muitos favores e depois cobra. "Só vou se você..."
- Adora receber ajuda, mas, quando precisa ajudar os outros, está constantemente ocupado;
- Pede desculpa só para evitar críticas ou castigos;
- Orgulha-se somente dele mesmo.

Identificar é o primeiro passo; o segundo é não cair nas armadilhas emocionais. Eles sabem, de maneira inata, além da insegurança e distração, o que torna as pessoas ainda mais vulneráveis. São hábeis e usam as fragilidades do ser humano para controlar e dominar.

Caso consigam controlar as emoções positivas ou negativas do outro, podem fazer com que ele decida mesmo contra os seus interesses. Induzir estados emocionais torna as pessoas mais sugestionáveis. Existe uma técnica chamada ROSA que coloca as pessoas em estados de felicidade ou de tristeza:

Espinhos – Referem-se às consequências, caso a pessoa não tome a ação, o que induz medo, ansiedade e estresse, o que, por sua vez, ativa a parte mais primitiva e não pensante do cérebro, induzindo o outro a agir em vez de pensar.

Flor – Os manipuladores elogiam e despertam a vontade de luxúria nos alvos e, assim, aproveitam os comportamentos egoístas e narcisistas, reforçando ganhos, facilidades ou reconhecimento e admiração que terão ao fazerem o que é proposto pelo manipulador.

Tipos de manipuladores

> Manipulador pavão

O manipulador pavão quer ser mais bonito e especial, prejudicando e anulando as pessoas para se destacar e se elevar. É uma pessoa narcisista, que precisa de constante aprovação, no entanto não tem consideração pelos sentimentos do outro. Sente-se superior às outras pessoas e quer que os seus pedidos sejam sempre satisfeitos e tenham prioridade, por isso ficam magoados ou discutem quando ouvem "não".

Os narcisistas caracterizam-se pela autoestima elevada, mas, na verdade, a confiança deles depende da aprovação dos outros. Por esse motivo, têm dificuldade em lidar com qualquer tipo de crítica. Quando contrariados ou não elogiados, respondem com raiva ou até com violência verbal ou não verbal. Pela forma como se vestem, é possível perceber quão narcisistas e exagerados eles são. Usam roupas coloridas e de marca, gostam de exibir bens materiais e peças douradas, mantêm uma aparência cuidada e precisam sempre estar mais bonitos do que os outros. Acham que são mais especiais e percebidos como líderes.

Se a palavra "eu" for a mais ouvida nos primeiros trinta segundos, temos então um comportamento narcisista.

O narcisismo não aparece de uma hora para outra, ele se manifesta desde criança. Há comportamentos-padrão que podemos detectar desde cedo. Por exemplo, é comum nesses casos termos crianças com muita resistência para doar os brinquedos que não utilizam mais para instituições de caridade ou outras.

O ser narcisista não implica que a pessoa seja manipuladora ou agressora, no entanto a maior parte dos manipuladores e agressores são narcisistas.

Todos apresentamos algum nível de narcisismo, o desafio é quando os níveis são elevados. O narcisista, apesar de gostar muito dele próprio e de criticar em especial a aparência das pessoas para se sentir superior, acaba não tendo más intenções com os pares. Mesmo quando apresentam raiva pela rejeição que viveram, o objetivo é colocar para fora a dor de não ter sido elogiados, aceitos ou valorizados pelos outros.

Os comportamentos seguintes são aqueles que podem surgir para detectar uma pessoa narcisista. Quanto mais identificações do que está descrito a seguir, maior a probabilidade de ser um manipulador pavão.

- Ego elevado;
- Busca constante de atenção e elogios;
- Não valoriza os sentimentos ou as opiniões dos outros;

- Sentimento de superioridade;
- Procura se associar apenas a quem tem status elevado;
- Pede a perfeição dos outros, mais no sentido da aparência;
- Os outros devem satisfazer os seus pedidos ou necessidades, mas ele não se mostra disponível para fazer o mesmo pelas outras pessoas;
- Sensibilidade extrema a críticas;
- Minimiza o outro para se destacar;
- Exagera as conquistas, feitos, realizações e talentos;
- Quer ser tratado de modo especial;
- Tem inveja dos outros e acredita que todos têm inveja dele;
- Elogia e faz favores para pedir algo em troca, verbalizando a cobrança;
- Tem pensamentos obsessivos sobre poder, sucesso, inteligência e aparência física;
- Competitividade excessiva;
- Um complexo de inferioridade evidente;
- Perfeccionista;
- Costuma desdenhar regularmente das coisas ou situações.

> Manipulador raposa

Algumas pessoas não aparecem na sua vida para doar algo, mas sim para tirar. Esse perfil não vê o próximo como pessoa, e sim como oportunidade. São aqueles indivíduos que não amam pelo que o outro é, mas pelo que o outro pode fazer por eles.

É sempre bom ouvir a sua intuição. Não para julgar, mas para investigar. Na dúvida, afaste-se. Em uma primeira interação, parece que tudo está bem, entretanto você sente um alarme disparar em sua mente. Se isso acontecer, desconfie!

O manipulador raposa é sedutor e aparentemente amigável, contudo ele é assim pois precisa de você para atingir os seus objetivos, mesmo que você saia prejudicado. Ele dá e oferece ajuda para receber algo em troca e usa as emoções para conquistar.

A melhor maneira de se proteger contra esse perfil é estar atento na primeira interação. Vou apresentar a seguir alguns alertas para quando observar ou sentir que está próximo de um manipulador raposa. Lembre-se: quanto mais sinais, maior é a probabilidade de estar em perigo.

- Familiaridade excessiva. Quando conhecemos alguém, tendemos a ser mais retraídos e mais reservados. A familiaridade excessiva não é normal em uma fase inicial ao se aproximar de alguém;
- A maneira como trata as pessoas que o servem é diferente de como fala com você. Se com você existe um comportamento de simpatia e colaboração, com um funcionário de uma loja costuma ser arrogante. O manipulador raposa tende a rebaixar as pessoas que o servem;
- Rebaixa os outros e encontra defeitos mesmo que pequenos. Fala mal e critica pessoas de poder e de sucesso;
- Recusa responsabilidades quando está discutindo sobre algo que não deu certo ou sobre as próprias ações. Verbaliza que as pessoas estão contra ele e que, se ele se exaltou ou fez algo ruim, foi porque teve um bom motivo para tal, caso contrário não teria feito;
- Espera mais elogios e agradecimentos do que normalmente a situação permite. Quer ser elogiado ou gratificado por tudo;
- Mais de dois terços do tempo de conversa é sobre ele ou sobre o que conquistou. Tende a focar a conversa em si. Ele fez tudo sozinho;
- Critica mais e procura culpar com mais frequência do que expressar gratidão. Critica os outros para se sentir melhor;
- Enruga o nariz com raiva antes de rir e quando se sente desafiado;
- Se você elogia a beleza ou a competência de outra pessoa, mostra ciúmes e aponta falhas, como as fraquezas ou os erros de carreira;
- Precisa de atenção mais do que o normal. Quando fala sobre as outras pessoas ou temas que não são do seu interesse, fica frustrado, raivoso, pega o celular, fala alto, muda a conversa de repente e acusa o outro;
- Normalmente as relações nunca acabam por culpa dele, mas sim por causa dos outros.

> Manipulador lobo

Esse é o mais perigoso. Ataca com o objetivo claro de prejudicar por prazer e sempre os mais frágeis e vulneráreis. Esse manipulador normalmente dá pistas ainda na infância ou adolescência. São crianças agressivas, que maltratam animais, costumam cometer crimes menores, são alunos com notas ruins, envolvem-se com drogas, desafiam a autoridade social e paternal (professores, polícia ou pais) e são bons quando precisam e maus quando não.

Geralmente têm duas fases para atacar a sua vítima: a fase de estudo e a de ataque.

Antes de atacar, esse manipulador tem um padrão de comportamento de predador, porque procura a vítima e estuda-a para obter a sua confiança, atenção e vulnerabilidade.

Fase de estudo

Sinais de alerta:

- Faz contato visual exagerado com poucas expressões faciais, não movimenta os músculos dos olhos nem das sobrancelhas. Sorrir e elevar as sobrancelhas são comportamentos sociais e evolutivos que acontecem quando interagimos com alguém. Acredito que existam dois tipos de olhar: o de amor e o de ódio. Se alguém olhar para você por mais de sete segundos sem piscar e sem que vocês estejam conversando, é um alerta importante. Também pode ser uma pessoa que apresente problemas de saúde mental;
- Tensão na zona dos olhos. A pessoa fecha ligeiramente os olhos para focar, mas temos também quem feche os olhos por não enxergar bem. Como podemos distinguir? Observe as sobrancelhas. Se estiverem em formato de V, pode indicar ataque ou raiva;
- Faz a microexpressão de desprezo quando olha para você, ou seja, sorri unilateralmente, levantando apenas um lado do lábio. É o sorriso manipulador;
- Contato físico inicial abusivo. O contato em zonas que não os braços, em fase inicial de contato, indica vontade de envolvimento escondido,

violência, perversão ou fetiche. Esse toque pode parecer acidental — e todos podemos acidentalmente fazer isso —, entretanto os mais perigosos são feitos em zonas não permitidas e durante mais tempo. Muitas vezes, podem não acontecer pelas mãos, mas sim com os cotovelos, braços, joelhos, quadril ou bunda. As zonas preferenciais de contato são a barriga, a parte de baixo das costas, as omoplatas, as partes íntimas ou até mesmo mexer no seu cabelo para retirar um objeto. Tudo isso sem que haja confiança ou permissão;

- Perguntar informações repentinamente. Receber perguntas sobre horários, sobrenomes, nomes da família e lugar em que mora são indicativos para que você desconfie caso não tenha intimidade com o outro. Pergunte-se por qual motivo as perguntas estão sendo feitas;
- Interação com pertences. Tocar em seus pertences, como malas, gavetas, cadernos, computadores ou carteira, sem razão aparente ou sem permissão;
- Coincidências. A pessoa começa a aparecer no mesmo lugar, horário e local que você. Fique alerta.

Fase de ataque

Os sinais aparecem antes da ação. Existem pistas que indicam pré-violência ou comportamentos de perigo. Muitas vidas poderiam ser salvas só com essa informação. Assim, o que vou fazer aqui é prepará-lo para ver alguns comportamentos violentos, perigosos e estranhos que surgem antes do ataque. Tanto a violência como o ataque podem começar de uma hora para outra, e identificar os sinais é importante, especialmente se você for policial ou trabalhar com a segurança de terceiros. É um dos módulos mais importantes das minhas formações para as forças de autoridade ou de proteção, e costumo falar que esse conhecimento funciona como um colete à prova de balas. Você até pode não precisar dele, mas, se estiver em perigo um dia, tenho certeza de que vai salvar você.

Sinais de alerta:

- Abrir as narinas e pressionar os lábios são sinais de pré-violência bastante precisos. O dilatar das narinas tem como objetivo aumentar a oxigenação do sangue para nos preparar para uma ação violenta ou então para alimentar um pico de adrenalina. Quando a pessoa tenta esconder o desejo de controle sobre o comportamento de pré-violência, os lábios se pressionam e se preparam para a ação. É uma tentativa de esconder a intenção. Se a boca fecha e as narinas abrem, é um comportamento de pré-violência; como perdemos oxigênio ao fechar a boca, o nariz compensa para oxigenar. Esse sinal acontece entre três e cinco segundos antes da agressão;

- Pressão nos maxilares. Em comportamentos violentos, os músculos do queixo se contraem e ficam mais rígidos. Ficar contraído é sempre um indicador de violência e, se ainda acontecerem movimentos nesses músculos, temos violência com mais raiva;
- Engolir a seco e respiração ofegante. A intensificação da respiração revela o aumento e a vontade de agressividade e de ataque. É possível perceber que a respiração acontece mais com a ajuda do peito do que com a zona do abdome. Para atacar, os músculos precisam de mais oxigênio, assim o corpo tem que garanti-lo o mais rápido possível. Os movimentos constantes na zona do peito indicam mais tensão e oxigenação. Já o ato de engolir a seco acontece devido a um pico de adrenalina que faz com que a liberação de saliva não seja tão intensa. Em um momento de estresse, a prioridade não é comer, e engolir se torna mais desafiador;
- Movimento da perna ou do ombro dominante para trás. A perna dominante vai para trás para ficar mais longe do alvo, no sentido de dar suporte ao corpo e poder ter um ataque mais forte. O ombro dominante também vai se afastar para trás para ganhar poder de embate;
- Dilatação das pupilas e quebra de contato visual repentino. Nos três ou quatro segundos antes de um ataque, as pupilas aumentam e, em seguida, após longos períodos de contato visual, ele costuma cessar;
- Cabeça baixa com um ângulo de 45°. Antes de atacar, protegemos a veia jugular com o queixo abaixado e, com isso, aumentamos a nossa visão periférica. As forças especiais têm o hábito de fazer esse movimento para aumentar a capacidade de visão;
- Os braços costumam ficar em ângulo reto ou paralisados. Antes de atacar, é comum eles estarem posicionados para a ação ou para agarrar, assim

a posição mais eficaz não é estar encolhido ou esticado, pois atrasaria a ação. Um padrão muito comum das pessoas armadas é tocar na área em que se encontra a arma do oponente e, antes de pegar nela, adotam essa posição reta com os braços para serem mais rápidas. Os braços também ficam paralisados com o tronco para esconder as verdadeiras intenções;
- Elevar ligeiramente os joelhos, intercalando um lado e outro de modo repetitivo. O objetivo é aliviar a tensão emocional;
- Pés e mãos inquietos. O pé avança e retrai, o que pode acontecer também com o corpo. Os dedos apresentam movimentos rápidos e repetitivos;
- Agitação e o ato de agarrar um ou mais dedos. Agarrar indica contenção e nem sempre é violência, podendo indicar apenas que algo está sendo escondido. Quando ficamos nervosos, os dedos ficam agitados e precisamos conter a raiva;
- Punho fechado. É um dos indicadores mais fáceis de ler em momentos de tensão. Fechar o punho indica que a mão está tensionada e preparada para bater. Bater de punho fechado é mais eficaz para ferir o adversário;
- Retirar ou ajustar a roupa do corpo. Aqui temos ações como tirar a camiseta e arrumar a calça na cintura e nas pernas. O objetivo é ganhar mobilidade para ser mais eficaz no ataque;
- Ter o mesmo ritmo ao andar atrás de você ou aproximar-se muito. Desconfie quando a pessoa invade o seu espaço ou anda no mesmo ritmo que o seu. Raramente pessoas que não se conhecem andam no mesmo ritmo; ou é mais devagar, ou mais depressa. Se alguém está acompanhando o seu ritmo, desconfie. O mesmo acontece quando você está dirigindo um carro: agressores andam mais devagar ou mais depressa, dependendo do ritmo que você estabelecer. Imitar gestos ou posturas também pode revelar ligação incomum ou vigilância. Uma das técnicas que os espiões usam para perceber se estão sendo observados ou seguidos é a do bocejo. Experimente com os seus amigos ou familiares: se eles bocejarem ao ver você fazendo isso, existe conexão.

3. DECIFRE PESSOAS COMO UM ESPIÃO DO KGB, FBI, CIA E MOSSAD

> "Aqueles que são capazes de ver além das sombras e mentiras da sua cultura nunca serão entendidos, muito menos acreditados, pelas massas."
>
> – Platão

O SÉTIMO SENTIDO DE UM ESPIÃO

Quando se trata de espionagem, a capacidade de observar os sinais para sobreviver, não ser descoberto e prever tentativas de manipulação de um agente estrangeiro é uma das mais valiosas de um espião. Os agentes de inteligência precisam treinar algo que eu chamo de sétimo sentido: um sistema simples de leitura de pistas que lhes permite desenvolver poder de observação exponencial nas situações do dia a dia ou nas mais extremas e perigosas. Embora todos os espiões tenham os próprios sentidos apurados e a intuição natural, é necessário ensinar como podem tirar o máximo potencial desses dons, fazendo isso por meio do sétimo sentido.

A intuição nos diz rapidamente se o outro é amigo, ameaça, competente ou incompetente, perdedor ou vencedor, ou um possível parceiro ou parceira para reproduzir. Tudo isso se dá pela linguagem corporal e de acordo com a sua interpretação da linguagem corporal. É bom ter uma boa intuição, mas, se ela não for trabalhada em conjunto com informações específicas, você pode facilmente ser enganado pelas emoções ou experiências passadas. Quando começamos a aprender a decifrar pessoas, costumamos ver somente o significado dos gestos e expressões, mas o conjunto dessa linguagem mostra não só os significados, mas também a imagem da essência do outro.

Todos os gestos e movimentos vêm de acordo com o que o nosso cérebro inconsciente percebe. Saber só os sinais não nos diz muita coisa, mas, por meio deles compreendemos o que o indivíduo está comunicando em sua essência, ou seja, qual é a mensagem verdadeira que está sendo passada.

O nosso cérebro, no início de uma interação, quer responder apenas a quatro perguntas simples:

- É amigo ou inimigo?
- É vencedor ou perdedor?
- É competente ou incompetente?
- Quero reproduzir com essa pessoa e há possibilidade de fazer isso?

Caso identifique como amigo ou perceba como parceiro de reprodução, vai desenvolver uma comunicação fluida, clara e tranquila, e toda a linguagem não verbal vai revelar sinais de conforto. Mas, se perceber que é uma ameaça, vai ativar o cérebro mais primitivo para responder ao estímulo. Aqui está o momento em que paramos, fugimos ou lutamos, como vimos anteriormente.

Como padronizar os sinais não verbais

É impossível quantificar os sinais não verbais; no entanto, se os padronizarmos, será mais fácil interpretá-los, principalmente no dia a dia. Não é eficaz saber todo o universo não verbal, porque você pode entrar em paralisia por excesso de informação: quando temos muitas informações, o nosso cérebro, por gastar muita energia para interpretar, prefere não fazer isso ou não utilizar essa energia. Vamos falar de alguns padrões de sinal com menor margem de erro, até porque não podemos confirmar com toda certeza que um sinal corresponde a apenas um significado. A única previsibilidade no ser humano é ser imprevisível, mas também sabemos que os extremos definem os meios.

Algumas pessoas dizem: "Isso não é bem assim, porque conheço uma pessoa, que conhece outra, que conheceu um terceiro e disse que o Fulano fez esse sinal e não queria dizer isso". Sempre vai existir alguém que conhece uma exceção, mas não podemos focar as exceções para decifrar pessoas, ou decifrá-las seria uma tarefa impossível. Devemos nos apoiar nos padrões de comportamento comuns ao maior número de pessoas e depois avaliar se existem exceções, isto é, fazer uma leitura macro, começar a ler a pessoa em uma perspectiva de padrão geral e depois confirmar a leitura geral por meio de sinais mais específicos que vão confirmar ou não a leitura padrão inicial. É necessário fazer primeiro um olhar distante para depois procurar as especificidades.

Ler pessoas por meio de padrões é desafiador, então imagine executar essa tarefa com base em exceções: torna-se impossível. Veja da seguinte maneira: para descobrir onde alguém mora, primeiro você precisa saber qual é a cidade, em seguida a rua, o número da porta e, por fim, o andar. Se descobrir apenas o número e o andar, como pode encontrar onde a pessoa mora? Será muito difícil. Então, se souber o nome da cidade e da rua, provavelmente será mais fácil investigar e procurar onde essa pessoa mora com mais sucesso. Foque primeiro o geral e depois foque o específico. Os nossos comportamentos não são aleatórios nem sem sentido, a maior parte deles são sistemáticos e previsíveis.

PADRÕES DE SINAIS

Primeiro um agente aprende a padronizar o tipo de sinal, para depois, quando observar um, perguntar-se onde ele se encaixa, em qual categoria. Depois ele deve investigar mais. Podemos encontrar sete tipos de sinais.

- Que representam barreiras;
- Que são agressivos;
- Que são pacificadores;
- Que são indicadores;
- Que são territoriais;
- Que são higiênicos ou sedutores;
- Que representam manipulação.

EXERCÍCIO

Vamos fazer um exercício juntos! Em qual categoria você colocaria os seguintes sinais que irei apresentar a seguir. Importante: para facilitar a nomenclatura, iremos chamá-los de Barreiras, Agressivos, Pacificadores, Indicadores, Territoriais, Higiênicos ou sedutores e Manipulação. Vamos lá!

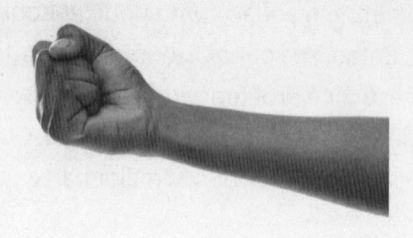

- ☐ Barreiras
- ☐ Agressivos
- ☐ Pacificadores
- ☐ Indicadores
- ☐ Territoriais
- ☐ Higiênicos ou sedutores
- ☐ Manipulação

- ☐ Barreiras
- ☐ Agressivos
- ☐ Pacificadores
- ☐ Indicadores
- ☐ Territoriais
- ☐ Higiênicos ou sedutores
- ☐ Manipulação

- ☐ Barreiras
- ☐ Agressivos
- ☐ Pacificadores
- ☐ Indicadores
- ☐ Territoriais
- ☐ Higiênicos ou sedutores
- ☐ Manipulação

- ☐ Barreiras
- ☐ Agressivos
- ☐ Pacificadores
- ☐ Indicadores
- ☐ Territoriais
- ☐ Higiênicos ou sedutores
- ☐ Manipulação

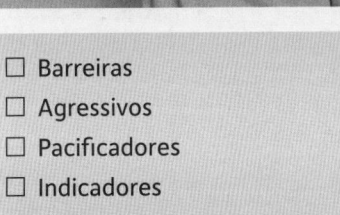

- ☐ Barreiras
- ☐ Agressivos
- ☐ Pacificadores
- ☐ Indicadores
- ☐ Territoriais
- ☐ Higiênicos ou sedutores
- ☐ Manipulação

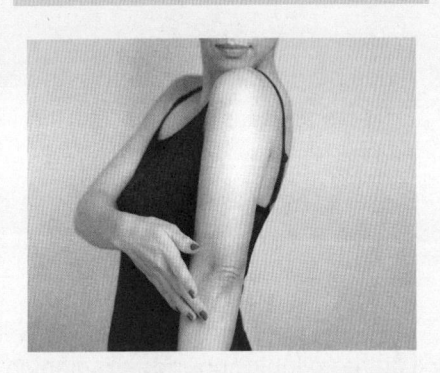

- ☐ Barreiras
- ☐ Agressivos
- ☐ Pacificadores
- ☐ Indicadores
- ☐ Territoriais
- ☐ Higiênicos ou sedutores
- ☐ Manipulação

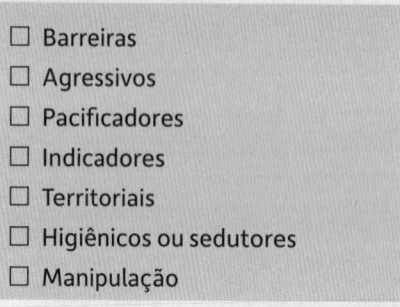

☐ Barreiras
☐ Agressivos
☐ Pacificadores
☐ Indicadores
☐ Territoriais
☐ Higiênicos ou sedutores
☐ Manipulação

☐ Barreiras
☐ Agressivos
☐ Pacificadores
☐ Indicadores
☐ Territoriais
☐ Higiênicos ou sedutores
☐ Manipulação

Ainda nem falamos sobre o significado dos sinais, mas acredito que você tenha acertado todas as respostas. Intuitivamente, já sabemos o que cada sinal significa, só não temos consciência de que os estamos fazendo.

Deixei a seguir as respostas do exercício anterior:

- Punho fechado – Agressivo;
- Braços cruzados e pernas entrelaçadas – Barreiras;
- Lamber o lábio superior – Higiênico e sedutor;
- Passar a mão constantemente no cabelo – Higiênico e sedutor;
- Esfregar o braço com intensidade – Pacificador;
- Roer unhas – Pacificador;
- Apontar com o dedo para uma pessoa – Indicador;
- Sentar-se com as mãos atrás da cabeça e pés em cima da mesa – Territorial.

A linguagem corporal acontece no máximo dois segundos depois dos pensamentos. As melhores leituras são as que se baseiam não em um, mas em múltiplos sinais. Não olhe apenas para o rosto da pessoa ou escute o que ela está dizendo com palavras, porque nessa leitura perde-se muita informação. O nosso sistema conecta a mente com o corpo. Temos o hardware, que é o corpo, e o software, que corresponde à mente, aos sentimentos, às emoções, aos processos e aos pensamentos.

Categorias de gestos ou sinais

Para otimizar a sua intuição, vamos agora decifrar cada tipo de gesto ou sinal, criando categorias em que podemos colocar o que observamos sem que façamos uma análise micro do seu significado.

> a) Barreiras

Gestos barreiras são sinais ou ações que colocam algo entre você e a pessoa que está à sua frente. Criamos barreiras para que haja uma separação ou uma proteção, porque o nosso inconsciente sente desconforto ou ameaça. Tudo o que está entre você e a pessoa que está à frente é percebido como uma barreira. Essa regra vale também para situações. As barreiras acontecem porque o cérebro cria movimentos que nos ajudam a proteger a área em que está o nosso ventre, ou seja, em que estão os nossos órgãos vitais e genitais.

Exemplos:

- Mão aberta à frente;
- Um passo atrás;
- Palma da mão para a frente;
- Cruzar os braços;
- Colocar um objeto em frente ao peito ou aos órgãos genitais, como um caderno, uma mala ou uma carteira;
- Não olhar também pode ser uma barreira inconsciente que indica fuga;
- Falar com objetos e agarrá-los com ambas as mãos, como alguém que fala em público e tem uma folha para olhar anotações ou até mesmo quando em um almoço o colega coloca o copo entre vocês dois.

> b) Agressivos

Qual é o objetivo desses gestos? Lutar. Normalmente, o gesto agressivo está relacionado à resposta inconsciente de lutar quando percebe ameaças, tal como as barreiras relacionam-se com o ato de parar.

Exemplos:

- Punhos erguidos;
- Levantar o tom de voz;
- Colocar o pé dominante para trás (quando vamos dar um murro em alguém, afastamos o pé dominante para trás para criarmos força);
- Colocar as mãos no ar;
- Apontar com o dedo, um gesto que fazemos no dia a dia, indica pessoas mais agressivas ou impulsivas, verbal ou não verbalmente. Ser agressiva não quer dizer que vai agredir fisicamente alguém, e sim que são pessoas mais de bater de frente, que vão defender mais a sua opinião. Por isso, observe se conhece pessoas que apontam muito o dedo. Quanto mais gesticularem, maior será esse sentimento e maior será essa necessidade de desafio, de luta, de resposta à luta;
- Ter o punho fechado é outro gesto agressivo muito normal que as pessoas escondem ou não costumamos observar. Durante um casamento, se um dos noivos estiver de punho fechado, temos ali um indicador de futuro ruim para a relação. O punho fechado abaixo da cintura tem uma conotação muito agressiva.

**90% dos comportamentos de
agressividade são resultado do medo.**

> c) Pacificadores

Gestos pacificadores servem para nos acalmar. Quando estamos ansiosos porque nos sentimos ameaçados, o nosso cérebro tende a arranjar movimentos que o acalmem e ativem as substâncias químicas necessárias para controlar ou suavizar a dor emocional.

Exemplos:

- Mexer a perna;
- Roer as unhas ou canetas;
- Mexer na barba;
- Enrolar o cabelo com o dedo ou mexer constantemente no cabelo;
- Mexer no relógio ou em outro acessório;
- Tirar coisas da roupa;
- Respirar fundo, que é o chamado oxigenar, porque os músculos vão precisar de oxigênio para fugir ou lutar;
- Morder o lábio superior, que revela tensão emocional negativa forte; ou o inferior, que já pertence à categoria da sedução.

Identificar os gestos pacificadores vai ajudá-lo a entender se o outro está nervoso ou ansioso.

Normalmente, são gestos repetitivos: estar sempre mexendo no cabelo, na barba, mordendo as canetas, mexendo no relógio e ficar tirando coisas da roupa. Isso tudo quer dizer que se sente ameaçado.

> d) Indicadores

Esses sinais, como o próprio nome indica, demonstram algo que estamos tentando transmitir. Quando falamos "é grande", fazemos o gesto com as mãos para simbolizar algo grande. Se comunicamos que "são três", indicamos três dedos para mostrar o que afirmamos.

São sinais que não deixam grande dificuldade de leitura, a não ser a congruência entre aquilo que dizemos e aquilo que não dizemos, porém são excelentes para detectar mentiras. Se alguém expressa que tem muitos amigos e faz o gesto com apenas um dedo, algo está errado. É preciso investigar. Quando algo é falado e o corpo não acompanha com gestos indicadores apropriados, desconfie.

Observo em algumas apresentações em empresas que o colaborador diz que os resultados estão aumentando, mas gesticula com a mão indicando para baixo. Da mesma maneira, dizer "sim" com os lábios e balançar negativamente a cabeça também não faz sentido. Dizer estou aqui para dar e a mão faz o movimento em direção ao peito indica que a sua intenção é mais de receber do que de dar.

Os gestos indicadores são necessários e muito úteis para comunicar bem com as pessoas; se não comunica com indicadores, a mensagem perde valor e impacto.

> e) Territoriais

Esses sinais aparecem quando queremos demonstrar que somos donos do território ou líderes do grupo. São gestos que significam poder e normalmente fazem parecer que a pessoa ocupa mais espaço. Muitos dos gestos que aparentam fazer com que o interlocutor ocupe mais espaço ou pareça ser maior são gestos territoriais.

Exemplos:

- Ocupar dois lugares no estacionamento;
- Mostrar os bíceps;
- Sentar e colocar o braço na cadeira ao lado;
- Sentar e colocar as mãos atrás da cabeça, ficando com os braços abertos, ocupando mais espaço;
- Colocar o braço fora da janela do carro;
- Afastar muito os pés quando interage;
- No avião ou no cinema, ocupar com o cotovelo o braço compartilhado da cadeira;
- Dirigir o veículo invadindo a faixa do lado central. Isso demonstra pessoas que desafiam mais e, se forem ultrapassadas, vão atrás para ultrapassar também;
- Ocupar a cadeira da ponta da mesa;
- Usar uma cadeira com as costas altas.

??? VOCÊ SABIA QUE...

O papa Bento XVI usava um trono com o encosto mais alto do que ele? Já o papa Francisco, quando foi escolhido para o cargo, decidiu reduzir o encosto

> do trono em que se sentaria. Essa parte dos tronos tem o objetivo de tornar maior quem se senta ali, dando a percepção de mais poder.

Ter uma cadeira com encosto alto também pode ser uma questão de conforto para quem trabalha muito tempo sentado. Pode não ser um sinal claro de domínio, mas, quando em uma empresa todos os colaboradores têm cadeiras com os encostos baixos, e no escritório do diretor ou responsável da empresa há uma cadeira com essa parte mais alta ou superior às dos colaboradores, temos um indicativo de marcar território, alguém que valoriza o poder e o controle. Escolher a cadeira também não é uma maneira de compensação? Sim. Se os colaboradores estão utilizando cadeiras baixas e o responsável estiver com uma cadeira enorme, é uma compensação. Se todos estiverem utilizando cadeiras com encostos altos, fique tranquilo. Não há nada de esquisito ali, pode apenas ser uma questão de cuidado e igualdade.

Em contexto profissional, um diretor que fala com as mãos atrás da cabeça e com os braços abertos em uma reunião demonstra território. É uma pista importante. Se os gestos forem exagerados e descontextualizados, não indicam poder, mas sim insegurança, é uma compensação.

> f) Higiênicos e sedutores

Todos os gestos que demonstram limpeza são movimentos com a intenção de seduzir e reforçar a beleza para ser escolhido.

Um estudo com mulheres mostrou que é possível saber em qual estágio do ciclo reprodutivo a mulher está pela quantidade de pele que mostra com as suas roupas, pela forma como anda, se faz mais ou menos movimentos, pela voz mais aguda ou não para ficar mais simpática durante o período fértil. Com os homens é semelhante. Quando estão no auge da quantidade de testosterona, são mais competitivos, o tom de voz fica mais grave, tendem a ficar com uma postura boa para serem mais altos e exibem mais músculos ou se gabam de bens materiais.

Os gestos higiênicos e sedutores normalmente estão ligados a quem quer parecer mais bonito ou está em modo de sedução.

Exemplos:

- Colocar o cabelo atrás da orelha enquanto fala com alguém;
- Passar a mão no cabelo para penteá-lo;
- Falar com o queixo apoiado nas duas mãos para dar foco ao rosto;
- Lamber os lábios;
- Passar a mão pela roupa para ajeitar antes de falar com alguém;
- Jogar a cabeça para trás, um gesto muito comum, em que a pessoa quer mostrar charme.

Quem apresenta esses sinais normalmente quer admiração e fala de si mesmo, elogiando-se. São comportamentos que servem para reforçar a beleza, exaltar a visibilidade do indivíduo e dar destaque ao rosto. E atenção: jogar a cabeça para trás é um gesto que acontece muitas vezes e poucos conseguem perceber. Quando alguém faz esse movimento, está tentando ser charmoso. Ou seja, quer ser admirado. Se o comportamento se repete muito, temos um caso de compensação.

> g) Manipulação

A manipulação indica que existe uma preparação para enganar ou esconder informações. São sinais para prever intenções e negócios ruins, ou pessoas tóxicas e manipuladoras.

Exemplos:

- Esfregar as mãos com velocidade;
- Sorriso manipulador;
- Elevar um ombro;
- Choro ou sorriso falsos.

OS SEIS PASSOS PARA DECIFRAR PESSOAS COMO UM ESPIÃO

São seis passos importantes para aperfeiçoar a sua intuição, mas antes iremos fazer uma sistematização para nos tornarmos verdadeiros profissionais em decifrar pessoas. Por isso, quero mostrar uma métrica para que você consiga ler os comportamentos não verbais de maneira mais fácil, sabendo que precisa categorizar a leitura e seguir o método sequencial.

Como podemos começar a decifrar pessoas?

Por onde começar?

O que devemos observar primeiro ou ao que devemos dar mais importância?

Um dos meus métodos preferidos para conhecer o passado, o presente e os comportamentos futuros é ensinado pela KGB e difundido pelas maiores agências governamentais mundiais. O método consiste em ler primeiro os comportamentos do passado por meio de sinais anatômicos e especiais, para então fazer um perfil do presente por meio de sinais dinâmicos e ambientais. Com toda essa informação, é possível prever comportamentos futuros ou ameaças.

O método divide-se, então, em seis etapas:

- Anatômicas;
- Especiais;
- Dinâmicas;
- Ambientais;
- Anomalias;
- Perfis.

Pistas anatômicas

As pistas anatômicas são aquelas que não podemos alterar quando falando sobre uma pessoa A ou B. A anatomia acontece da mesma forma que, se eu não fizer exercícios físicos, sei que não vou ficar musculoso. Ou então quando entendemos que é impossível apagar as rugas que temos enquanto conversamos com alguém. São pistas impossíveis de controlar.

Ao olhar para o corpo de alguém, é possível fazer algumas suposições: se faz exercício físico, se não faz, se a postura é mais curvada ou ereta, se caminha mais rápido ou com mais dificuldade, como mexe os braços ao caminhar, se tem algum problema de saúde ou deficiência.

É possível avaliar pela anatomia o que podemos ler de maneira imediata e sem depender de comportamento ou contexto. Tudo isso depende do que aconteceu no passado. Por exemplo, uma pessoa que come muito tem probabilidade maior de engordar, mas isso pode acontecer não pela comida, mas sim por doença ou uso de medicação. Existem pessoas que são fortes, têm problemas de saúde e comem pouco, na mesma medida em que existem pessoas magras e que comem muito.

Prefiro usar as pistas anatômicas para entender se faz muito exercício físico ou não, para confirmar se é mais ativo ou não, se é mais velho ou mais novo. Quando olho para alguém em repouso, observo as rugas evidentes para entender qual é a faixa etária. Não quero que você leia tanto a parte anatômica, já que ser alto ou baixo é indiferente, mas perceber a questão do exercício físico, a flexibilidade e a agilidade da pessoa é importante.

Quando observamos o rosto de alguém, é preciso que você olhe para as rugas e expressões faciais para verificar o que é mais evidente ou não. Se o indivíduo tem comportamentos desafiadores, ele terá mais marcas na zona do desafio. Se é uma pessoa mais social, vai ter rugas na zona da felicidade, mas, se é alguém que tem tendência a ser superior, vai criar mais vincos na zona superior. É possível observar isso mesmo nos que são mais jovens.

Olhe-se no espelho agora e desenhe as suas rugas mais evidentes.

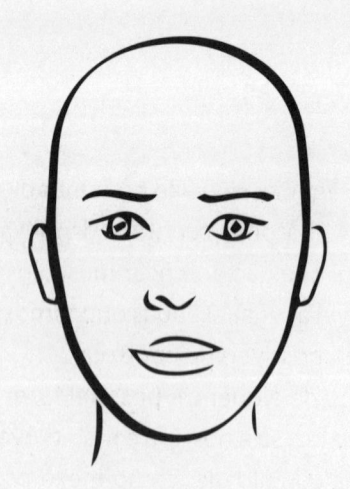

Um amigo me dizia: "Esse processo é semelhante ao que fazemos para avaliar para onde o vento está soprando. Como podemos descobrir? Basta olhar para a copa das árvores e verificar para onde elas se inclinam. Assim saberemos a direção do vento durante a maior parte do ano". Com as rugas no rosto temos o mesmo processo: elas revelam quais são as emoções mais fortes e que aparecem com mais frequência. Refletimos por meio de uma expressão facial as emoções que experienciamos, criando vincos e sulcos; se a pessoa faz muitas vezes esse movimento, ele vai ficando cada vez mais evidente e perceptível.

Essa técnica é ótima para conhecer o passado emocional de uma pessoa, por isso os agentes secretos usam a leitura para conhecer uma pessoa antes mesmo de falar com ela, recorrendo também, muitas vezes, às fotografias de perfil das redes sociais. Assim, conseguem antecipar alguns comportamentos passados e recorrentes ou até mesmo influenciar de modo mais eficaz.

> ### As sete expressões faciais universais
Temos 47 músculos no rosto que nos dão a possibilidade de fazer aproximadamente 10 mil expressões faciais. Paul Ekman, psicólogo norte-americano e professor universitário, foi pioneiro no estudo das emoções e da sua relação com as expressões faciais. Ekman aponta para a existência de sete emoções universais determinadas por sete expressões faciais universais, que são as mais usadas e fáceis de interpretar, no entanto o desafio é que elas podem ocorrer em um tempo de até 1/15 a 1/25 de segundo, tornando muito complexo distinguir mais de 10 mil expressões. Por meio das expressões faciais, só se consegue ler 30% das intenções da pessoa.

A expressão facial tem um objetivo claro: comunicar sem palavras aquilo que estamos sentindo e alertar nosso grupo. Exibir uma microexpressão de medo avisa o grupo do perigo iminente, enquanto uma microexpressão de nojo expressa um sentimento de reprovação, e uma microexpressão de raiva indica intenção de ataque. Das sete microexpressões universais, cinco são negativas, uma positiva e uma neutra.

A microexpressão neutra alerta para se preparar para algo bom ou ruim, a tristeza está diretamente relacionada com o sentimento de perda, seja ela física ou emocional, e a felicidade revela um sentimento de ganho, realização, alívio e que a pessoa está bem e tranquila.

Um fato curioso: se fizer determinada expressão facial, também vai começar a sentir a emoção correspondente. As emoções são comunicadas por expressões faciais, mas as últimas também influenciam as emoções.

> **DICA DO DECIFRADOR**
>
> Uma dica importante para os dias em que você estiver triste: sorria olhando no espelho durante um minuto, mesmo que seja forçado. A expressão facial ativará a biologia da felicidade e potencializará a inteligência. Isso acontece porque pessoas felizes são, em média, 30% mais inteligentes do que as demais.

Para decifrar as rugas do rosto, é importante conhecer as sete expressões faciais universais de modo simples.

a) Tristeza

A tristeza, ao contrário da surpresa, é uma das microexpressões de maior duração. Ela também pode ser usada como uma expressão facial para acalmar as pessoas que estão com sentimento de raiva, tal como a felicidade, em que o sorriso tem o objetivo de suavizar a agressão, os castigos ou até mesmo minimizar as consequências. Para a tristeza, são acionadas três áreas da face: as sobrancelhas, os olhos e a boca.

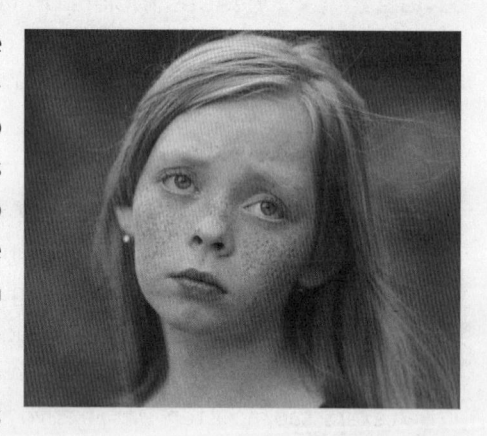

- Os cantos internos das sobrancelhas elevam-se e aproximam-se;
- Elevação dos cantos internos da pálpebra superior; a pálpebra inferior pode parecer levantada;
- As extremidades dos lábios são atraídas para baixo ou os lábios parecem tremer, o canto dos lábios está puxado para baixo e o lábio inferior faz beicinho;
- Rugas horizontais na zona central da testa.

b) Surpresa

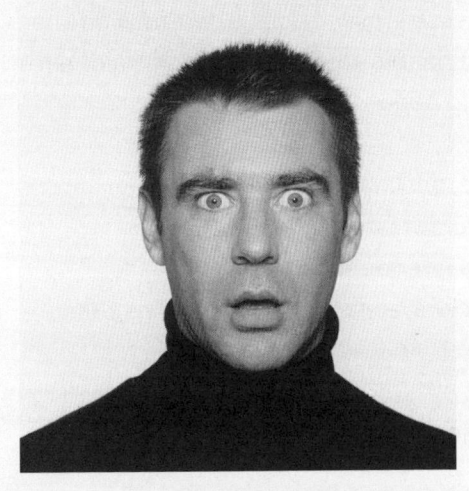

O objetivo de elevarmos as sobrancelhas e abrirmos mais os olhos é permitir que o grupo veja para onde estamos olhando e possa identificar o que é preciso fazer com muito mais agilidade. E assim temos a expressão de surpresa. É a mais rápida das expressões faciais. A surpresa ativa também os olhos, a boca e as sobrancelhas, que são as três regiões a serem observadas.

- As sobrancelhas elevam-se;
- Os olhos se abrem muito;
- A boca fica aberta.

Mas lembre-se de que é uma expressão muito rápida, porque, se demorar, existe grande probabilidade de ser falso. Se contar um segredo e a pessoa apresentar surpresa exagerada e demorada, desconfie, porque possivelmente ela já sabia do que você contou.

c) Medo

A microexpressão de medo está intimamente ligada ao choque. Quando estamos com medo e arregalamos os olhos, o nosso campo de visão aumenta. Isso permite ver melhor as ameaças que se escondem nas proximidades. A boca abre, porque nos ajuda a preparar para duas coisas: primeiro, caso seja necessário, gritar por ajuda ou alertar o grupo; segundo, para inspirar melhor, já que é necessário mais oxigênio para fugir ou lutar.

Os movimentos do medo são semelhantes aos da surpresa. A maior diferença é que a surpresa é rápida e o medo pode ser demorado.

- As sobrancelhas ficam, geralmente, em linha reta;
- Surgem rugas horizontais no centro da testa não uniformes;
- A pálpebra superior se eleva, mas a inferior fica tensa e contraída;
- Os olhos exibem mais branco (a esclera, zona branca do olho) na zona superior do que na zona inferior;
- A pele fica pálida;
- A boca se abre e os lábios ficam ligeiramente mais tensos ou esticados e puxados para trás.

As emoções são contagiosas: se você estiver cercado de pessoas com medo, ficará mais medroso também. O ato de espelhar o medo é um mecanismo inconsciente de sobrevivência com o objetivo de preparar o indivíduo para a ameaça. Há um movimento muito comum quando sentimos emoções de felicidade, medo e surpresa e não queremos comunicá-las a todos, que é tapar a boca com a mão. Essa atitude é uma maneira de esconder as emoções.

d) Raiva

Ao contrário das microexpressões de surpresa e medo, a microexpressão de raiva é caracterizada pelo ato de abaixar as sobrancelhas, deixando-as em formato de "v".

A expressão de raiva é a mais fácil de decifrar para que seja possível detectar no tempo certo a possibilidade de ser atacado.

- As sobrancelhas abaixam-se e ficam em formato de "v";
- Rugas verticais aparecem entre as sobrancelhas;
- O lábio inferior fica pressionado;
- Olhar intenso e fixo em um alvo;
- As narinas se dilatam;
- A mandíbula inferior se projeta para a frente;
- Os dentes ficam à mostra.

As sobrancelhas baixas e os olhos semicerrados tornam mais difícil a leitura de intenções, por esse motivo pessoas raivosas podem parecer mais dominantes, no entanto são percebidas como menos confiáveis. As pessoas podem revelar raiva apenas franzindo as sobrancelhas. Durante a raiva, existe a tendência de abaixar o queixo, com o objetivo de aumentar a visão periférica para o ataque. Essa técnica é usada de modo consciente pelas forças especiais militares para terem uma visão periférica melhor.

e) Nojo
É a reação negativa a gostos, cheiros, toques, pensamentos, sons, aparência física ou ideias. É uma mensagem para o grupo se afastar porque algo não está bom. Ao sentir nojo, os olhos são pressionados e ficam mais fechados para que a acuidade visual aumente e, assim, é possível perceber a origem do motivo pelo qual queremos nos afastar. Enrugar o nariz serve para diminuir a respiração e para se proteger do que pode lhe fazer mal.

- Nariz enrugado;
- O lábio superior se levanta;
- Os dentes superiores podem ficar expostos;
- As bochechas ficam elevadas;
- O levantar do lábio superior faz aparecer rugas, que podem variar dependendo da intensidade do nojo.

Fazer a expressão de nojo prejudica a sua capacidade de atração e sedução. Se quiser ser mais atraente, evite fazer essa expressão.

> **EXERCÍCIO**
>
> Experimente agora fazer o seguinte exercício:
> 1 – Inspire pelo nariz e expire;
> 2 – Agora enrugue o nariz e inspire também por ele.
> Reparou que ficou mais difícil inspirar? Esse é o objetivo de enrugar o nariz.

f) Felicidade

A forma mais simples de observar a felicidade é por meio do sorriso de Duchenne, identificado pelo neurologista francês Guillaume Duchenne. É um sorriso genuíno que vem do verdadeiro prazer.

- Os cantos dos lábios se elevam e ficam puxados para trás;
- As bochechas se erguem;
- A pálpebra inferior pode apresentar rugas ou ficar tensa;
- Aparecem rugas perto da parte externa dos olhos e na zona acima do lábio superior;
- Há ligeira tensão na parte inferior dos olhos.

Estamos pré-programados para distinguir um sorriso verdadeiro de um falso. A felicidade não é só mostrada na parte inferior do rosto pela boca. As pesquisas sobre os diferentes tipos de sorriso, iniciadas no século XIX pelo neurologista francês Guillaume Duchenne, descobriram que, durante um sorriso verdadeiro, a musculatura em volta dos olhos era ativada, o que não ocorre com um sorriso falso e controlado em que apenas a boca é ativada. Ekman indica que os sinais faciais de felicidade são verificados pelo puxar para trás e para cima dos cantos dos lábios, com os dentes visíveis ou não.

g) Desprezo

O desprezo é a única das sete microexpressões universais que é assimétrica. Esse sentimento, semelhante ao ódio, é negativo, de antipatia, desrespeito ou ofensa, desencadeado por pessoas ou pelas ações delas. Ao contrário da microexpressão de nojo, o desprezo é caracterizado por um sentimento de superioridade em relação ao outro. Quando uma pessoa sente desprezo, pode sentir que está certa e que a outra pessoa está errada. É revelado pela boca, sem envolvimento dos olhos ou das sobrancelhas.

- Levantar o lábio superior unilateralmente;
- Rugas na zona direita ou esquerda do nariz.

A microexpressão de desprezo é um sinal ruim, especialmente nas relações pessoais. De acordo com o dr. Gottman, especialista em inteligência emocional, o desprezo é a emoção mais destrutiva e o melhor indicador de um possível divórcio. Detectar essa microexpressão em uma relação pode alertar que algo não está bom e deve ser resolvido antes que seja tarde demais.

> **??? VOCÊ SABIA QUE...**
>
> Aplicar botox no rosto afeta as relações pela impossibilidade de ler as expressões e emoções faciais, gerando distanciamento?

> Rugas

Agora que já sabe sobre a dinâmica das expressões faciais e os motivos pelos quais as fazemos, vai ser mais simples interpretar as rugas. Sabemos que os vincos mais evidentes e pronunciados são criados pela quantidade de vezes que sentimos uma determinada emoção, que é refletida em expressão facial. Se você for mais social, vai criar rugas na zona da felicidade, mas, se for uma pessoa que tem a tendência a ser superior, vai criar rugas uniformes.

Diz-se, muitas vezes, que não é possível decifrar os mais jovens porque eles não têm rugas, mas acredite: eles também as têm e, às vezes, bastante evidentes.

A partir de hoje, você vai reparar na quantidade de rugas que as pessoas têm e na quantidade de informação que elas nos dão. Eu vejo as rugas como um mapa do passado, não do futuro nem do presente.

O ideal é dividir o rosto em três zonas distintas: superior, média e inferior.

- Zona superior – Testa e sobrancelhas;
- Zona média – Olhos, nariz e boca;
- Zona inferior – Queixo.

a) Zona superior

Testa

As rugas que podemos decifrar primeiro são as que fazemos entre os olhos. Podem ser uma ou duas paralelas, na vertical.

Duas rugas na vertical revelam pessoas aparentemente tranquilas com comportamento não impulsivo, que ficam serenas se as coisas correrem à maneira delas. No entanto, esses comportamentos escondem a impulsividade caso as coisas saiam do controle e, quando se sentem atacadas, atacam de volta. Só reagem mediante gatilhos de ataque ou tentativas de controle sobre elas. Essas duas rugas verticais revelam a necessidade de controle e impulsividade escondida, que normalmente só aparece quando a pessoa é desafiada. Quando o são, entram na linha vermelha emocional, ficam mais agressivas verbalmente ou em modo de ataque.

As pessoas que têm só uma ruga no meio da testa e entre os olhos não precisam de gatilho para entrarem em modo de explosão, elas são o gatilho e a explosão. São pessoas de ataque, não estão à espera do gatilho para mostrar a impulsividade ou mostrar como querem que as coisas aconteçam. Não há controle entre o modo tranquilo e o de ataque. Essas pessoas vão ser muito mais desafiadoras, podendo ter comportamentos mais próximos do agressivo.

Rugas horizontais ao longo da testa indicam pessoas de opinião forte. Quanto mais vincadas forem essas rugas, mais a pessoa irá defender as suas opiniões. São pessoas de razão, normalmente vistas como teimosas ou persistentes.

Há rugas horizontais na testa que não são retas e lineares, afunilam para o centro da testa e parecem convergir no meio dos olhos. Elas estão presentes em pessoas que, quando desafiadas ou questionadas sobre as suas opiniões, não só se defendem com firmeza, como também o fazem em modo de ataque. Quanto mais as rugas afunilarem para o centro, mais a pessoa vai entrar em modo de desafio.

A diferença entre as rugas da testa serem lineares ou convergirem para o centro é a forma como defendem as suas opiniões e encaram os desafios.

Rugas na testa que surgem de um lado, semelhantes a uma onda por cima de um dos olhos, indicam pessoas analíticas e céticas. As pessoas mais analíticas têm tendência a ter rugas de um lado da testa, ou pelo menos são muito mais evidentes de um lado do que do outro, não importando qual ele seja. São pessoas que gostam de informação para decidirem e são mais céticas. Só têm rugas de um lado devido ao movimento unilateral das sobrancelhas, o movimento que fazemos quando queremos mais informação.

Se as rugas da testa forem longas, horizontais, mas irregulares, temos então um caso de períodos de medo. Quando as rugas não são uniformes nem paralelas, estão desencontradas, trata-se de pessoas que sofreram traumas ou passaram por desafios. Por isso, são rugas que indicam problemas que aconteceram no passado.

Sobrancelhas
É interessante estudar e analisar a posição das sobrancelhas, pois saber qual é a sua posição dominante e normal nos dá pistas muito interessantes.

Quanto mais as sobrancelhas estiverem afastadas uma da outra e abertas, mais amigáveis ou tímidas são as pessoas. Normalmente têm dificuldade em dizer não, são mais prestativas e gostam de ajudar.

As sobrancelhas em "v" costumam estar em pessoas desafiadoras e com maior probabilidade de agressividade verbal ou não verbal. Sobrancelhas em "v" são um sinal com origem na expressão facial de raiva.

Sobrancelhas horizontais é a posição que mais pode ter significados, indicando pessoas menos emocionais ou que controlam as emoções. Pode ser porque exercem autoridade, são menos sociais ou analíticas.

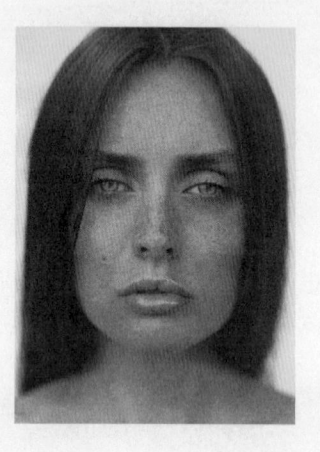

b) Zona média

Olhos

Bolsas embaixo dos olhos indicam cansaço recente ou acumulado, uma vida difícil, e são próprias de pessoas com muitas responsabilidades.

Rugas muito evidentes ao lado dos olhos, os chamados pés de galinha, indicam pessoas que gostam de socializar, de conviver, de estar com os amigos, de se divertir, de compartilhar emoções e que recorrem, muitas vezes, à expressão de felicidade. Na expressão facial de felicidade, um dos sinais para confirmar se é verdadeira é formar pés de galinha do canto dos olhos. Fazer muitas vezes a expressão de felicidade cria vincos mais pronunciados.

EXERCÍCIO

Por meio das rugas da felicidade, podemos decifrar se a pessoa tem maior inclinação para o otimismo ou para o pessimismo. Trace uma linha imaginária de pupila a pupila.

Observe se as rugas estão mais evidentes acima da linha imaginária, o que indica otimismo; se estiverem abaixo, indica pessimismo. Se forem equilibradas, indica esse mesmo equilíbrio entre o otimismo e o pessimismo.

Nariz

As rugas evidentes na parte superior do nariz acontecem pelo próprio movimento do órgão, quando faz a microexpressão de nojo. São pessoas que têm tendência para o perfeccionismo, são difíceis de agradar, olham mais para o que não gostam e isso não tem nada a ver com ser esquisito, mas sim com a tentativa constante de corrigir as coisas quando não dão certo.

Boca

Rugas entre os cantos do lábio e a zona lateral do nariz, parecendo arcos, indicam orgulho, autoridade, concentração e segurança.

Rugas em volta da boca dependem da idade, por exemplo: uma pessoa que já tenha 70 ou 80 anos tem muito mais probabilidade de apresentá-las pela falta de elasticidade da pele na zona dos lábios. Porém, quando se tornam evidentes em idades mais jovens é um sinal de desconfiança e de pessoas cuidadoras.

A ruga unilateral, de um lado do rosto, desde o canto da boca até o nariz, indica superioridade moral. Essa pessoa se sente superior, seja pela admiração, seja porque se sente a mais bonita ou especial, a mais inteligente ou a mais poderosa. Ela se sente superior! Mas essa pessoa quer ser superior ou apenas se acha superior? Ela se vê como superior, mas não quer dizer que seja, e vai fazer tudo para confirmar essa superioridade. Normalmente, pode até desprezar a pessoa que está à sua frente. Em alguns casos, essa ruga pode indicar pessoas manipuladoras, mas recomendo sempre que verifique se faz a microexpressão de desprezo com frequência em situações que envolvam dinheiro ou contratos. Se essa microexpressão aparecer, existe a possibilidade de você estar sendo manipulado.

c) Zona inferior

Queixo

Há uma ruga no queixo que indica luto ou tristeza profunda. Pode indicar também quem costuma recorrer mais à tristeza. É a expressão chamada *chin boss*.

É uma ruga parecida com uma ferradura invertida no limiar do queixo. Aqui não podemos analisar o presente e o futuro, apenas compreender muito do passado da pessoa e os momentos desafiadores, de tristeza e de luto pelos quais ela passou.

Essa técnica de decifrar o passado é extraordinária, é quase como um simples truque de magia que se pode usar no dia a dia. Lembre-se de que as rugas mais evidentes só surgem porque a pessoa repete aquela emoção com mais frequência. Há quem diga que você já tem o rosto que deveria ter aos 20 anos.

Pistas especiais

As pistas especiais são os sinais que podemos observar com origem em motivos clínicos, como questões físicas ou psicológicas por motivo de doenças. Nos casos de pistas clínicas, temos que prestar muita atenção e ter muito cuidado, porque existe outra leitura causada pela doença, e não pelo pensamento ou pela emoção da pessoa. Nesse caso, não faz sentido reforçar a pista porque pode distorcer toda a leitura. Não podemos ler situações que não façam sentido, que sejam casos clínicos, doenças mentais ou então que surgiram porque a pessoa tem um problema nervoso. Normalmente, as pessoas com desafios nervosos têm gestos muito repetitivos. Assim, temos primeiro que compreender se é constante ou casual. Se for casual e dependendo do contexto, é pacificador. Por outro lado, se for constante, normalmente vai perder o significado de leitura e, portanto, deixa de fazer sentido.

Um dos casos mais falados mundialmente foi o da ativista ambiental sueca Greta Thunberg. Muitas pessoas disseram que ela era má, que fazia expressões de raiva, mas temos que observar que Greta tem a síndrome de Asperger, que faz com que as pessoas se comuniquem de modo único e muitas vezes sejam interpretadas como agressivas, superiores e arrogantes. As pessoas com síndrome de Asperger têm inteligência média ou acima da média, não apresentam dificuldades de aprendizagem, mas podem ter dificuldades específicas nesse âmbito. Elas têm menos problemas com a fala, mas, ainda assim, podem ter dificuldades para entender e processar a linguagem.

Não julguem, investiguem mais. E, se perceberem que há algo que não está normal na comunicação, que não está concordando com o padrão, é preciso redobrar a atenção. Não ter as mãos ou as pernas, ou então problemas de visão ou de fala, representa questões especiais de saúde, que vão moldar a maneira de essas pessoas se comunicarem.

Pistas dinâmicas

São aquelas que nos dão a maior parte da informação e são o reflexo de gatilhos internos ou externos. São pistas que apresentam muitas variáveis e diferem de cultura para cultura e de pessoa para pessoa. Existem, contudo, algumas formas de linguagem corporal que são consideradas universais e padrão, que todos nós fazemos instintivamente. As pistas dinâmicas ou não verbais são um meio pelo qual as mensagens da mente inconsciente são transmitidas sem utilizar as palavras. Existem vários canais de comunicação não verbal, incluindo expressões faciais, linguagem corporal, espaço pessoal e toques. Não procure pistas isoladamente, procure em conjunto; observe um grupo de sinais, porque raramente eles surgem isolados; quanto mais indicadores não verbais observar, mais facilmente chegará a uma conclusão precisa e prática.

Existem essencialmente cinco categorias de pistas dinâmicas no mundo da comunicação não verbal que os espiões usam para a leitura ser mais intuitiva, rápida e simples:

- Articulações;
- Artérias e genitais;
- Mãos/dedos;
- Toques;
- Linguagem corporal.

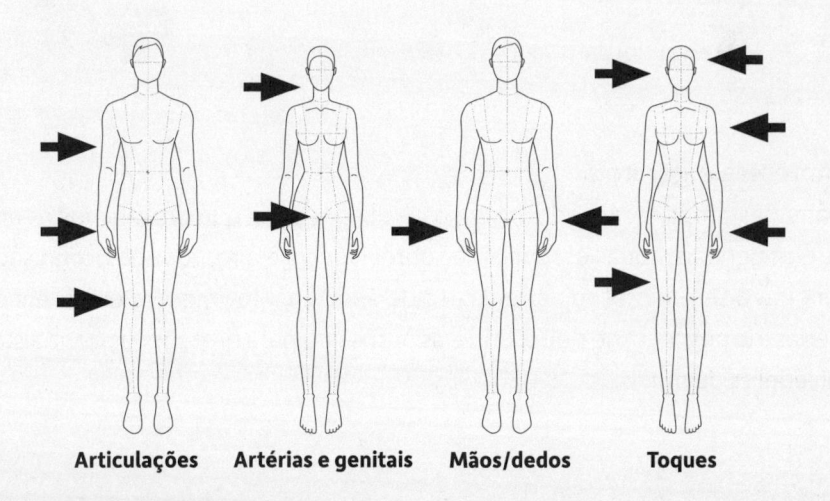

Articulações   Artérias e genitais   Mãos/dedos   Toques

Com essa nova forma de interpretar os sinais não verbais, qualquer pessoa vai conseguir ler 80% da linguagem não verbal e otimizar a leitura intuitiva. São pistas mais precisas e aquelas que dão mais evidências de um sentimento, pensamento ou emoção.

> Articulações

Quando sentimos estresse, existe uma tendência de proteção das articulações, uma vez que são elas que ligam os nossos ossos do esqueleto aos outros ossos e cartilagens e estão presentes nos joelhos, cotovelos, punhos, tornozelos e ombros.

Tocamos ou esfregamos zonas com mais articulações. Por quê? Quando estamos estressados, liberamos cortisol e adrenalina, hormônios que geram impressão ou dor nas articulações e fazem com que a pessoa esfregue ou acaricie o punho, os nós dos dedos, as palmas das mãos ou cotovelos, podendo também colocar a mão no joelho. Todas essas articulações são afetadas pelo estresse.

> Artérias e genitais

Quando estamos com medo, o nosso cérebro ordena que protejamos as artérias e as genitais, zonas essenciais à sobrevivência e à reprodução, logo são as primeiras a serem protegidas em caso de ameaça. Movimentos em direção às artérias, no pescoço, no peito, entre as pernas ou para proteger as genitais, são indicadores de medo.

O *timing* para decifrar os sinais de estresse ou de medo é fundamental para compreender a origem ou o gatilho, o porquê de as pessoas fazerem os movimentos, seja em direção às artérias, seja em direção às articulações. Se uma pessoa protege os órgãos genitais, do que ela tem medo? Quem apareceu? Do que está falando? O que perguntou? O que aconteceu de diferente? O que pediu? É necessário ter consciência do que desencadeou o sinal. Não basta ler, é preciso compreender o motivo.

> Mãos/dedos

As mãos são a área do corpo com o maior número de terminações nervosas ligadas ao cérebro. Os dedos e as mãos dão muitas informações úteis, constantes e simples, a saber: o revelar de ansiedade, confiança, insegurança, proteção, ataque, introversão, ceticismo etc.

Adoro utilizar essas pistas para analisar fotografias em que as pessoas estão todas sorridentes, em que tudo parece estar bem, no entanto, se repararmos nas mãos de cada uma, vamos ter muito mais informação sobre os reais sentimentos delas. Só olhando para as mãos, sem olhar para o rosto, conseguimos ler como realmente estão e em qual situação emocional se encontram. As mãos gritam!

Uma das pistas mais importantes é a distância entre as pontas dos dedos e a palma da mão: quanto mais próximas as pontas dos dedos estiverem da palma, maior a tensão negativa.

O ato de fechar as mãos em punho é um expoente máximo de tensão.

> **EXERCÍCIO**
>
> Analise uma fotografia em que todos estão sorrindo, olhe para as mãos e responda às perguntas:
> - Qual é a proximidade das pontas dos dedos à palma da mão de cada pessoa?
> - Quem tem os dedos mais flexionados?
> - Há alguém de punho fechado?
>
> Quanto maior for a proximidade das pontas dos dedos à palma, maior é a tensão. As duas mãos podem não estar na mesma posição: de um lado, pode estar de punho fechado e, do outro, de mão aberta. Assim, o lado em que a mão está fechada é aquele em que se encontra a tensão na relação. Esse sinal pode surgir em conversas com filhos ou entre casais, reuniões, negociações, entrevistas de trabalho e muitas outras.

Observar as mãos é dos sinais mais importantes para se proteger, já que são elas que agarram, protegem, matam, batem ou pegam em uma faca ou em uma pistola. As mãos alertam sempre para perigo ou proteção. Lembra-se da célebre frase "Mãos ao alto!"? Pois bem, ela tem o objetivo de prever mais facilmente o que a pessoa vai fazer ou então evitar que faça algo de modo sorrateiro.

Pela forma como mexe as mãos e pela proximidade dos dedos, é possível verificar como interpreta o mundo. Quanto mais elevar as mãos ao falar, mais emocional é a pessoa; ao passo que falar com as mãos baixas revela personalidade mais analítica. Falar com os dedos juntos indica racionalidade e crítica. Se o fizer com os dedos afastados, temos algo mais subjetivo, relativo às ideias mais abstratas.

> **💡 DICA DO DECIFRADOR**
>
> A zona da credibilidade consiste em falar com as mãos na zona média ou na região de equilíbrio entre o emocional e o racional. Para isso, fale com as mãos em frente ao umbigo, a zona neutra e da credibilidade. Um sinal que prejudica a credibilidade e fragiliza a liderança são os movimentos repetitivos com os dedos ou as mãos. O mexer constante dos dedos indica ansiedade, como agarrar os dedos, tirar peles, tamborilar ou mexer na aliança sem a tirar. Quanto maior

for a quantidade de movimentos, maior o nível de ansiedade, maior a insegurança ou a falta de paciência.

Aqueles que apontam com o dedo têm tendência a serem mais agressivos ou mais impulsivos. Normalmente, gostam mais de controle e de domínio.

Há muitos políticos que utilizam o polegar do poder, ou seja, em vez de apontarem com o dedo indicador, o fazem com o polegar. É o único gesto que não é normal nem natural. Os políticos fazem isso para retirar a agressividade do gesto, mas mantêm a mesma força.

O polegar é um indicador de confiança, poder e força, e os movimentos ou posturas em que são visíveis indicam que a pessoa se sente confiante ou poderosa. Se a pessoa esconde o polegar, temos indicativos de insegurança ou que se sente ameaçada. As posturas em que podemos encontrar esse indicador são: cruzar os braços, mãos nos bolsos, entrelaçar os dedos ou fechar a mão. Se a pessoa deixa os polegares visíveis enquanto faz essas posturas, temos confiança e poder; se esconde, temos vulnerabilidade ou insegurança.

As pessoas ficam animadas quando estão felizes ou em uma conversa interessante, mexendo as mãos e os braços exageradamente. Quando se pretende esconder as emoções, limitam-se os gestos e os movimentos. Quando as pessoas estão zangadas ou excitadas, os movimentos das mãos tornam-se mais animados.

As pessoas que querem esconder alguma coisa ou que têm medo de ser apanhadas tornam subitamente os movimentos das mãos e dos braços menos evidentes. Por exemplo, se uma pessoa é animada e expressiva enquanto fala e repentinamente age de maneira mais contida quando é questionada, em um nível inconsciente faz menos movimentos para diminuir os sinais com receio de ser descoberta.

Os movimentos das mãos são usados para transmitir significados e podem ilustrar determinadas ações, por exemplo, quando colocamos as mãos em formato de pistola, que pode indicar que não concorda ou que tem uma opinião contrária ou diferente sobre aquilo que está sendo dito. Esse gesto pode ser feito ao falar com uma única mão ou com ambas. O nosso inconsciente, quando sente que podemos ser prejudicados ou que teremos consequências pelo que vamos dizer, tenta nos impedir de falar, fazendo o movimento de tapar a boca com a mão. Quando queremos dizer alguma coisa e o nosso inconsciente sabe que vamos nos colocar em perigo, automaticamente nos faz tapar a boca. Colocar a mão à frente da boca em forma de pistola indica que não vai expressar opinião contrária.

Se tapa a boca com a mão aberta, é porque não vai falar, já se o faz com o punho, é porque tem uma opinião mais dura ou agressiva.

Se perceber que alguém coloca a mão à frente da boca, pare de falar e faça o outro continuar, virando as palmas das mãos para cima.

- Existe algo que queira acrescentar?
- Faz sentido para você?
- Gostaria de ouvir a sua opinião.
- Gostaria de ouvir a sua perspectiva sobre o assunto.

Percebeu que comentei sobre a ação falando para colocar as mãos com as palmas para cima? Esse comportamento indica colaboração e vontade de ajudar. Se fizer com as palmas das mãos para baixo, indica autoridade e pode ser percebido como autoritário.

As pessoas mais autoritárias tendem a falar com as palmas das mãos para baixo e as que colaboram falam com as palmas das mãos para cima. Se viram as palmas das mãos uma para a outra, não querem ser desafiadas e tendem a ser mais teimosas.

Quando as pessoas não são muito receptivas às ideias alheias ou não gostam de algo que ouvem, inconscientemente puxam as mãos para perto do corpo. Isso também acontece porque a pessoa está inconscientemente tranquilizando a si mesma com um autoabraço. É como se necessitasse de um abraço de outra pessoa para se sentir confortável, mas, como não é possível ou não quer mostrar vulnerabilidade, faz isso em si mesmo para conseguir se acalmar. O mesmo acontece com os cotovelos: quanto mais próximos do tronco, mais a pessoa se sente insegura ou ameaçada.

Existe uma tendência a decifrar o gesto de cruzar os braços, que muitos acreditam estar relacionado à rejeição, o que não é verdade. Já estar com os braços cruzados durante a interação é um sinal neutro, enquanto cruzá-los durante o período é preocupante. Observe o momento em que a pessoa cruza os braços e perceba o porquê de se sentir ameaçada ou desconfortável.

Para decifrar esse movimento, é preciso observar não apenas o ato de cruzar, mas também a expressão facial e a posição das mãos. Assim como vimos anteriormente sobre as mãos e os dedos, no ato de cruzar os braços acontece algo semelhante: se esconde as mãos, temos timidez ou introversão; se coloca as mãos abraçando o tronco, temos necessidade de proteção; se mostra o polegar, temos poder e confiança; e, se fecha os punhos, trata-se de alguém impulsivo ou agressivo.

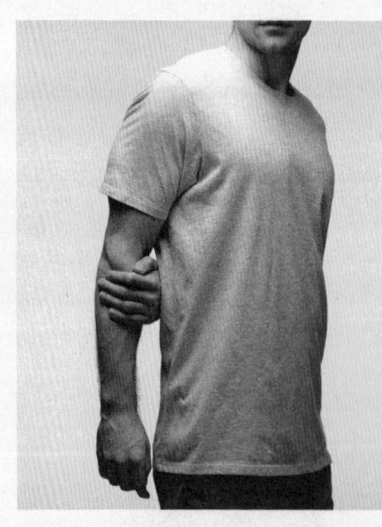

Outro modo de cruzar os braços é agarrando o antebraço. Quanto mais alto for o movimento, mais desconfortável a pessoa está. Mais do que ter os braços cruzados, agarrar só um braço é um sinal de maior desconforto, é uma barreira.

Proteger os órgãos genitais com as mãos é um dos gestos que indicam maior vulnerabilidade ou medo. Mãos com as palmas juntas e com os dedos firmemente entrelaçados sugerem que a pessoa tem pouca confiança na situação com a qual está lidando. Se os polegares estiverem puxados para baixo ou escondidos e os pulsos juntos, temos baixa confiança, vergonha e, possivelmente, medo.

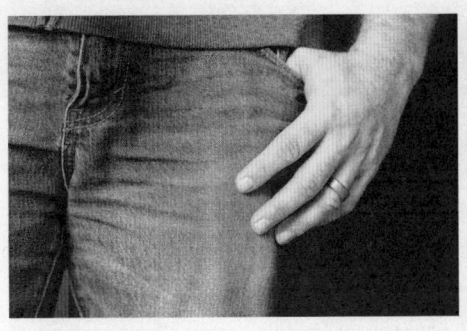

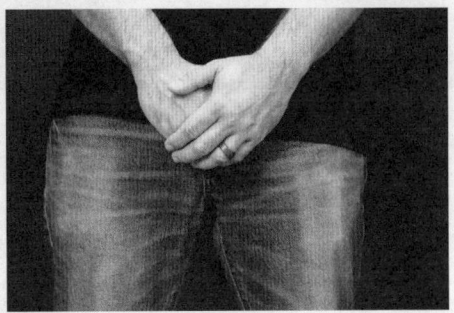

Colocar as mãos na cintura é um sinal de desafio, mãos atrás das costas demonstra autoridade ou poder e unir as mãos em forma de cúpula mostra domínio ou poder. Esses gestos são maneiras de comunicar inconscientemente status e autoridade.

A cúpula do poder deve ser feita no início da interação, sempre à frente do umbigo e principalmente de pé.

Se estiver sentado, deve fazer a cúpula entrelaçando os dedos e unindo os polegares em cima. Coloque a mão em cima da mesa caso esteja falando, entrelace os dedos e una os polegares em cima. É possível também unir as pontas dos dedos, mas pode ser visto como muito poder. O ideal é entrelaçar os dedos e unir os polegares.

Um indicador que podemos ler nesse movimento é que, quanto mais elevada estiverem as mãos, existe menos vontade de ouvir a opinião do outro.

Para analisar ainda melhor os gestos ou os movimentos das mãos, tenha em mente os fatores a seguir.

- Pressão da mão: grau de intensidade e força no gesto. Existe tensão, por exemplo, se esfrega as mãos com força e intensidade, se cruza os braços fazendo pressão com as mãos no local em que estão apoiadas ou se segura um objeto com muita força. Uma das maneiras de perceber a pressão é reparar se as mãos ou os dedos ficam mais avermelhados. O grau de força do gesto indica o nível de sentimento naquele momento, ou seja, quanto maior for a pressão, mais tensão emocional negativa. É possível deixar a marca do dedo no rosto, o que indica um grau elevado de ansiedade e estresse. Uma boa regra é reparar se o movimento da pressão é só em um único local e se não existem mais movimentos, porque toda a energia está focada na área em que a pressão está sendo feita.

- Velocidade do movimento: indica se a pessoa está em modo emocional ou racional; quanto maior a velocidade dos movimentos com as mãos ou com os dedos, maior o nível de emoção naquele momento, que pode ser uma emoção positiva ou agressiva.

Deixo aqui mais umas pistas sobre mãos e dedos.

- Procure arranhões, crostas ou cicatrizes nas mãos da pessoa. A mão dominante provavelmente terá mais imperfeições do que a não dominante, porque ela geralmente está mais sujeita às diversas situações.
- Veja se os calos das mãos são mais evidentes na direita ou na esquerda. Se não tiver calos, deve ter um trabalho menos manual, enquanto um calo na zona do dedo anelar indica probabilidade de usar aliança.
- Repare sempre em qual lado deixa a carteira, em qual lado atende ao celular, com qual mão escreve, ou se fuma e com qual mão para confirmar o lado dominante.
- É possível decifrar se alguém é destro ou canhoto com o ato de bater palmas. Se é destro, o faz com a direita e a esquerda fica parada. Se é canhoto, bate com a esquerda e a direita fica parada.
- Confirme as condições das unhas: limpeza, pintura, corte ou se estão roídas. Se estiverem, indica necessidade de conforto, nervosismo, estímulo por tédio ou perfeccionismo, principalmente aqueles que eliminam as assimetrias e os defeitos na unha.
- A forma como uma pessoa pinta as unhas é uma mina de informações. Há três pistas que temos que imaginar: a deterioração, o desenho e o detalhe. Pela deterioração da pintura e pelo brilho das unhas, se estão polidas e brilhantes, podemos perceber que foram tratadas há pouco tempo.
- Outra pista para saber há quanto tempo as unhas foram feitas é observar a distância do esmalte à cutícula. Quando feitas em casa, temos maior probabilidade de encontrar borrados ou imperfeições na mão dominante.
- Puxar peles das cutículas e acariciar e esfregar os dedos em pequenos movimentos repetitivos são maneiras de queimar adrenalina em resposta ao estresse e à ansiedade.

- A cor das unhas pode indicar o estado de espírito: quanto mais claras e coloridas, mais social e emocional; se mais escuras ou em tom nude, temos mais indícios de pragmatismo; se mais brilhantes e com cores vivas, mais extrovertida, gosta de ser o centro da atenção; e, por fim, o vermelho revela uma pessoa mais tradicional, extroversão controlada e mais energia.
- Os desenhos das unhas dão pistas importantes: pontos, traços ou riscos indicam uma pessoa extrovertida, afável. Quanto maior a quantidade de traços ou riscos, mais aventureira e divertida.
- Cientificamente, sabemos que as unhas da mão dominante crescem mais e que, se o dedo anelar de uma pessoa for mais longo que o indicador, então ela tem mais testosterona do que estrogênio, logo é mais competitiva.
- Mãos cruzadas e segurando objetos indicam que a pessoa precisa de mais informação sobre o que está sendo falado ou sobre o outro; outra dica importante é a posição da mão direita sobre o pulso esquerdo. Quando alguém se sente positivo ou atraído por quem está falando, geralmente mostra os pulsos.

> Decifrar o aperto de mão

Um aperto de mão é um toque que pode dizer muito sobre a confiança de uma pessoa e sobre a sua personalidade. Esse toque pode ocorrer na versão profissional, social e pessoal. Um aperto de mão não é só um aperto de mão, é um conjunto de sinais inconscientes que revelam as reais intenções da pessoa. Assim, ao sabermos os seus significados, podemos antecipar como ela quer ser percebida, como quer interagir e quais são as intenções futuras. Podemos medir as seguintes variáveis em um aperto de mão:

a) Posição da palma

A palma da mão, antes de concretizar o aperto de mão, pode assumir três posições possíveis: voltada para baixo, para cima ou na vertical.

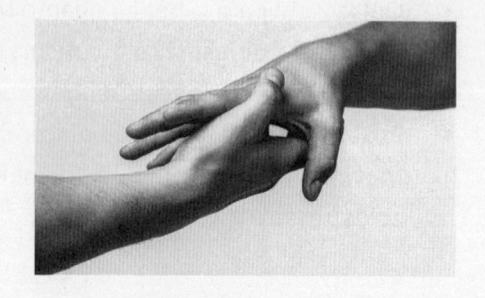

Se o aperto de mão é dado com a palma da mão voltada para baixo, é sinal de autoridade e de poder sobre os outros. Nessa situação, ao saber o seu significado, o gesto perde poder porque tomou consciência dele. Não tente virar a mão da pessoa para ganhar poder.

Se a palma da mão fica voltada para cima, é sinal de desejo por orientação e proteção. Não é ameaçador; pelo contrário, é eficaz quando deseja dar controle a outra pessoa ou permitir que ela sinta que está no comando da situação.

Um aperto de mão com ambas as palmas das mãos na posição vertical transmite um sentimento de respeito e harmonia.

b) Pressão

Quanto maior a pressão, maior a necessidade de a outra pessoa demonstrar poder e autoridade, no entanto é somente uma percepção, porque, quando alguém é realmente poderoso, não se faz necessário demonstrar isso por meio da força excessiva, fazendo o aperto comumente conhecido por quebra-ossos. O excesso de pressão revela uma pessoa menos paciente, que gosta de resultados imediatos e com maior tendência para explosões emocionais. Aqueles que fazem pouca pressão durante o aperto de mão, o chamado "rabo de peixe", não são fracos, mas sim pessoas analíticas, introvertidas, ponderadas ou controladas emocionalmente e que não gostam de enfrentar conflitos.

No aperto de mão, temos que considerar o gênero da pessoa, uma vez que homens podem apertar com mais pressão e, nesse caso, indica mais extroversão, menos neuroses e menos timidez. Caso seja uma mulher, temos indícios de mente aberta, preferência por novas experiências e comportamento mais destemido.

A pressão ideal é aquela que é feita ligeiramente acima da pressão que a outra pessoa faz durante o aperto de mão.

Algumas vezes a pressão é substituída pelo puxar do braço da outra pessoa durante o aperto de mão. Esse movimento tem o mesmo significado do quebra-ossos, porque uma das formas de perceber quem é o dominante é verificar a proximidade das mãos durante o aperto em relação ao umbigo dos envolvidos. Quanto mais próximo da pessoa, mais poder revela. Quando feito propositadamente, indica uma pessoa insegura, fora do seu hábitat e que só se sente segura no seu espaço pessoal.

c) Posição das mãos e dedos
A posição em que coloca as mãos ou os dedos durante o aperto de mão nos dá muitas pistas sobre as verdadeiras intenções da pessoa.

Se o indivíduo envolve o aperto de mão com a outra, significa que quer transmitir a impressão de que é confiável, honesto e protetor. No entanto, se é feito por alguém que acabou de conhecer, o significado é o inverso: desconfie e tenha cautela em relação às verdadeiras intenções, porque a pessoa quer transmitir uma sensação de familiaridade que ainda não existe para pedir algo em troca. Envolver as mãos só indica proteção, ligação e confiança se for feito por quem conhecemos e com quem interagimos regularmente.

Agarrar somente as pontas dos dedos indica que a pessoa não valoriza muito o ato de socializar ou não deseja isso naquela determinada interação, mas, se o ato de agarrar for no braço ou no pulso, simboliza necessidade de controle ou alguém possessivo. Quanto mais baixo agarrar no braço, maior a necessidade de controle, e esse sinal pode ser substituído pelo gesto de colocar o dedo indicador no pulso da outra pessoa, o que também revela vontade de controle e poder.

d) Duração

O aperto de mão, tanto em ambiente profissional quanto pessoal, deve ser breve. Quando é um gesto feito de modo prolongado, revela necessidade de controle ou falta de atenção, mas, se o balançar das mãos for constante e muito firme, significa que é uma pessoa mais agressiva, cujo principal objetivo é avisar que, se não seguirem as regras, vai atacar.

AVALIAÇÃO DE CREDIBILIDADE

Rabo de peixe (Credibilidade 1)

Esse tipo de aperto de mão é o mais detestável pela maioria das pessoas, no qual a pessoa não exerce força. O aperto de mão conhecido por rabo de peixe associa o intermediário a alguém fraco de caráter e com falta de compromisso ou pouca vontade de socializar.

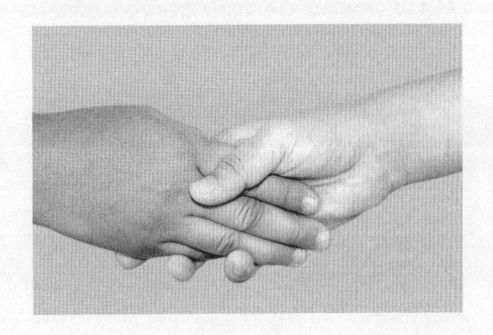

Quebra-ossos (Credibilidade 1)

Aperto de mão mais temível, feito com muita força. O quebra-ossos está relacionado a comportamentos muito agressivos e ditadores.

Agarrar a ponta dos dedos (Credibilidade 2)
O cenário em que o cumprimento acontece, agarrando apenas as pontas dos dedos, pode representar falta de confiança.

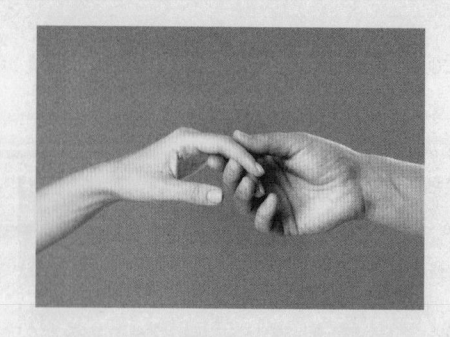

Arranca-mão (Credibilidade 3)
É o ato de agarrar a mão e puxá-la para si com força. O arranca-mão passa a impressão de insegurança e de controle.

Chacoalhado (Credibilidade 4)
Mexe, chacoalha, mexe, chacoalha. Esse aperto de mão parece não ter fim. O chacoalhado é o típico aperto de quem é solitário e desesperado por atenção.

> Toques

O toque é a maneira de sentir que os objetos e pessoas existem. Muitas vezes, é difícil de acreditar que algo existe se não pudermos tocar ou sentir. A pele reúne muitos nervos sensoriais que nos ajudam a detectar e evitar coisas que podem nos causar danos, mesmo antes de eles estarem consumados, como acontece quando tocamos em uma superfície muito quente e retiramos a mão por reflexo. A pele pode também indicar que está muito frio e precisa de um agasalho para evitar a hipotermia.

Mais do que uma proteção, tocar é um modo emocional de comunicação. O corpo está coberto com pele sensível ao toque, que causa prazer ou dor.

Um toque amoroso de um pai é percebido como amor e carinho, um toque no ombro de um chefe pode ser interpretado como controle e um toque no braço pode ser entendido como poder.

Os humanos são criaturas emocionais que nascem com a necessidade de tocar ou de serem tocados. Até as pessoas menos emocionais anseiam por um toque amoroso, que faz libertar toda uma química de emoções poderosas. Vários especialistas afirmam que o toque positivo é necessário para uma boa saúde física e mental, enquanto um toque no momento errado pode ser interpretado como agressão. É importante compreender totalmente o conceito do toque e seu poder como modo influente de comunicação interna ou externa. Ele pode demonstrar ligação, poder ou autoridade, desagrado, ou ser um indicador para se tranquilizar após sentir medo ou ansiedade.

Os chefes podem tocar nos colaboradores, mas os colaboradores não podem retribuir o gesto ou têm receio de agir do mesmo modo. Quando um gerente elogia dando um toque, isso é interpretado como muito especial por quem o recebe.

Colocar uma mão no ombro do outro pode ser um sinal de poder sobre essa pessoa, mas também pode ser considerado um gesto positivo por significar proteção e orientação, especialmente se é feito por uma daquelas pessoas que reconhecemos como autoridade e de quem gostamos. Mas o mesmo gesto pode soar como algo negativo e que propõe controle, especialmente quando feito por pessoas com as quais temos menos ligação ou de quem não gostamos.

Também é importante entender que diferentes pessoas têm diferentes tolerâncias ao toque. Algumas tendem a ser muito sensíveis, o que pode ter sido causado pela forma como a pessoa foi criada ou então por problemas de autoestima. Pessoas criadas por pais que gostam de abraçar são mais propensas a imitar o comportamento na fase adulta, mas o toque pode deixar as pessoas desconfortáveis se elas tiverem sido criadas por pais que não gostam de contato físico. Essa atitude não quer dizer que não gostam de toques, é simplesmente um comportamento que, quando não é contrariado, é reproduzido e adotado durante toda a vida e repassado de geração em geração. É importante observar que a falta de toque por parte dos pais também pode ter o efeito contrário, levando a pessoa a desenvolver uma necessidade excessiva por contato. Outro sinal de excesso de toques é quando a pessoa toca constantemente no outro enquanto fala, indicando falta de atenção.

A relação entre o não querer ser tocado e a baixa autoestima pode ter como origem problemas com o próprio corpo, vergonha, ou então serem pessoas com níveis mais elevados de ansiedade social e que, por isso, tendem a evitar ou hesitar o toque para não criar ligação, por ser um motivo de desconforto. Para manter um relacionamento saudável, é necessário existir equilíbrio. Muito toque pode significar interesse romântico ou falta de atenção. A ausência dele ou baixa frequência pode significar distância e frieza.

O toque em forma de abraço melhora o sistema imunológico, tem potencial para aliviar o estresse, baixa a frequência cardíaca e aumenta a felicidade. Abrace mais!

Podemos comunicar por meio do toque de duas maneiras:

- Toque: quando toca em alguém ou recebe o toque de outra pessoa;
- Autotoque: quando a pessoa faz o toque em si mesma.

Diferentes toques têm diferentes significados e intenções.

a) Toque positivo
É o tipo de toque que comunica emoções positivas. É um gesto trocado por pessoas próximas. Nesse caso, é usado para mostrar proteção, ligação e tranquilização, por exemplo, acariciar, abraçar ou dar as mãos. Interpretar a veracidade do toque positivo é fundamental para não ser apanhado desprevenido ou poder se proteger de intenções ruins. Quanto mais lento, intenso e prolongado for o toque, maior a sua veracidade. Durante um abraço, se a pessoa começa a dar palmadinhas com muita frequência, temos indícios de falsidade, pois o inconsciente gera o movimento repetitivo para terminar o abraço. Quanto mais intenso e com os dedos entrelaçados for o ato de dar as mãos, maior é a ligação entre o casal. Se uma pessoa gosta de outra, ela vai acariciar o indivíduo com a mão usando mais quantidade de superfície da palma. Assim,

pela velocidade com que faz a carícia, quanto menos superfície da mão usa e quanto mais veloz for esse ato, menos veracidade.

b) Toque do poder
Quem tem irmãos sabe bem do que estou falando. Essa situação é aquela em que um toca o outro repetidamente para brigar e ver quem irá tocar por último. Transformava-se em uma luta de toques!

E por que isso acontece? Porque o último a tocar ganha a briga. Temos essa programação na memória genética. Já pensou sobre isso em algum momento?

Com adultos acontece o mesmo. Quando encontramos alguém, tocamos na pessoa e a pessoa toca em nós, e é possível que esses toques continuem desnecessariamente, só para mostrar que é você quem manda.

Quando estiver em uma situação parecida com a luta pelo último toque, não devolva logo em seguida, aguarde pela despedida para fazer isso. Diga "até a próxima" e faça um ligeiro contato na parte superior do braço da pessoa, para ser visto como o líder da relação ou da interação. O último a tocar ganha.

c) Influência
O toque pode ser usado para influenciar quando as palavras não são suficientes para convencer alguém. Quando faz um pedido e encosta em uma pessoa, provavelmente vai obter uma resposta positiva. Essa estratégia estabelece uma ligação inconsciente com o outro, mas tem que ser leve e no braço, pois estabelece um maior vínculo entre os indivíduos e deixa a percepção de que algo favorável aconteceu. O toque é um modo de comunicação muito eficaz, mas tem que ser feito com cuidado para não ultrapassar os limites.

d) Autotoque
O autotoque é quase sempre uma resposta a um comportamento ansioso ou a estímulos indutores de estresse, no entanto temos que aprofundar mais o tema para entender melhor o porquê desse gesto. Dentro dos estilos de autotoque, falaremos a seguir de alguns tipos.

Desagrado
Os toques podem ser em olhos, orelhas, nariz, boca, peito, pernas e até coceiras. Todos eles dizem muito sobre o que pensamos ou sentimos em um determinado momento. Sim, o momento em que o toque é feito é tão importante como o toque em si e a sua localização. Atenção: se o toque é repetitivo, perde valor de análise; quanto mais toca, maior a probabilidade de ser um sinal especial, podendo estar relacionado com alergias, urticária, transtornos obsessivos, eczemas e muitas outras doenças.

Um exemplo é quando alguém coça a cabeça. O que revela? Que não entende o que está sendo dito e acha aquilo confuso. É um comportamento primata. Mas, se a frequência for elevada, pode ser piolhos ou lêndeas. Esse exemplo é muito bom pra elucidar como gestos repetitivos perdem o significado.

Em quais locais do corpo toca? Com qual frequência? Em qual momento? Quem apareceu? O que foi dito? O que ouviu?

Quando alguém expressa que gosta muito de ver você, mas coça o olho; ou então quando diz que adoraria ouvir o que você tem a dizer, mas mexe no ouvido; que você terá muito sucesso, mas tapa o nariz: os sinais indicam que pensam exatamente o oposto. Esses toques acontecem, normalmente, em momentos de avaliação, seja ao falar, seja ao ouvir.

Veja alguns exemplos a seguir.

"Anotei aqui o que você disse e os pontos que trouxe" — Se toca o nariz enquanto fala, é sinal de que o que você disse não agradou.

"Gostei muito de conversar com você" – Se falar isso enquanto toca no ouvido, é sinal de que não gostou de ouvir o que foi dito.

"Você tem um comportamento exemplar" – Coçar o olho enquanto fala denota incongruência na fala. Ao falar que o comportamento é "exemplar" e coçar os olhos, temos um gesto que indica não gostar do que está vendo.

Esses toques também podem acontecer antes de a pessoa compartilhar uma opinião ou fazer uma declaração. Nesses casos é possível deduzir que vai dizer algo desagradável ou de que não gosta. Quando os dedos tocam no braço, no rosto ou na outra mão e deixam uma marca, temos elevado grau de ansiedade e de estresse.

Pequenas coceiras
O cérebro, muitas vezes, dá indicativos para nos coçarmos. Coçar o braço ou o cotovelo, no fundo, é quase como cruzar os braços. Reforço que, se for um comportamento repetitivo, pode ser urticária ou um problema específico. Agora, se acontece em situações de estresse ou em momentos que exigem resposta, as pequenas coceiras são um sinal importante. Por que coça? Por que sente alívio ou prazer quando se coça?

A coceira é uma sensação que resulta de um estímulo do sistema nervoso e tem como objetivo alertar para um desequilíbrio ou desconforto do nosso organismo, seja ele físico, seja ele emocional, ativado por razões de origem interna, como distúrbios hormonais, ou externa, como uma picada de um inseto. O cérebro, quando sente desconforto em uma determinada zona do corpo, ou então quando o sistema nervoso assume o controle por sentir que está ameaçado ou em perigo, libera uma substância chamada histamina, enviando um estímulo para as zonas nervosas periféricas, de modo que sejam percebidas como coceira e estímulo da pele, aumentando o fluxo sanguíneo naquela região como uma defesa imunológica e obrigando, assim, os membros a agir como forma de proteção.

As emoções de resposta à ameaça são, muitas vezes, reprimidas porque queremos aparentar segurança ou tranquilidade e reagir de modo oposto. Quando existe essa contradição, o cérebro continua, de forma inconsciente, querendo ativar a zona de resposta e, devido às respostas incongruentes, faz com que haja um bloqueio, o que gera uma vasoconstrição e cria, assim, uma sensação de necessidade de coçar.

> **DICA DO DECIFRADOR**
>
> As pequenas coceiras acontecem quando existe uma incongruência entre o que pensamos, o que dizemos e o que sentimos.

Quem nunca esteve em uma conversa chata ou em uma situação que foi repreendido por um chefe ou pelos pais? Nessas situações, acontece algo interessante: o modo fuga ou luta é ativado, mas também ocorre o contrário, porque, apesar de querer fugir por se sentir ameaçado, fisicamente não pode fazer isso porque será demitido, visto como mal-educado ou desinteressado. E todo esse processo gera um conflito interno. Apesar de saber que não pode fugir, todas as respostas químicas, elétricas e biológicas são ativadas para incentivar a fuga, fazendo com que o sangue seja redirecionando para a zona das pernas, e, como não vai fazer isso, começa a coçar a parte detrás do joelho. A partir de agora, se estiver conversando com seus filhos, colaboradores, amigos, chefes, parceiro ou parceira e eles coçarem a parte detrás da perna, estão enviando uma mensagem que significa: "Quero ir embora!".

Há outras pequenas coceiras menos conhecidas que podem indicar a vontade de fugir ou ir embora, como coçar o glúteo ou as costas em situação de estresse ou desafio.

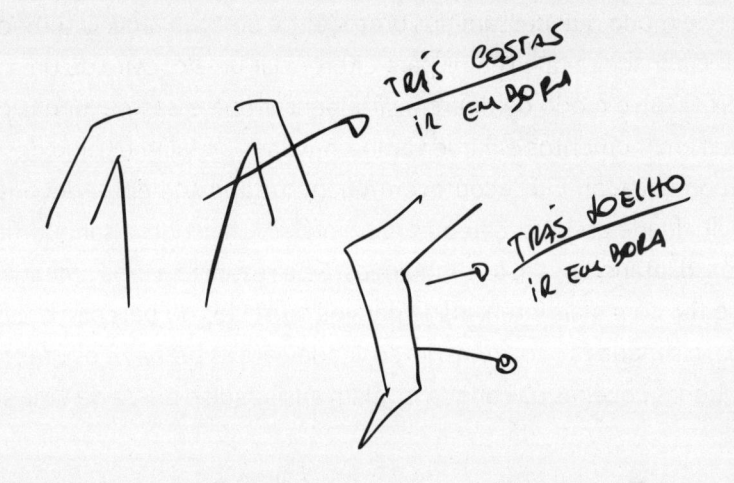

Uma das diretrizes enraizadas em nosso inconsciente perante uma ameaça é a oxigenação dos músculos para terem uma performance mais eficaz no processo de proteção, fuga ou luta. Quando o cérebro pressente uma ameaça, começa a enviar sangue para as zonas que percebe serem fundamentais para o processo de sobrevivência. Para haver oxigenação, será necessário maior fluxo de sangue nessas zonas, o que faz dilatar as veias em um processo que dura em média cinco segundos. Devido ao aumento de sangue, a coceira aparece. O nosso inconsciente não vai gerar respostas muito diferentes às que os nossos antepassados tinham quando fugiam de um lobo, e muitos dos comportamentos atuais de proteção têm origem na parte mais primitiva do cérebro, que vai reagir como se estivesse enfrentando a ameaça como o faria no passado. Os predadores normalmente atacam no pescoço para estrangular ou rasgar a jugular, e a nossa memória genética lembra-nos de que temos que proteger essa zona ou torná-la mais rígida para que fique menos vulnerável e, assim como acontece com a zona do nosso ventre, peito e barriga, temos que usar os braços para proteção.

Um exemplo simples é o que acontece com os animais de estimação, que, quando se sentem seguros e confortáveis, tendem a mostrar a barriga para receber carinhos. É um sinal claro de confiança e tranquilidade.

Como a parte mais primitiva do cérebro vive sempre no presente, as coceiras rápidas e em áreas específicas do corpo são provocadas pelo sistema nervoso, de modo que possam nos proteger de uma ameaça. O tempo do ato de coçar é a maneira que temos para diferenciar uma coceira de uma pequena coceira. Outro modo de diferenciar é pensar que essas pequenas coceiras aparecem em momentos em que vemos, ouvimos ou falamos algo desconfortável ou ameaçador. Elas acontecem quando, supostamente, deveria existir alguma atividade de proteção ou fuga biológica, fazendo o sangue fluir para essa zona, dilatando os vasos sanguíneos. Se a resposta a uma ameaça é lutar, o sangue flui com mais intensidade para os músculos do pescoço e das mãos; se é fuga, o sangue flui com mais intensidade para as pernas e os braços.

Pequenas coceiras na cabeça revelam ansiedade e busca de uma solução.

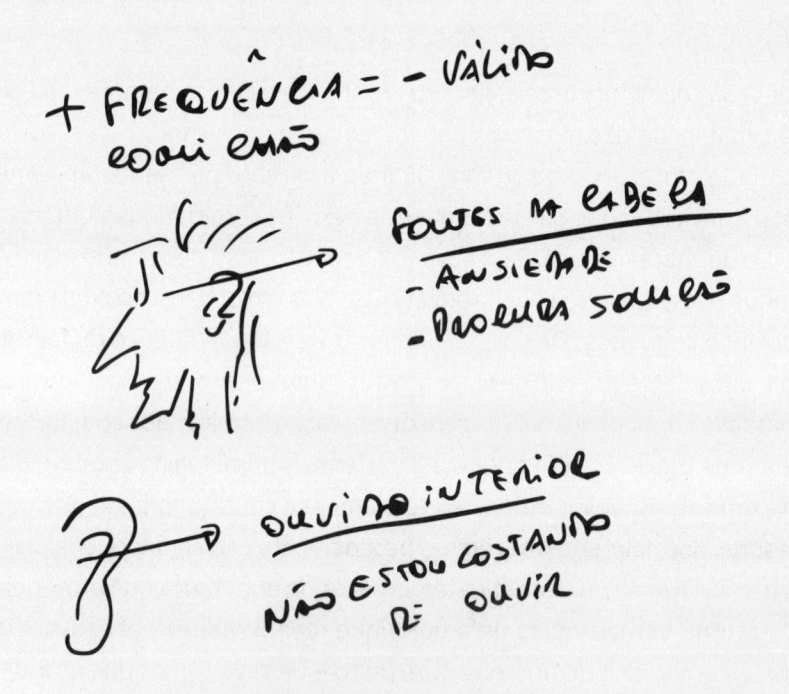

A partir de agora, é muito importante observar o que a outra pessoa disse e qual a parte do corpo que coça naquele momento, assim como a quantidade de vezes que ela faz isso. Se coçou só uma vez o braço enquanto falou sobre o trabalho; coçou o lóbulo da orelha ou mesmo embaixo do nariz enquanto falou de Fulano; se coçou a cabeça somente quando explicou sobre o problema de matemática; se falou sobre o futuro e coçou as costas; se coçou a perna quando estava falando com o namorado.

É preciso diferenciar o momento em que a pessoa está ouvindo ou falando: se está falando algo, o desconforto é relativamente ao que está sendo dito; se está ouvindo ou vendo algo, é um fator externo que gera o desconforto.

Coçar dentro do ouvido quando se está em uma conversa significa que a pessoa não está gostando do que está sendo dito. Contudo, se ela está falando e coça a parte de dentro do ouvido, temos então a situação em que não está feliz com o que precisa dizer e é possível que apareçam surpresas, como quando a pessoa diz a você que adora ouvir as suas histórias ou que você canta bem e, simultaneamente, coça a parte interior do ouvido. Ou seja, é sinal de que só está sendo simpática e, na verdade, não gosta da situação em si.

> Em uma das minhas formações em Londres sobre influência subliminar, durante um almoço com os demais participantes, falávamos dos desafios da influência e um deles comentou que tinha dificuldade em gerar conexão com as pessoas em uma primeira interação, mas que, com o tempo, essa sensação esquisita passava e não sabia o porquê. Como analista comportamental, o que percebi foi que ele tinha uma expressão recorrente de nojo e medo quando falava ou ouvia, e, como bom colega de curso, alertei-o dizendo que tinha aquele comportamento prejudicial, que as expressões faciais que fazia não eram boas para criar ligação com as pessoas e até geravam medo e desconfiança. Consegue imaginar qual foi a resposta dele? Quase todas as pessoas gostam de saber a verdade, mas poucas gostam de ouvi-la e até mesmo associamos aqueles que dizem a verdade a pessoas frias e insensíveis. A resposta dele foi bruta, coçou o ouvido e os olhos e questionou como era possível eu estar falando aquilo sobre ele quando nem o conhecia, como era capaz de dizer coisas tão desagradáveis, e, por fim, terminou o discurso dizendo não queria conversar comigo. Como bom aprendiz das minhas técnicas, para não gerar conflito, respondi:
> — Compreendo e respeito. Antes de parar de falar comigo, gostaria de perguntar uma última coisa: você gosta de pessoas falsas e que não dizem a verdade?

> Ele respondeu que não, disse que valorizava a verdade e a honestidade, acima de tudo. Não fiquei surpreso com a resposta, porque é um padrão normal de resposta. Para terminar, ainda perguntei:
> — Por que ficou tão ofendido quando comentei sobre a minha opinião? Se valoriza quem é verdadeiro, por que reagiu assim?
> Ele virou as costas e foi embora. O mais surpreendente é que ele seria meu companheiro de mesa durante mais dois dias de formação. Ele acabou pedindo desculpas depois e agradeceu a honestidade.

Essas reações emocionais que a nossa opinião verdadeira gera nas pessoas fazem com que muitos prefiram não abrir o jogo para não criar conflitos e desconforto. Mas, inconscientemente, não deixam de sentir, e é aí que surgem as pequenas coceiras. Não acontecem por maldade, mas porque não querem ferir emocionalmente a outra pessoa, não têm coragem de dizer a verdade ou têm medo das consequências. Lembre-se de que, quanto mais reprime os sentimentos, mais o inconsciente vai querer emitir a sua opinião.

Um exemplo muito comum acontece quando o candidato recebe a premissa de que a empresa valoriza muito a honestidade, entretanto, passado algum tempo, esse mesmo profissional compartilha uma opinião verdadeira menos vantajosa para alguém hierarquicamente superior e essa avaliação não é aceita nem tem boas repercussões. Como sabemos que a reação às críticas indica o grau de autoestima, quanto mais agressiva e impulsiva é a resposta às críticas construtivas, menor a confiança e a autoestima.

Temos outra pista quando alguém sente que a reputação ou o ego são atacados durante uma conversa, reunião, apresentação ou interação. A coceira, nesse caso, acontece no peito e, se sentir vergonha, a tendência é coçar um dos lados da testa.

Nem sempre as pequenas coceiras revelam algo ruim. O nosso cérebro tem como prioridade a sobrevivência para que possamos perpetuar a nossa espécie, e algumas respostas com pequenas coceiras revelam esse desejo de reprodução. Lembre-se de que, quanto mais o desejo é reprimido pela parte racional, mais surgirão as coceiras nas zonas interiores do corpo, como na parte superior e interior da perna e na zona interior dos braços.

As pequenas coceiras são indicadores excelentes para avaliar alguém, uma situação, um contexto ou um estado de alerta. Tal como as que já comentei anteriormente, coçar a cabeça indica confusão, coçar os olhos, ouvidos e nariz é sinal de desagrado e coçar a parte detrás das pernas é querer ir embora.

A reação de coçar rapidamente o local entre o nariz e o lábio com a parte superior de um dedo quando alguém escuta sobre o seu projeto, quando diz que é um bom candidato ou que acredita em sua honestidade é porque está sentindo o oposto, não crendo no que está sendo dito. Ou quando contam algo sobre alguém ou, ao dizer que é o melhor desconto que podem fazer, têm essa reação porque não acreditam no que estão dizendo ou não têm certeza absoluta. É possível confundir o gesto de coçar com o de apertar ou tocar a ponta do nariz com o polegar e o indicador, abaixando a cabeça para fazer isso. Nesse caso, temos sinais de rejeição e desagrado: não gosto, não acredito e rejeito.

Os gestos mais fáceis de perceber são feitos no pescoço, sinal claro de que a pessoa se sente ameaçada, seja porque está sendo repreendida, seja porque está sendo confrontada. Quanto maior for a intensidade da coceira no pescoço, maior a percepção de ameaça. Se a tendência da resposta à ameaça é a agressividade, a coceira acontece na parte detrás do pescoço; se a ameaça gera ansiedade, ela acontece na parte da frente do pescoço.

O agarrar ou puxar a pele do pescoço indica vontade de dizer alguma coisa, mas não o faz pois tem medo das consequências ou não quer ferir o outro.

Coçar o antebraço ou a parte superior e externa do braço revela incômodo, como se tivéssemos uma substituição do movimento de cruzar os braços para proteger a zona do nosso ventre. O incômodo é maior e medido pela intensidade da coceira na parte superior do braço. Fique atento pois estamos falando da coceira na parte exterior, uma vez que, se for na parte interior, temos o sentimento de atração e desejo.

VOCÊ SABE QUAL É A RESPOSTA MAIS MENTIROSA DO MUNDO?

É a resposta que damos à pergunta: "Você está bem?". Quantas vezes já respondeu com uma resposta positiva mesmo sem estar efetivamente bem? Apesar de verbalizar que está tudo bem, o corpo dá sinais contrários e um deles é uma pequena coceira no antebraço, podendo acontecer também de agarrar o membro: quanto mais alta for a pegada, maior o incômodo. Recomendo que preste atenção especial quando fizer essa pergunta para quem você ama e detectar o sinal comentado anteriormente. Se isso acontecer, não imagine que está tudo bem logo no início porque é mais fácil e confortável, não julgue, investigue. E não confronte o outro dizendo que sabe que ele está mal porque é possível que você invada o espaço alheio e, muito provavelmente, perceberá que a coceira transferiu-se para a parte lateral do rosto, que justifica o pedido de espaço, tal como acontece quando as pessoas interrompem alguém que está ocupado e não quer ser incomodado. Se for um homem, seja para pedir espaço, seja porque não gostou de ser interrompido porque estava focado ou concentrado numa tarefa, a coceira surge na bochecha. Se puxar ou coçar a barba na zona do queixo, temos ansiedade ou nervosismo por não ter a solução para um problema e, depois, se arranjar uma solução, mas sentir que não pode executar, mesmo tendo vontade, a coceira acontece na axila.

> **"É mais fácil aprender do que explicar. Se pedirem para você provar porque dois mais dois é igual a quatro, possivelmente terá dificuldade, no entanto sabe bem que é um fato."**
>
> – Sherlock Holmes

> Linguagem corporal

> **"Quando ouvir cascos batendo, pense em cavalos, não em zebras."**
>
> – Meredith Grey

Prever um comportamento é uma ciência social na qual é preciso aplicar lógica, estratégia, ceticismo, habilidades de observação e a capacidade de aceitar verdades indesejáveis e não deixar que as emoções distorçam a realidade. Um agente secreto bem-sucedido tem que saber que ele não é a parte mais importante. O ponto central de qualquer leitura é o alvo, e ele não deve permitir que os próprios objetivos imediatos e intuições prejudiquem a interação. O agente tem que entender que as pessoas também têm a própria percepção sobre si e usam a própria maneira para expressar as suas necessidades. O objetivo final é decifrar e compreender as intenções, emoções e pensamentos da pessoa para compreendermos e ganharmos o poder da antecipação, porque a reação atrasa o adversário, e para ganhar esse poder é importante conhecer o inimigo.

> **DICA DO DECIFRADOR**
>
> Aprendi com um especialista em inteligência que devemos usar e trabalhar a intuição para não gerar conclusões precipitadas ou decisões catastróficas. Entender os padrões não verbais para obter informações por meio de interações humanas é uma das melhores estratégias para conhecer as pessoas, otimizar e construir relações de confiança, entender oportunidades e riscos, ou seja, é essencial para um agente de espionagem bem-sucedido. Na CIA, alertam que os sinais não verbais são uma mistura de fatores genéticos, psicológicos, emocionais e ambientais, e a chave está em conseguir reunir as melhores fontes de informação. Um agente de espionagem observa e escuta com a mente aberta e com informação mais padrão e com menor margem de erro para ler uma pessoa o mais rápido possível. Como dizem na Marinha norte-americana: temos que ser brilhantes no que é básico.

Alguns sinais são transmitidos por meio da memória genética e estão bastante presentes no sistema nervoso; outros são adquiridos pelas nossas vivências ou cultura. De modo automático, conseguimos ler as expressões faciais e os movimentos corporais, dando significado inconsciente a cada um deles para às perguntas de segurança ou perpetuação da espécie. Verificamos o gênero, a idade, a raça, a aparência e, ainda, procuramos por pistas para o status social e para o grupo. Somos programados para seguir um líder e o grupo, uma necessidade primitiva de segurança e longevidade. A linguagem não verbal é de interpretação simples, visto que, em sua maioria, são demonstrados sinais primitivos de segurança, tribo, liderança ou reprodução.

A interpretação da linguagem corporal e dos sinais não verbais é uma ferramenta poderosa e simples.

Essa linguagem que não inclui palavras é uma constante, pois estamos sempre nos comunicando, mesmo quando não temos essa intenção. Saiba que você está emitindo sinais constantemente, até mesmo quando dorme. A forma como cada casal dorme diz muito sobre os relacionamentos.

A famosa posição de "conchinha" (que não representa dormir o tempo inteiro nessa posição, mas sim ficar posicionado assim ao adormecer, envolvendo o parceiro ou parceira com um abraço de lado, mas aconchegante, e encostando os joelhos) indica ligação forte, e quem faz isso é o protetor da relação. Com o tempo, a posição pode não ser tão encostada, mas o seu significado de proximidade e proteção se mantém.

Se o casal gosta de adormecer com o rosto virado um para o outro, as cabeças no mesmo nível e abraçados ou tocando-se, temos então um relacionamento com grande proximidade e felicidade. A mesma posição, mas sem se tocarem, pode ter outro significado: ambos os parceiros podem desejar a atenção um do outro, mas não estão dando ou recebendo. Existe ali vontade de conversar. Já a posição em que o casal fica de costas um para o outro, chamada de beijo de costas, acontece quando as costas se tocam e também indica proximidade. Quando não se tocam, indica uma maior necessidade de independência. É bom observar se a distância entre os dois aumenta ou diminui, porque, se aumenta, é sinal de que algo não está bem.

Conhecemos também a posição em que um dorme de barriga para cima e o outro dorme apoiando a cabeça no peito do parceiro, muitas vezes com pernas e braços entrelaçados. Assim como o ato de fazer carinho, essa é uma posição considerada protetora, de compreensão e de paixão. Quando as duas pessoas estão deitadas uma em cada lado da cama, longe uma da outra, não é um bom sinal. Quanto mais longe os casais dormem, pior é o seu relacionamento.

Quando existe toque na mão ou suavemente no braço, quadril ou perna, podendo até dormir em posições completamente diferentes, temos casais que se desejam e querem estar ligados um ao outro. Na verdade, os casais que dormiram enquanto se tocavam relataram estar felizes no relacionamento. O toque pode ser feito com os pés ou as pernas entrelaçadas. Essa posição indica intimidade e é uma postura apaixonada, chamada de abraço de perna.

Nunca podemos julgar com base em um único sinal. O objetivo não é descobrir a verdade, mas sim nos aproximarmos dela. Para encontrar a linha de raciocínio de um pensamento ou de uma emoção, temos que ler vários sinais de acordo com os padrões, para então descobrir as incongruências ou anomalias. Para decifrar pessoas, é importante saber detectar se existe sintonia entre o mundo verbal e o mundo não verbal.

O corpo revela a história verdadeira

Decifrar o rosto é algo fascinante, pois é para onde olhamos com mais facilidade e onde pensamos que se encontram mais sinais, mas existem alguns poréns, já que é uma zona que pode ser controlada com mais facilidade e, por isso, abre mais brechas para a mentira. O rosto não revela muitas informações necessárias para avaliar pessoas ou as suas intenções, e, se for coberto por uma máscara, certamente vamos perder alguma informação essencial.

Quando olhamos para uma pessoa, focamos primeiro o rosto, em particular os olhos, e depois os lábios. Os olhos têm uma importância muito significativa na maneira como comunicamos. Saber o que os olhos dizem é poderoso, e eles são simples de observar. Mais de 70% do tempo privilegiamos focar o olhar do outro. Os olhos podem revelar amor, raiva, interesse, tédio, superioridade e muito mais.

a) Olhos

Temos a tendência de fazer mais contato visual com quem gostamos e concordamos e menos com quem não gostamos, discordamos ou pelos quais nos sentimos intimidados. Quando olha nos olhos do outro, você está afirmando que se sente bem, que confia e que é confiável e competente. Acima de tudo, é um gesto que indica interesse, pois um ouvinte atento vai manter o olhar e emitir sinais de concordância balançando a cabeça no fim das frases e verbalizando palavras de confirmação ("Uhum", "Faz sentido!",

"Muito bom!"). Não balance a cabeça constantemente porque, em vez de indicar interesse, vai indicar tédio. Se inclinar a cabeça para a direita, mostrará que está interessado no que o outro está dizendo e é um gesto visto como transmissor de confiança.

> **??? VOCÊ SABIA QUE...**
>
> Os melhores comunicadores são aqueles que mais ouvem? É verdade! Para ganhar poder, lembre-se disso: ouça mais e fale menos.

Ao contrário da maioria das pessoas, um líder aumenta o nível de contato visual quando fala; olhar ao falar indica confiança e maior assertividade, logo, é visto como uma atitude de liderança e competência.

As mulheres adoram contato visual porque, ao contrário dos homens, não o veem como desafio ou luta, mas sim como confiança e credibilidade.

Se o olhar for intenso, desconfie! Pode ser amor ou ódio!

Fazer um bom contato visual é algo poderoso, já a falta dele pode representar menos atratividade, passividade, incompetência, pouca liderança e habilidades sociais. Nem sempre isso é verdade, uma vez que pode demonstrar timidez, pouca confiança, baixa autoestima e intimidação por pessoas mais autoritárias. Se esse comportamento for recorrente nas fases mais avançadas de uma relação pessoal, poderá indicar abusos físicos, verbais ou sexuais, como violência doméstica ou assédio.

Se você pertence ao grupo de quem tem dificuldade em fazer contato visual, comece devagar e tente aumentar o gesto a cada nova interação, olhando e descobrindo a cor dos olhos da pessoa com quem está falando. Depois de descobrir isso, relaxe e olhe mais um pouco. Pode começar olhando para o olho esquerdo, depois para o olho direito, e vá alternando enquanto a outra pessoa fala. Em seguida, trabalhe o contato visual enquanto fala, porque quem consegue atingir esse patamar é visto como poderoso, confiante e tem maior poder de persuasão.

O olhar pode ser intimidador e desafiador, mas representa apenas as pessoas descobrindo mais sobre você ou querendo saber mais sobre o que está dizendo. Um olhar atento nem sempre revela atenção verdadeira. Uma ferramenta muito útil para distinguir se a atenção é realmente verdadeira é o ato de piscar os olhos! Quanto menos piscar, mais atenção e concentração. Piscar menos os olhos indica interesse e foco. Um bom exemplo é que, no cinema, piscamos em média sete vezes por minuto, enquanto na escola, se os alunos não gostarem de uma disciplina, o fazem, em média, cinquenta e cinco vezes por minuto. Use essa ferramenta simples para as mais variadas situações do dia a dia. Se as pessoas estão mais interessadas na conversa, piscam menos os olhos; se estão mais aborrecidas ou estressadas, vão piscar mais. Em uma negociação, se piscar mais, temos alguém que se sente ameaçado, então, se a frequência aumentar, a minha sugestão é que você mude de assunto, pergunte se existe algo que ela quer dizer ou se está tudo de acordo com as expectativas. Se piscar menos, indica foco e que o assunto é interessante e importante. Em uma apresentação, aumente a energia do que está falando se sentir que o público está piscando muito.

É interessante que, quando queremos comunicar cumplicidade ou vontade de cooperação, piscamos somente um olho em direção à pessoa. Se ela então responde da mesma forma, piscando o olho, é uma resposta afirmativa ao pedido de cumplicidade ou união, caso contrário pode indicar uma recusa, principalmente se a pessoa virar a cabeça para o lado contrário. O piscar de um olho nos dá mais informações, informando qual é o lado dominante, por exemplo. Piscamos primeiro com o lado não dominante; por isso, se somos canhotos, piscamos com o olho direito, e vice-versa.

> **DICA DO DECIFRADOR**
>
> Se você é policial e percebe que o suspeito está piscando muito, é possível que seja um comportamento de pré-violência. Nesses casos, normalmente, temos olhos arregalados e é possível ver a parte branca dos olhos embaixo e em cima, indicando estresse e que está se preparando para algo.
>
> Existem alguns exemplos de comportamentos de pré-violência, como abaixar o queixo, mas manter o olhar indicando raiva, insatisfação ou desafio, e abrir a

> gola ou arrumar o colarinho da camisa com as mãos ou com movimentos, mexendo o pescoço de um lado para o outro. Normalmente, quando as pessoas querem lutar, têm comportamentos de oxigenação do sangue, por isso precisam tirar tudo o que está em volta do pescoço para respirar melhor. Quando treino as forças de autoridade, indico que é possível prever um ataque físico notando todos os comportamentos falados anteriormente.

Não force o olhar. Se estiver desconfortável, olhe alternadamente com o olho esquerdo e o direito ou para cima ou para baixo, mas nunca para os lados. Quem faz isso com mais frequência demonstra que quer ir embora.

Virar os olhos para cima é sinal de desprezo ou superioridade. Fazemos esse movimento quando não valorizamos a ideia ou a pessoa, o qual passa a sensação de superioridade ou de minimização do outro por se sentir mais inteligente, esperto, poderoso ou bonito.

b) Sobrancelhas

Arquear as sobrancelhas é uma resposta universal e instintiva de reconhecimento, é um sinal de saudação que também pode indicar interesse. Se as sobrancelhas se elevam rapidamente quando olha para uma pessoa, revela que gosta dela ou que a reconheceu. Uso muito essa técnica para perceber se o outro já sabe a resposta ao que lhe perguntei. Quando sabemos uma resposta antes de responder, elevamos as sobrancelhas. Você deve imaginar, mas as minhas filhas são as pessoas preferidas nas quais aplico a técnica. Quando pergunto se elas já sabem as notas da escola e afirmam negativamente arqueando as sobrancelhas, tenho certeza de que sabem e não querem revelar para mim. Podemos usar essa pista em muitas situações:

- Você sabe quem está falando mal de mim?
- Você sabe o que aconteceu?
- Já sabe as condições da proposta?
- Conhece Sicrano?

Se responder não e levantar as sobrancelhas, desconfie, porque provavelmente a pessoa sabe qual é a resposta.

Arquear as sobrancelhas passa a impressão de alguém amigável, de confiança e faz com que você seja querido. Quando quiser despertar essa reação, levante as sobrancelhas rápido. Essa reação é provocada pelos neurônios-espelho, que são responsáveis por perceber a empatia e veem esse gesto como uma mensagem de conforto e amizade.

Esse gesto também indica pedido de informação ou ceticismo. Quanto mais tempo sustentando o movimento, maior o ceticismo. Ao participar de uma negociação, esse gesto simboliza que o outro vai fazer demandas, trazer dúvidas ou revelar opiniões contrárias. Se o movimento for feito ao falar, indica que a pessoa não acredita ou tem dúvidas relativas ao que está sendo dito.

c) Sorrir

Os pesquisadores acreditam que o sorriso teve origem na expressão facial de medo dos primatas e evoluiu para um gesto submisso, o sorrir. Os primatas mostram os dentes, gesto semelhante ao ato de sorrir, para sinalizar aos outros membros da tribo de que não são uma ameaça, não vão atacar ou desafiar. O sorriso funciona como se você dissesse: "Não sou uma ameaça". Ele é também um amenizador de ataques.

Ao ficarmos mais velhos, tendemos a sorrir menos. Um bebê sorri, em média, duzentas vezes por dia, uma mulher, 62 vezes e um homem, apenas oito.

O sorriso verdadeiro é mais simétrico do que um sorriso falso ou social e não dura tanto tempo.

O sorriso genuíno é ótimo para a saúde pois libera endorfina, serotonina e dopamina, hormônios neurotransmissores associados ao prazer e à felicidade. Sorrir é contagiante! Preste atenção em séries de comédia. Quando você escuta todos aqueles risos, você sorri também mais facilmente.

Ser feliz torna você ainda mais inteligente.

Use o sorriso a seu favor. Se você sorrir ao interagir com uma pessoa, aumentará a probabilidade de ser visto como agradável, confiante, bem-sucedido, inteligente e potencializará a vontade do outro de fazer uma ligação emocional com você. Perceba: não estamos falando sobre rir, mas sim sobre sorrir. Quem ri muito é tido como menos competente e descomprometido, tanto que as pessoas que riem muito são promovidas menos vezes. Se estiver com vontade de rir e não for o momento certo, pressione o lábio inferior. Esse movimento ajuda a conter a vontade.

Outro ponto é prestar atenção ao tempo que o sorriso leva para acontecer. Quanto mais rápido, menos verdadeiro. O sorriso verdadeiro começa e termina devagar e tem a duração média de meio segundo. Sorrisos mais lentos tornam as pessoas mais atraentes e confiáveis.

Como existem muitos tipos de sorriso e risos falsos, é importante saber detectá-los para se proteger de intenções ruins disfarçadas. Desconfiamos mais depressa de quem ri em momentos inapropriados, como em um funeral, durante surtos emocionais ou enquanto alguém chora. Sorrir nesses momentos tem o mesmo objetivo do que chorar. O choro e o riso são como analgésicos para a dor emocional, sendo o riso um indicador de que o cérebro está protegendo a pessoa da dor e o choro fazendo com que endorfina seja liberada para acalmar. Quero deixar um alerta: desconfie de quem chora e só limpa a lágrima de um olho, pois costuma ser um indicativo de choro falso.

A forma como rimos revela muito sobre nós. Por quanto tempo você ri? Quão alto? Como faz?

Entre todos os tipos de riso, vamos falar sobre os exemplos-padrão, sabendo que quem ri mais alto e durante mais tempo é uma pessoa mais extrovertida, que um sorriso verdadeiro demora entre meio e quatro segundos e o riso falso é mais rápido.

As pessoas que riem à toa têm espírito livre e são divertidas, mas as que "roncam" durante o riso revelam que são tímidas, modestas, introvertidas, que seguem as regras e valorizam a justiça. Se dão gargalhadas espontâneas, indica ousadia, determinação, amor-próprio e confiança. Um riso alto e contagiante indica pessoas genuínas que não têm receio de serem elas mesmas, são boas amigas e parceiras. Rir baixinho revela responsabilidade e comportamento mais sério. São aqueles que costumam dizer: "Trabalho é trabalho, conhaque é conhaque!".

Ser carrancudo e nunca sorrir não é um sinal ruim, mas prejudica a imagem que os outros têm de você. Quando encontrar uma pessoa carrancuda, observe as linhas dos lábios: quanto mais para baixo estiverem voltadas, pior o estado emocional, mas, se estiverem na horizontal ou para cima, é sinal de otimismo e controle. No entanto, ser carrancudo é sempre um sinal de controle emocional como forma de proteção e é próprio de quem é mais desconfiado.

Aproveito para relembrar que sorrir unilateral, tal como virar os olhos, pode significar superioridade, desprezo, sarcasmo ou, então, durante uma negociação ou ao demonstrar inocência, manipulação.

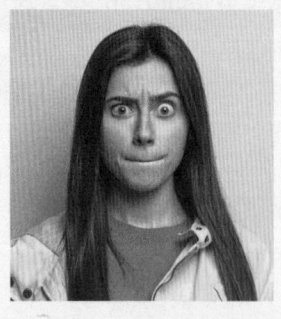

d) Lábios

Os lábios são um dos melhores indicadores de tensão ou estresse: quanto mais pressionados, maior a tensão ou nível de estresse. Servem como barreira, supressão de informação e, em contexto de negociação, podem indicar objeção. Quando estiver diante desse sinal, pare de se explicar e faça perguntas como: "O que pensa sobre o assunto?" ou "O tema o deixa desconfortável?". Quando ficamos desconfortáveis, os lábios desaparecem.

Se ficam franzidos em um círculo apertado no centro da boca e frequentemente acompanhados de olhos semicerrados, é um sinal que aparece automaticamente sempre que discordamos do que está sendo dito. Se mover os lábios para o lado, temos sentimento de discordância ou descrença ao que está sendo proposto. Se surgir depois de uma pergunta, indica que não gostamos do que foi perguntado. Se isso acontecer, questione-se o motivo para não ter gostado da pergunta.

Nem sempre o desconforto aparece com os lábios sendo pressionados. Passar algo pelos lábios, como uma caneta ou o cabelo, roer as unhas ou inserir outros objetos na boca também significa necessidade de segurança, de garantias ou receio de incerteza. Colocar objetos na boca é um movimento pacificador, que faz o cérebro relembrar o processo da amamentação, de quando éramos bebês e nos sentíamos seguros.

O lábio tem menos camadas de pele do que a nossa epiderme na maior parte do corpo, os vasos sanguíneos estão mais próximos da superfície e existe uma alta concentração de terminações nervosas, por isso estão tão intimamente ligados ao sentir. As pessoas que mordem os lábios geralmente querem conter emoções, sejam elas positivas, sejam elas negativas, dependendo do contexto.

Perguntam-me muitas vezes porque mordemos as pessoas quando gostamos muito delas. Morder em contexto amoroso representa amor forte. Casais que mordem a orelha um do outro estão passando a mensagem do desejo carnal, e o ato de morder o próprio lábio inferior indica o mesmo, mas nesses casos a relação pode não existir, é só um desejo presente ou futuro. Não confunda a mordida do lábio inferior com a do superior, que indica ansiedade. Quando estamos tensos, o propósito das mordidas se altera, assim como o controle de emoções, mas nesses casos as emoções são negativas, como raiva, agressividade, nojo, explosões emocionais ou violência verbal e não verbal.

Lamber os lábios frequentemente é sinal de ansiedade, pelo fato de o sistema nervoso ser ativado e ser necessário lamber para umidificar. Nesse sinal, é importante verificar a velocidade e a frequência, pois, quanto maior for, maior o grau de ansiedade. Existe uma variável especial no ato de lamber os lábios: realizar esse sinal apenas uma vez pode indicar um gesto higiênico e sedutor, ou seja, revela interesse, é como dizer que algo parece bom e você gostaria de provar.

Soprar é um gesto que passa, muitas vezes, despercebido, tal como as suas variações. Soprar é ventilar, serve para diminuir o calor do corpo quando se está em estresse, ansiedade ou durante picos de adrenalina, gerados por tensão. Ventilar é mais comum em pessoas que se sentem culpadas; transpirar, não. O comportamento de ventilar pode aparecer de várias formas: puxar a gola ou a parte da frente da camisa, ajeitar a gravata, afastar o cabelo da nuca ou levantar um lado do bumbum da cadeira de um lado para o outro.

Ventilar pode fazer dilatar as narinas ou respirar fundo, porque esse movimento acontece porque precisamos de mais oxigênio para agir. O aumento de oxigenação faz parte da preparação para a ação. Não acontece somente quando se está em estresse, raiva ou situações de pré-violência, como também em situações de sedução, nas quais respiramos fundo ou dilatamos as narinas. Para diferenciar, é só perceber se os dentes de baixo estão visíveis; se sim, indica ataque físico iminente.

Bocejar é outra forma de oxigenar, mas o objetivo é esfriar a cabeça ou oxigenar o cérebro por motivo de tédio, cansaço ou ansiedade. O bocejo de tédio demora o dobro do tempo do bocejo de ansiedade. Em interrogatórios, bocejar antes da pergunta pode indicar culpa.

Puxar o ar pelos dentes está associado ao som de higiene. Quando se faz por higiene, não tem significado, mas, feito com frequência, é um sentimento antissocial e de agressividade, especialmente em frente de outras pessoas.

e) Cabelo

O cabelo pode ser tanto uma barreira, um pacificador ou um gesto higiênico e sedutor. Já reparou que quem tem o cabelo comprido costuma colocá-lo jogado em maior volume para o lado da pessoa ou zona com a qual não quer interagir, como se fosse uma barreira? Se fica passando o dedo, brincando e mexendo repetidamente e de maneira rápida, temos níveis elevados de ansiedade. Brincar ou enrolar o cabelo com o dedo nem sempre é sinal de atração. A melhor forma de distinguir é esta: se brincar com o cabelo com a palma da mão para fora e mostrar o pulso, ajustar ou pentear o cabelo e sorrir, é atração; se brincar com o cabelo com a palma da mão escondida ou a mão mais fechada e olhar distante, indica ansiedade e tentativa de resolução de problemas. Puxar ou agarrar o lóbulo da orelha ou enrolar o cabelo tem o mesmo significado de procura de respostas que normalmente não sabemos, o que gera medo ou pânico.

O cabelo fornece também outras pistas importantes. Podemos observar o último corte de cabelo: a mudança de corte ou cor indica que alguma coisa mudou, seja na maneira de encarar, seja na maneira de pensar a vida. O corte é indicador de autoridade ou jovialidade: quanto mais comprido, maior a necessidade de a pessoa se sentir jovial. O mesmo acontece com a cor: quanto mais clara, maior é o foco na jovialidade e admiração. Essa leitura ganha ainda maior relevância com os anos. O cabelo curto indica mais autoridade e necessidade de controle, tal como cores mais escuras.

Quanto mais topete temos na parte da frente do cabelo, maior é a impulsividade e a necessidade de controle. O topete pode ser feito em poupa, crista ou espetado.

f) Barba

Existem muitas razões que levam um homem a deixar crescer a barba ou o bigode. Elas vão desde a necessidade de afirmar virilidade até a reivindicação de autoridade. Naturalmente, a barba também pode ser um sinal de independência, de tradicionalismo ou mesmo de dissimulação para esconder o rosto, mas a razão mais comum é autoridade. Barba bem delineada revela organização, perfeccionismo ou foco na aparência. O uso do bigode serve para ser percebido como mais sensual e viril, mas reduz a autoridade dada pela barba, deixando a sensação de mais atratividade, como acontecia com o famoso sedutor Don Juan.

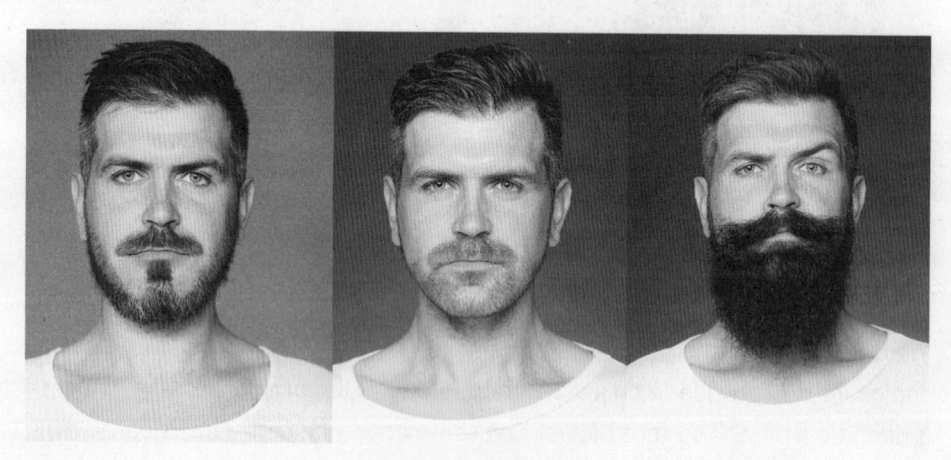

g) Postura
Basta olhar para a postura e a forma de andar para conseguir avaliar uma pessoa de modo imediato e sem interação. Uma postura reta indica alguém confiante, e essa confirmação pode ser feita reparando se exibe posturas abertas, com as mãos separadas, as palmas voltadas para fora, pernas ligeiramente afastadas e o tronco exposto. Se a pessoa tem postura retraída, fica com os braços cruzados, pernas entrelaçadas e tronco curvado para baixo, indicando baixa confiança. Se as costas das mãos estão voltadas para a frente ou os punhos fechados, temos ainda sinal de hostilidade. Arrastar o andar revela falta de entusiasmo e energia e, se for constante, quer se desligar da realidade, mas não pode ou não consegue. Se faz barulho ao andar ou dá passos pesados, procura poder e revela pouca paciência. Andar com passos largos simboliza indivíduos que não ligam quais são os meios para alcançar os seus objetivos, são aventureiros, interessados em coisas diferentes, enquanto os que dão passos pequenos são discretos, cautelosos, analíticos e focados na segurança. Andar lentamente significa aceitar a vida como ela é, ser sonhador e otimista. Balançar os braços durante a caminhada indica extroversão ou introversão. Quanto mais balança, mais extrovertido e vice-versa.

Revelamos mais com o nosso quadril do que com os lábios.

h) Tronco
O tronco tem tudo a ver com poder, confiança e interesse, já que todos os nossos órgãos internos estão nessa zona. É uma área vulnerável a ataques, e todos os nossos sinais refletem as nossas percepções dessa vulnerabilidade.

A maneira mais simples e eficaz de ler o tronco é observar estas três variáveis: direção, proximidade e bloqueios.

Direção
O tronco é honesto, ao contrário da cabeça, que conseguimos controlar para onde queremos olhar durante a maior parte do tempo. Com o tronco, esse controle é ineficaz, ele aponta para onde está o nosso interesse, o nosso foco, ou responde ao nosso cérebro mais primitivo apontando para onde vai fugir ou com quem vai lutar.

> **DICA DO DECIFRADOR**
>
> Na formação das forças de autoridade, sempre comento que, se um suspeito, ao ser abordado na rua, apontar o tronco ou o umbigo para uma zona de fuga, existe grande possibilidade de tentar escapar ou que existe culpa na acusação.

Existe outro comportamento que se manifesta quando há um conflito e temos duas soluções possíveis e opostas; quando se está perante uma ameaça e não se pode fugir ou lutar, por exemplo, quando não podemos nos mexer e queremos fugir, tendemos a abanar. Esse ato dissipa e cria ação e ficamos mais tranquilos. Esse movimento é um comportamento que aparece quando não podemos ter uma determinada ação de fuga ou luta, como dar um murro na mesa, culpar alguém e desculpar-se. Representa agressividade ou ansiedade e é substituído por outra ação, que é o abanar ou fazer um movimento de deslocamento. Ao fazer uma pergunta e reparar em um movimento de deslocamento espontâneo na cadeira ou até o balanço dela antes de responder à pergunta, temos movimentos que indicam conflito, sinal de alerta que deve ser investigado.

Proximidade
Inclinar-se para trás pode comunicar necessidade de distanciamento, desinteresse ou percepção de ameaça. Se a inclinação para trás acontecer antes do início da interação, indica confiança e controle, como se estivesse dizendo: "Quero ver o que tem para me dizer antes de confiar em você".

Aproximar-se ou inclinar-se para a frente revela que você está interessado, mostra sinceridade e confiança. É um movimento que, por variar de significado, você precisa ficar atento: se acontecer o afastamento, pergunte o motivo; se acontecer a aproximação, confirme o interesse.

> **DICA DO DECIFRADOR**
>
> Tenho uma técnica para confirmar se as pessoas estão mesmo interessadas em interagir comigo, a qual consiste no seguinte: durante a conversa, dou um ligeiro passo para trás. Se a pessoa der um passo para a frente, eu tenho a confirmação de interesse; se não acontecer ou virar o umbigo em outra direção, sei que não está interessada em interagir comigo.

Quando sentimos intimidade e proximidade, a parte inferior do tronco aproxima-se da pessoa, caso contrário essa zona se afasta sem que tenhamos a percepção de estarmos fazendo isso. Verifique essa afirmação quando der um abraço em alguém. Em geral, o abraço acontece com a zona superior próxima (rosto e peito) e a zona inferior afastada (barriga e órgãos genitais). É possível ler esse comportamento com mais facilidade em fotos em grupo nas quais as pessoas estão lado a lado. Se existe ligação, os quadris se aproximam, e, quanto mais longe estiverem, maior será o indicativo de antipatia e falta de ligação.

Bloqueios

Agora você já sabe que, ao observar um obstáculo ou barreira entre duas pessoas, temos um bloqueio, que, por sua vez, tem o objetivo de proteger a zona do ventre de ataques ou possíveis ameaças percebidas. Uma das barreiras ou bloqueios mais comuns são os braços cruzados, que pode ser um gesto muito reconfortante e o mais próximo de um autoabraço, seja por conforto, seja por ameaça. O problema é que os braços cruzados podem aparentar comportamento de quem está na defensiva e desinteressado. Não é verdade que braços cruzados sempre representam estar na defensiva e ser fechado.

> **EXERCÍCIO**
>
> Vou desafiá-lo: cruze os braços e assinale nas imagens a seguir com qual se identifica mais. Agora, deixe-me adivinhar: cruzou o braço esquerdo em cima do direito? Todos nós fazemos esse movimento de modo diferente, mas existem padrões. Uma pesquisa descobriu que sete em cada dez pessoas cruzam o braço esquerdo sobre o direito, o que implica um gesto possivelmente genético, pois, como temos mais pessoas dominantes com o braço direito, ele é mais útil e costuma ficar em uma posição protegida, ou seja, abaixo do braço esquerdo e na posição inferior. É possível descobrir facilmente qual é a mão dominante verificando qual está na posição inferior ao cruzar os braços.

Os braços cruzados podem ser uma postura confortável ou então um bloqueio. Como podemos diferenciar ambos? Pela expressão facial, lábios, mãos e pressão que faz no gesto. Não foque somente o ato de cruzar os braços, e sim observe primeiro qual é a expressão facial da pessoa. Ela apresenta felicidade, medo, tristeza, nojo, desprezo ou raiva? Confirme se está pressionando os lábios; quanto mais estiver fazendo isso, maior é o desconforto. Depois de olhar para o rosto, é necessário olhar para as mãos, verificando em qual posição estão e com quanta força apertam as laterais do braço; quanto maior a pressão, maior o desconforto.

As cinco maneiras de cruzar os braços mais frequentes são:

(1) As mãos ficam juntas ao peito sem tocarem nos braços, é como se abraçasse a si mesmo. Essa posição é a que revela maior insegurança e medo.

(2) As mãos agarram os braços. Essa posição significa a necessidade de apoio, os braços são agarrados como se precisassem ser segurados. Também revela uma pessoa que gosta de apoiar e ajudar.

(3) Os polegares ficam visíveis e para cima. É a mais poderosa forma de cruzar os braços, com a exibição dos polegares, que indicam poder e confiança.

(4) Os punhos ficam fechados debaixo do braço. Fechar as mãos em punho representa tensão. O comportamento-padrão das mãos é fechar o punho para se preparar para a luta, movimento emocional forte e negativo, mas se a pessoa o fizer regularmente é mais impulsiva e/ou agressiva, de modo verbal ou não verbal.

(5) Segura somente um braço, que fica pendurado. É um formato diferente de conforto ou de bloqueio, e a melhor forma de ler é: quanto mais elevada estiver a mão que agarra o braço, maior o desconforto da pessoa.

Outros bloqueios possíveis são usar uma caneta ou uma folha de papel e segurar com ambas as mãos, falar atrás de uma secretária, manter um caderno à frente do peito (é semelhante ao ato de cruzar os braços), coçar ou tocar no peito. Sem ser como agradecimento, revela preocupação e compaixão com o que a pessoa está dizendo. É sinal de medo, vulnerabilidade ou insegurança. Proteger o útero, no caso das mulheres, e proteger o genital, no caso dos homens.

E, por fim, os cotovelos e as axilas: quanto maior for a distância dos cotovelos ao tronco, maior a confiança da pessoa; quanto mais juntos estiverem ao tronco, maior a insegurança ou a ansiedade social. Levantar os braços e mostrar as axilas revela confiança, conforto e tranquilidade, por esse motivo muitos modelos em publicidade colocam a mão atrás da cabeça, demonstrando segurança.

i) Ombros

A maioria das mensagens que os ombros transmitem são de incerteza, insegurança ou ocultação de informações. Encolher os ombros tem o objetivo claro de proteção. Ele serve para esconder a zona do pescoço quando sente uma ameaça ou incerteza, e funciona de maneira semelhante à carapaça de uma tartaruga. Retrair demonstra vulnerabilidade, seja porque não tem conhecimento ou responsabilidade sobre o que aconteceu, seja porque, tanto mais encolher, maior a incerteza, o desconhecimento ou a insegurança. Confirme o sinal pela distância dos ombros às orelhas: quanto mais perto, maior o medo.

O ombro pode fazer movimentos de avanço ou de recuo em relação ao corpo. Por exemplo, se não gosto da pessoa que está ao meu lado, avanço o ombro, fazendo um bloqueio, o chamado ombro frio, assim como se eu estiver desconfortável com a pessoa à minha frente, recuo o ombro dominante.

Para mim, um dos sinais de alerta mais importantes transmitido pelos ombros é o encolher de um ombro só. Esse movimento, tal como a maioria dos gestos unilaterais, é um sinal de alerta. Unilateralidade é sinal de incongruências, muitas vezes associadas à mentira. Quando a pessoa eleva somente um ombro, é sinal de que está escondendo informação, demonstrando dúvida e descrença sobre aquilo que está dizendo.

j) Membros

Os braços e as mãos servem para comunicar, para nos ajudar ou proteger de uma ameaça verbal, física ou psicológica, e, quando cruzados, são a nossa maior fonte de informação, como vimos anteriormente. É possível obter muitas pistas do movimento dos braços. A pessoa que o faz muito é emocional, ao contrário daquela que não os movimenta, revelando mais racionalidade. É importante ressaltar também que as pessoas mexem mais os braços quando estão chateadas. A altura que posiciona as mãos enquanto fala dá a pista certa para saber se a pessoa é boa ouvinte. As pessoas que falam com as mãos mais elevadas são piores ouvintes do que as que falam com as mãos na zona da cintura.

Mãos na cintura
Colocar as mãos na cintura é expandir a presença física, é um gesto territorial e que tem o objetivo de ocupar mais espaço. É uma posição de autoridade. Ficar em pé com as mãos na cintura é uma tentativa para manter o domínio ou intimidar.

Se a pessoa está em uma posição hierárquica inferior, social ou profissionalmente, como um filho e um pai, um colaborador e uma diretora, e então o que está nessa posição coloca as mãos na cintura, temos tentativa de domínio, raiva ou indignação. Quem faz essa postura com frequência é considerado teimoso.

Existem diferentes variações, podendo a primeira ser observada por meio dos polegares: se os polegares apontarem para trás ao agarrar a cintura, representa vontade de comandar, de mostrar que é alfa; se os polegares estiverem para a frente, indica que está curioso, quer saber mais sobre o que aconteceu e demonstra interesse. Se faz isso com o punho fechado, indica que está sob pressão, chateado ou em desconforto intenso.

Podemos também observar a simetria de ambas as mãos: se estiverem simétricas, indica status; se assimétricas, falta de confiança.

Mãos atrás das costas
Quando temos medo ou estamos inseguros, tendemos a proteger o coração e os outros órgãos vitais com gestos de bloqueio para tapar a zona do nosso ventre. Em contraste, quando colocamos as mãos atrás das costas, revelamos confiança e ausência de medo. No entanto, essa postura não revela apenas confiança, mas também é um indicador muito claro de superioridade. As pessoas, apesar de quererem demonstrar confiança e superioridade, podem não corresponder à verdade, se, em vez de agarrarem as mãos atrás das costas, segurarem o braço: quanto mais alto o fizerem, maior a insegurança e menor a autoridade. Se agarrar o pulso é uma autocontenção por raiva, quanto maior a pressão do ato de agarrar, maior será o controle da raiva.

Mãos atrás da cabeça
É uma tentativa de demonstrar que é o dominante e está confiante, porque é um movimento expansivo, no entanto revela uma confiança falsa. Essa posição está associada a um sentimento de desprezo e insegurança, é um gesto de domínio deliberado de maneira que pareça mais confiante. Em contexto profissional, ganha um significado ainda mais claro. Se as mãos estão entrelaçadas atrás da cabeça, podemos associar a um sentimento de propriedade e domínio sobre o grupo, mas sempre em modo de insegurança.

Pernas e pés
O sistema límbico controla a linguagem corporal e, em especial, os membros inferiores, porque é onde temos menor controle racional. Estamos tão focados em controlar as expressões faciais e aquilo que dizemos que nem nos lembramos de que as pernas e os pés estão em constante movimento.

Balançar as pernas ou os pés
Enquanto algumas pessoas fazem gestos pacificadores para se acalmarem, como o tocar em si mesmas, se acariciar, esfregar e colocar objetos na boca, outras balançam os pés ou as pernas, o que, em geral, é muito perceptível. É normal ver alguém com as pernas cruzadas e balançando o pé ou a ponta do pé no chão e a perna constantemente, pois são movimentos que servem de alívio para o nervosismo ou a ansiedade. Para interpretar esses movimentos, é importante compreender a frequência com que são feitos e quando o são. Se a pessoa repete com muita frequência e sem razão aparente, indica níveis de ansiedade elevados ou alguém muito nervoso, mas, se faz de modo esporádico ou após uma pergunta, é um indicador de que a pergunta deixou a pessoa nervosa e/ou ansiosa. Assim, tem que se perguntar o porquê desse nervosismo. É normal por ter feito uma pergunta desafiadora que gerou desconforto ou está fazendo o movimento depois de uma pergunta que supostamente não deveria gerar ansiedade?

Cruzar as pernas
Cruzar as pernas tem que ser interpretado de duas formas: em pé ou sentado. Cruzar as pernas em pé é um movimento que se enquadra nos gestos territoriais com o objetivo principal de mostrar maior confiança e liderança. Afastar os pés faz com que ocupe mais espaço, logo mais território; no entanto, se a pessoa afasta mais do que os ombros, é um indicador de arrogância e domínio excessivo, o que pode esconder uma insegurança. Gestos e movimentos territoriais exagerados servem para compensar uma insegurança ou falta de liderança. A diferença entre afastar demais ou entrelaçar as pernas está somente na percepção, porque ambos indicam insegurança ou vulnerabilidade.

As pernas e os pés também podem revelar emoções negativas. Entrelaçar as pernas de pé com ambos os pés bem firmes no chão pode sinalizar a necessidade de proteger o corpo de uma ameaça percebida ou desconforto. Cruzar as pernas em pé com um dos pés apoiado somente pela ponta dos dedos é sinal de cansaço.

Quando se está sentado, cruzar as pernas tem que ser interpretado pela maneira como o faz: pode indicar conforto se cruzamos acima dos joelhos; desconforto, se entrelaçamos abaixo dos joelhos; e autoridade, se cruzamos em formato de quatro. As pernas cruzadas inclinam mais para a pessoa de quem gostamos e em quem confiamos. Se apontarem para uma porta ou parede, é porque temos a intenção de ir embora ou fugir. Em interrogatórios, quando um suspeito começa a ser questionado, muitas vezes ele cruza a perna em quatro e aponta o joelho para a porta, o que pode indicar culpa. Lembre-se de que os inocentes querem se defender, e não fugir. Outro sinal similar ao cruzar as pernas, mas que revela mais intensidade, é quando os pés se entrelaçam na cadeira, o que significa que a pessoa não está disposta a dar muita informação.

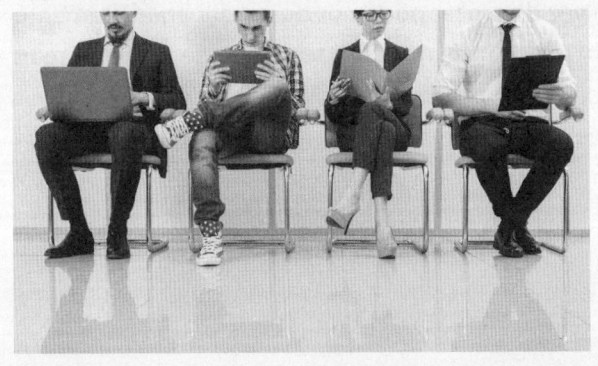

As pernas cruzadas são úteis para perceber o grau de ansiedade ou tranquilidade, que pode ser revelado pela pressão com que a pessoa cruza as pernas; quanto mais pressão, maior o grau de desconforto e insegurança.

A maioria das pessoas associa pernas cruzadas com as mesmas reações negativas dos braços cruzados, mas não significam necessariamente a mesma coisa.

Existem três significados para as pernas cruzadas:

- **(1) Conforto:** tendemos a cruzar as pernas quando nos sentimos confortáveis, confiantes e relaxados. Para algumas pessoas, essa é uma postura naturalmente confortável, e as mulheres que usam saias curtas costumam cruzar as pernas para se protegerem. Outros cruzarão para deslocar o seu peso caso as pernas estejam cansadas.

- **(2) Ligação:** pode significar interesse ou atração. Observe o joelho da outra pessoa, que geralmente aponta para a pessoa de quem mais gosta.
- **(3) Ameaça:** por outro lado, se alguém de quem não gostamos aparecer de repente, em vez de cruzar podemos descruzar imediatamente as pernas e nos sentarmos mais retos. O descruzar de pernas é mais útil e tem mais valor de leitura. Um exemplo é quando você está sozinho com as pernas cruzadas, o seu chefe aparece e provavelmente você descruza para ficar pronto se for "atacado". É como um reflexo. A coxa é a zona que serve de barreira: para o lado que estiver, é o negativo e defensivo.

Joelhos

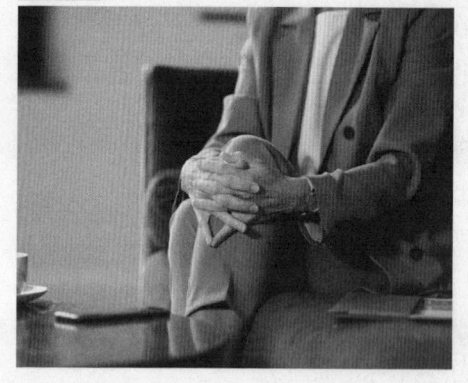

Experimente se levantar de uma cadeira sem se apoiar. Você vai constatar que é mais desafiador do que imagina; é muito mais fácil fazer isso quando se apoia na mesa ou no joelho. Vamos usar esse comportamento para interpretar os sinais dos joelhos. Se a pessoa quer ir embora ou fugir, ela coloca a mão neles ou os aperta.

Pés

É incrível a quantidade de vezes que os pés se mexem sem percebermos. Eles revelam intenções ocultas. Existem seis tipos de linguagem corporal com os pés que são simples de interpretar.

Pés felizes

O pé que aponta para cima é chamado de pé sorridente e indica sentimentos positivos e otimistas. Quando observo pessoas paradas enquanto falam ao celular colocarem o calcanhar apoiado no chão e a ponta do pé para cima, interpreto como uma conversa agradável ou positiva. Também observo esse sinal quando param para ver vitrines, normalmente quando gostam do que veem.

Pés interessados

Um dos sinais que se tem que observar é a direção dos pés, pois eles apontam para onde a pessoa quer ir ou estar. Se ambos os pés apontam para alguém, significa que se está interessado em interagir com essa pessoa. O pé que avança para a frente geralmente sinaliza grande interesse ou atração, e colocar um pé à frente diminui a distância, é como se dissesse: "Quero me aproximar mais de você". Em todos os grupos há um líder, e o movimento dos pés nos ajuda a identificar quem é essa pessoa. Quando estiver em grupo, basta olhar para os pés da maioria das pessoas e verá que eles apontam para a mais carismática ou líder.

Pés desinteressados

Os pés desinteressados acontecem quando a pessoa quer ir embora ou fugir, logo a direção dos pés será contrária à da conversa de que participa. Se estiver falando com alguém e ver que os pés dessa pessoa apontam para outra pessoa, uma porta ou uma saída, é um sinal claro de desinteresse. Existe, entretanto, uma posição em que um dos pés aponta para outra pessoa e o outro para uma saída. Apesar de ter a intenção de ir embora, pode não ser desinteresse, mas sim pressa ou a necessidade de estar em outro lugar.

Em interrogatórios, os pés também são uma pista importante. Se o suspeito fala e os pés estão virados para o outro lado do agente, existe maior probabilidade de estar escondendo alguma informação. Quando alguém cruza os pés de repente, está se sentindo desconfortável ou na defensiva. Lembre-se de que avançar com o pé indica vontade de estar mais próximo, enquanto recuar o pé ou dar um passo para trás pode significar desinteresse ou pré-violência.

Pés ansiosos
A ansiedade gera maior produção de adrenalina e, por isso, é preciso dar um "fim" a ela. Como a ameaça não é real na maior parte das vezes e não precisamos fugir ou lutar, essa adrenalina precisa ser gasta de alguma maneira, e o movimento dos pés nos ajuda com essa tarefa. São movimentos repetitivos que acontecem principalmente nas zonas inferiores do corpo, como balançar os pés.

Se a pessoa começa a balançar os pés, procure a fonte da ansiedade.

Arrastar os pés pode indicar falta de confiança. Fazemos isso para ter uma sensação mais forte de segurança. Quando perdemos a confiança e temos que confrontar alguém, esse comportamento pode ser um indicador de que algo está sendo escondido.

Chutar o ar acontece geralmente quando o indivíduo está sentado, quase como se estivesse dando pontapés em uma bola imaginária sem parar. Esse movimento acontece quando as pessoas ouvem algo negativo ou não querem responder a uma pergunta, mas são forçadas a isso. Além disso, sinaliza desconforto elevado e um esforço de afastar aquilo de que não gosta, mas é um bom sinal para negociações.

Entrelaçar os pés e puxá-los para trás acontece também enquanto se está sentado. Como os pés ficam debaixo da cadeira e cruzados, é um recuo natural e um comportamento para se esconder. Pode ser um sinal de ansiedade, especialmente se os tornozelos estiverem juntos. Quando questionada, se a pessoa faz esse movimento, ela se sente menos confiante ou pode estar escondendo informações. Em uma negociação, os clientes que fazem esse movimento revelam que estão hesitantes e não estão prontos para comprar. Observe: entrelaçar os pés nas pernas da cadeira é um movimento que indica estresse elevado ou medo das consequências.

Apoiar apenas um lado do corpo com o pé no chão e inclinado demonstra falta de confiança em nós mesmos com o que está sendo dito ou exposto. O mesmo acontece quando existe uma mudança repentina da direção dos pés, e eles passam a apontar para dentro. Esse comportamento pode sinalizar insegurança, ansiedade ou timidez.

Pés conectados

Encostar os pés no outro ativa uma sensação ao longo do lobo parietal do cérebro, muito próximo da zona do prazer sexual. Por esse motivo, quando queremos nos ligar emocionalmente ou gostamos de alguém, aproximamos os nossos pés. Seja em fotografias, seja na cama ou no grupo de amigos, quanto mais próximos estiverem os pés da outra pessoa, maior é a ligação entre si. Para mim, esse é o melhor indicador de ligação verdadeira entre duas pessoas. A distância entre os pés delas revela se há conexão quando estão mais próximos ou menos conexão quando se afastam.

Pés dominantes

A distância entre os dois pés indica a segurança e a necessidade de controle. Quanto mais afastados estão os pés, maior o sentimento de domínio, mas, se eles estão juntos, geralmente indica menos poder e confiança de acordo com o contexto.

Colocar os pés em cima da mesa é uma demonstração de controle e autoridade sobre um grupo e falta de consideração e empatia pelas pessoas. É um movimento de poder excessivo e de demonstração de poder bruto.

Bater com os pés no chão é um sinal de poder e controle. As crianças fazem isso durante a birra para terem a sua vontade concedida. Esse poder e essa teimosia podem se transformar em raiva.

Confie no que vê, questione o que escuta.

Existe uma comunicação que é invisível para a maior parte das pessoas. Ficamos inquietos quando estamos ansiosos e nervosos, nos aproximamos do que gostamos e nos afastamos do que não apreciamos. A direção do corpo nos diz para onde queremos ir, antes mesmo de expressarmos isso com palavras. Paramos quando temos medo, enrolamos e seguramos algo quando precisamos de apoio, ocupamos mais espaço para demonstrar poder. Essa métrica simples e rápida de avaliar os pés e as pernas ajuda a compreender a maior parte dos movimentos que fazemos com o corpo.

RESUMINDO...

Podemos olhar para padrões e movimentos mais usuais emitidos por todo o corpo e compreender de modo simples o que a pessoa está pensando ou sentindo.
- Gestos repetitivos – Ansiedade, nervosismo;
- Gestos de segurar em si mesmo ou entrelaçar objetos – Necessidade de apoio ou insegurança;
- Aproximar alguma zona do corpo – Interesse ou ligação emocional;
- Afastar alguma zona do corpo – Medo, ameaça e falta de ligação;
- Ocupar mais espaço – Domínio, status e/ou autoridade;
- Direção do corpo – Foco do interesse ou para onde quer ir.

Não preste atenção aos outros, mas sim observe tudo o que fazem.

Pistas ambientais

A casa, o escritório e o carro são também locais em que mostramos as nossas aspirações, sonhos e intenções. Observar como as pessoas os escolhem e decoram, em que gastam dinheiro e o que ignoram nos dá informações sobre elas, como se enxergam ou como querem ser vistas pelos outros.

Claro que estar em uma casa por apenas um ano pode não trazer tantas pistas do que a casa de uma família que vive ali há bastante tempo. Os hábitos diários das pessoas, aquilo que fazem e já nem percebem que fazem podem nos dar pistas muito interessantes sobre a essência delas. Os madrugadores são mais propensos a ser extrovertidos, ambiciosos e socialmente orientados, ao contrário dos notívagos, que têm taxas ligeiramente mais altas de introversão, ansiedade e são mais criativos.

O modo como interagimos com os objetos também nos dá pistas, sejam eles nossos, sejam de outras pessoas. Jogar a bolsa na cadeira, o celular na cama, as chaves na mesa e puxar a cadeira para jogar o casaco são atitudes que indicam falta de cuidado e de preocupação em relação às regras ou às pessoas. Já quem verifica a segurança, presença e localização dos objetos constantemente revela nervosismo e insegurança. É possível observar, muitas vezes, mulheres checando se a bolsa está perto de si, homens verificando com frequência se a carteira está no bolso ou puxando o telefone para perto quando alguém se aproxima, pessoas dando palmadas no bolso para checar se o conteúdo ainda está ali.

É curioso ver como as pessoas reproduzem a sua personalidade no ambiente ou nos espaços em que vivem e como podemos identificar as emoções e associações no local. Deixamos pegadas comportamentais em cada espaço que ocupamos. Todos esses locais e objetos contêm pistas de personalidade. São símbolos ou evidências de desejos, características e peculiaridades.

Uma das grandes questões para evitar leituras erradas quando se trata de decifrar pessoas é observar o ambiente para saber se as pistas foram colocadas ali e se pertencem à pessoa em questão.

Quem é você e como quer ser visto?

Quando decifrar uma pessoa, se faça duas perguntas:

- **Quem é essa pessoa?**
- **Como quer ser vista?**

Não é uma resposta fácil, mas é algo que os melhores decifradores devem ter em mente ao olhar para os sinais emocionais, físicos ou ambientais. Agora que está começando a aprimorar as suas habilidades de espionagem, acredite no poder de conhecer as pessoas como elas são de verdade e como elas querem ser vistas, pois ambas as versões são importantes para decifrar a personalidade.

As coisas dizem muito sobre nós, e podem ser divididas em três categorias:

- **(1) Pessoais:** pistas que mostram diretamente a nossa identidade, valores ou crenças. São elas: roupas, acessórios, pôsteres, prêmios, fotografias, joias, símbolos e objetos religiosos ou esportivos. Se são objetos mostrados em local público, servem para exibir vaidade ou pertencimento a um grupo. O mesmo acontece com as tatuagens: se feitas em zonas visíveis, são para mostrar ao mundo ou receber admiração. Olhar muito o próprio reflexo em espelho é um comportamento que indica narcisismo. As fotografias que ficam visíveis para quem visita um espaço são provas do que valorizamos. Se alguém tem muitas fotografias pessoais, podemos perceber que não é muito social e tem tendência narcisista, ao contrário de quem tem fotografias suas com grupos de amigos, o que indica que é mais extrovertido e social. Se são fotos da família, é sinal de sentimento de culpa por falta de tempo para eles ou conexão forte às pessoas que estão ali.
- **(2) Emocionais:** pistas que ajudam as pessoas a gerirem o próprio estado emocional. Uma citação inspiradora, uma fotografia de um ente querido, um postal de férias, pendentes com símbolos pendurados ou adesivos no carro e itens sentimentais. Tudo o que a pessoa valoriza, ama ou gosta e que a faz ter um sentimento ou emoção. Fotografias de família podem ajudar a se sentir bem no trabalho. Uma tatuagem na parte interna do antebraço pode ser um lembrete de alguém. Uma citação em um post-it pode ajudar a sermos gratos. As fotografias também podem ser usadas para exprimir sentimentos e humor. Primeiro temos que saber quais são as fotografias que estão visualmente disponíveis para quem entra no espaço e quais são as destinadas somente para o dono do local. Essa pista nos diz qual é a verdadeira intenção, se a pessoa

quer ser admirada pelo que está nas fotografias ou se ela está ali somente para recordar ou apreciar para se sentir bem. Por exemplo, a importância de quem está nas fotografias pode ser verificada pela distância do local habitual de trabalho ou do computador. As imagens da área de trabalho do computador ou do celular também são emissoras de sentimentos.

- **(3) Históricas:** pistas deixadas no curso normal da vida. Podem ser: contas para pagar, garrafas de cerveja em um canto, pilha de revistas, caixas de medicamentos, pulseirinhas com referências de locais, pacotes de bolachas no carro, vinho, copos, ferramentas, sapatilhas, pranchas e ingressos de eventos; tudo isso mostra um pouco dos hábitos e comportamentos passados e presentes das pessoas.

É o que é deixado para trás pelas nossas ações, são os vestígios físicos. Um exemplo simples são as pessoas mais ansiosas, medrosas e receosas, que gastam os freios mais depressa, notando-se mais desgaste no pedal.

Saber se a pessoa tem animais, por exemplo, é simples: os pelos entregam os bichinhos de estimação. Se forem curtos, existe maior probabilidade de serem de um gato, enquanto, se forem longos, provavelmente são de um cachorro.

> **DICA DO DECIFRADOR**
>
> O FBI, quando analisa a cena de um crime, olha primeiro as fotografias presentes no espaço. Esse método é usado para avaliar e descobrir ainda mais sobre os hábitos e perfil da pessoa.

As fotografias são boas evidências do que prefere como atividade. Olhe para o que a pessoa está fazendo nas fotos: viajando sozinha ou com amigos, comendo, recebendo prêmios, ou ao lado de personalidades ou ídolos. A posição em que está na fotografia também é um dado importante: se está no centro e à frente, é o líder do grupo; se está atrás ou dos lados, quanto maior a distância da pessoa ao centro, menor a ligação ou liderança. Confirme a ligação entre as pessoas das fotografias pela distância dos quadris, dos pés e de outras pistas que falamos anteriormente.

> **??? VOCÊ SABIA QUE...**
>
> Em qual parte da casa ficam as fotografias? Em todas as casas, as molduras que estão no centro e à frente são sempre importantes, mas as que estão no quarto são as mais significativas, especialmente as que estão nas mesas de cabeceira. O mesmo vale para os livros, pois são aqueles que temos mais vontade de ler.

O que está nas prateleiras? Quais tipos de livros, música, objetos, roupas e pôsteres? Os autores ou artistas que estão nas prateleiras revelam valores, gostos sobre temas ou orientações, e os que estão em zonas mais acessíveis são os preferidos.

Podemos ler a vida de uma pessoa da mesma forma como se lê a linguagem corporal dela: basta ter consciência do que devemos observar e como podemos interpretar. Tudo tem um significado, até as estações de rádio que a pessoa ouve no carro, qual nome escolheu para o e-mail pessoal ou a que horas a pessoa lhe envia mensagens. Um ou dois e-mails de madrugada não significam nada, mas, se recebê-los consistentemente tarde da noite, pode imaginar que está lidando com um tipo de pessoa que pode ter muito trabalho, ser viciada nele ou com fraca gestão de tempo. A fotografia que coloca no fundo da área de trabalho do computador revela o que mais valoriza ou ambiciona. A carteira, os sapatos, os equipamentos esportivos, animais de estimação, alimentos e bebidas consumidos no carro e material de leitura são um conjunto de pequenas pistas que revelam muito sobre o outro.

Não só como lidamos com os outros é importante, mas também com os objetos das pessoas, o que também é uma forma de perceber as relações. Um bom exemplo é a forma como trata a roupa do seu parceiro, parceira ou dos filhos. O cuidado que tem com as roupas, se cuida com carinho ou não, indica uma relação saudável e atenciosa. A outra possibilidade é a forma como interagimos com os objetos da sala. A disposição ou o tipo de objeto são indicadores precisos dos níveis de conforto e confiança que a pessoa quer.

Há que se compreender o que se espera encontrar quando vai a um local, pois existe um padrão predefinido para cada ambiente. Se você vai a um escritório de advocacia, deve encontrar livros de leis, processos, certificados, folhas amontoadas. Como definir um padrão? É só pensar no que é ou não normal para estar ali e o que deveria estar, mas não está. Se encontrar uma revista de motos em um escritório de advocacia, temos um indicador pessoal, mas, se não existem livros de leis ou de consulta, desconfie.

Para ser mais eficaz, podem-se fazer perguntas para si mesmo ou à pessoa sobre a localização dos objetos ou sobre os objetos de observação. Um exemplo: por que será que a pessoa tem uma cerveja no micro-ondas? Por que faz isso? Podem-se também fazer perguntas sobre quem está nas fotografias. Quem são? Qual é o grau de parentesco?

Às vezes, os objetos podem estar no espaço por razões não óbvias, como os que foram emprestados ou ganhos. Há que se compreender o controle que a pessoa tem sobre o ambiente, escritório, quarto, casa, website, assinatura de e-mail, compras, carro, adesivos. Se quer perceber como a pessoa quer ser vista, olhe para objetos que ela controla e identifique anomalias. Nas redes sociais, por exemplo, diz que adora arte, mas, quando você vê o escritório ou a casa dela, não há livros ou imagens de arte, ou obras de arte. Desconfie.

EXERCÍCIO

Agora olhe para o espaço em que se encontra, procure e identifique cada objeto e em qual categoria se encaixa:
- Pessoais;
- Emocionais;
- Históricos.

> Casa

Saber o que procurar e olhar intuitivamente dá a você poder de deduzir de modo simples e direto os significados das pistas espalhadas em uma casa. Pode começar olhando para as chaves, que indicam a idade da residência; o tipo de mobília indica se a pessoa é mais conservadora ou se gosta de inovação; se tem muitos espelhos em casa, é um sinal de vaidade; se o jardim está arrumado e o quintal desorganizado, significa que se importa com a opinião dos outros.

As pessoas que gostam de novidades, de mudança e de aventura, que são mais curiosas, aventureiras e sonhadoras, não gostam de rotinas e hábitos, mas sim do pensamento abstrato, têm mente aberta e criativa, são mais imaginativas e filosóficas. São aquelas que têm mais símbolos dos locais por onde viajaram por toda a casa, compartilham fotos de comida exótica nas redes sociais, gostam de diversos tipos de música e de vários tipos de livros, no restaurante não pedem sempre o mesmo prato, têm em casa vários tipos de livros, instrumentos musicais, revistas e música. A casa tem muitos elementos decorativos ou diferentes, objetos não usuais, padrões de cores variados e os objetos dispostos de modo diferente. É mais provável que tenham um barzinho em casa com bebidas alcoólicas. Não apostam na quantidade, mas sim na variedade, que é o mais importante.

As pessoas organizadas, meticulosas, que gostam de fazer listas, planos e horários, que são perfeccionistas, controladoras e rígidas, não gostam de improvisar, tendem a saber exatamente o que vai acontecer na vida, têm mais cuidado com a aparência e com a imagem, gostam de livros organizados por ordem alfabética, tópico ou cor, ambiente de trabalho arrumado, agenda detalhada e de muita luz e iluminação em casa. Valorizam mais a limpeza, são mais cuidadosas, organizadas e focadas no tempo, e existe maior tendência para terem relógios e calendários. Gostam de ter coleções de livros, revistas e música do mesmo tópico. Quanto maior a organização, maior a tranquilidade. Os espaços de convivência são organizados, limpos, minimalistas e bem iluminados.

Para confirmar a organização, observe a garagem, a despensa, a arrumação das gavetas ou recipientes para canetas do escritório, e um dos mais fáceis de ver é a maneira como organiza pastas e arquivos no computador. Esses locais são a prova real e definitiva.

Essas pessoas tendem a fazer coleções e a guardar mais coisas, mantêm símbolos de eventos importantes, bilhetes de eventos passados, bonecos de infância e xícaras compradas em férias. Se perceber que essa vontade é acima do normal, é o medo de perder, é a inveja. Esse comportamento de escassez deriva dos nossos antepassados, quando guardavam alimentos para o inverno. Comportamentos acumuladores indicam maior probabilidade para o narcisismo, a saber: se seu filho tem dificuldade em doar coisas aos outros com as quais já não brinca mais, assim como os adultos, que guardam todas as contas, cartas, recibos ou folhetos e dizem que um dia podem precisar deles.

Podemos decifrar pessoas extrovertidas, entusiastas, enérgicas, sociáveis e que não se importam em ser o centro das atenções pelo grau de desordem ou falta de organização. Nos escritórios, a mesa de trabalho tem mais decorações, doces, jogos, lembranças, símbolos e preferências porque querem tornar o espaço mais convidativo e mais confortável para as interações com grandes grupos. Gostam de enviar muitas mensagens curtas e com muitos emojis. Quanto mais emojis, maior a extroversão. O ato de se vestir de modo provocativo é um excelente sinal de extroversão, impulsividade e entusiasmo.

Pessoas que usam ou postam mais mensagens de autoajuda e frases inspiradoras no escritório ou em casa são as mais preocupadas com o futuro, estressadas, ansiosas, emocionais, que pensam muito. Se elas não têm nada com o que se preocupar ou dificuldades, acham que não estão fazendo o suficiente, e se sentem mal quando não há pressão no trabalho.

O quarto, por sua vez, por ser um refúgio, é o local no qual passa muito do seu tempo para dormir, descansar, amar, chorar, recuperar e sonhar. É no quarto em que compartilha momentos e pensamentos íntimos. Percebemos o quarto como um local muito pessoal e íntimo e somente acessível a pessoas da nossa confiança. É no quarto que colocamos o que é emocionalmente mais importante: fotografias, objetos, joias. Veja o exemplo de um padrão conhecido dos ladrões. Onde são guardados os objetos de valor no quarto? Se é na gaveta de roupas íntimas, então os seus pertences não estão seguros, porque é nesse local que eles procuram em primeiro lugar. Pensamos que, por essa gaveta só ter os pertences mais íntimos aos quais só nós temos acesso, o inconsciente percebe-o como um lugar seguro, o que é uma ilusão.

💡 DICA DO DECIFRADOR

Para confirmar se os casamentos são verdadeiros, os serviços de controle estrangeiro analisam o quarto em primeiro lugar. Se o casamento for falso, existirão indicadores de falta de ligação e intimidade. Qual é o tipo de cama: de

> solteiro ou de casal? A decoração e os objetos das mesas de cabeceira são diferentes? Existem porta-retratos ou quadros do casal? Havendo espaço no quarto, se a cama está encostada na parede, é incongruente, só os solteiros costumam fazer isso. A não existência de fotografias do casal no quarto é um alerta, porque colocamos as fotografias emocionalmente mais importantes para nós no quarto.

É importante reforçar que toda ação tem uma razão, e existem os mais variados comportamentos possíveis em uma casa. As pessoas que se preocupam com a pontualidade gostam de relógios e calendários, sendo assim mais pontuais e fazem uma melhor gestão do tempo. Quem não pendura os quadros preocupa-se bastante com a estética e tem vontade de organização, mas não consegue pelas mais variadas razões. O tipo de revistas que guarda revela o gosto ou hobbies: podem ser de notícias, culinária, liderança, negócios, viagens, eróticas, entre outras.

Procure imagens ou pôsteres que indiquem gostos, valores ou identidade, símbolos de identificação ou inteligência como logotipos de universidades ou certificados. Se houver mapas ou globos, revela que a pessoa tem vários interesses e mente aberta, exceto se for necessário para uma tarefa ou trabalho.

Como organiza a geladeira, se coloca símbolos, desenhos, lembretes na porta. A geladeira sempre muito cheia pode indicar medo de escassez ou que cresceu em um ambiente com pouca abundância.

No banheiro, pode olhar a limpeza, a organização e os medicamentos. Como não é uma área muito visível e é mais pessoal e íntima, as pessoas que não se preocupam tanto com a limpeza e organização tendem a não valorizar isso nessa parte. O banheiro é um indicador da verdadeira natureza organizacional e de limpeza da pessoa, assim como nos restaurantes: olhe a limpeza desse local para saber qual é o cuidado com o restante. Se a pessoa tem uma casa arrumada e o banheiro não corresponde à arrumação e à limpeza dos outros cômodos, acredite mais no banheiro.

Na hora de tomar banho, se gosta de uma ducha rápida, temos um perfil mais enérgico, perspicaz e carinhoso; se gosta de cantar, é criativo, sociável, confiante. Quem prefere banhos longos é mais calmo e reservado.

> Carro

Quem é meticuloso com a aparência normalmente também o é com o seu carro. Um carro com muitos riscos ou amassados revela um passado desleixado, assim como um interior sujo ou pequenas sujeiras nas frestas interiores indicam desleixo. A maior quantidade de pistas está nos compartimentos laterais das portas: olhe a sujeira, o tipo de objetos, os papéis e a organização.

O estilo do carro indica status, prioridades, o tipo de trabalho e a maneira como o condutor pensa ou sente. Se é um carro esportivo, é mais individualista, aventureiro e sedutor; se for um jipe, tem uma opinião forte, é protetor e mais teimoso. Ter um carro familiar revela necessidade ou foco na família, ao passo que os donos de carros grandes valorizam o status. É importante compreender a situação familiar da pessoa para entender suas prioridades: se ela tem família e anda de carro esportivo, a prioridade é muito focada na aparência e individualidade.

Pistas para conhecer os gostos e valores das pessoas: adesivos, símbolos, estação de rádio ou playlist.

Escritório

Se gosta de chegar cedo ao escritório, é mais ansioso e perfeccionista; se chega com frequência atrasado, tem dificuldade de gestão do tempo, por esse motivo as pessoas mais pontuais têm nos seus espaços maior presença de calendários, listas de tarefas e relógios.

Nas reuniões, quem entra primeiro é mais submisso, quem se senta por último está no comando.

A posição em que se senta em relação ao seu chefe ou ao dominante indica a ligação e importância que tem para ele: quanto mais perto, maior a importância e ligação.

O espaço que ocupa na cadeira nos diz o nível de confiança ou de desafio: se afasta os cotovelos do tronco, indica confiança; se os coloca na mesa, quer controlar ou desafiar a liderança.

Outro fato interessante é que as pessoas que decoram os seus escritórios normalmente apresentam níveis mais elevados de satisfação no trabalho, bem-estar psicológico e saúde física. São pessoas mais extrovertidas, mas essa pista funciona só para o local de trabalho, não para a casa. As pessoas extrovertidas gostam de estar acompanhadas, por isso enfeitam os seus locais para socializar mais com os colegas, deixam as portas abertas, usam símbolos de amizade, fotografias de amigos, prêmios, taças, valores materiais como relógios, canetas, símbolos de vitórias, gostam de espaços confortáveis com plantas, música ou rádio, podem ter balinhas ou doces na mesa. As introvertidas, em contrapartida, são menos entusiastas, fecham mais as portas, têm paredes frias e cadeiras menos confortáveis. Os criativos usam mais símbolos sobre arte, leitura e decoração ligada à música e ao teatro. Os extrovertidos gostam mais de mobília mais confortável e de design inovador.

Normalmente, as mulheres colocam mais material de decoração que os homens e usam diferentes itens. Se encontrar um escritório com plantas, símbolos de relações pessoais com amigos, família ou animais, é muito provável que seja o escritório de uma mulher. Escritórios de homens têm, por tendência, mais objetos de esporte e de suas conquistas.

Uma das áreas que geram mais atenção é a mesa de trabalho, e você precisa considerar duas situações: desarrumação por desarrumação ou desarrumação por falta de tempo. A mesa pode estar limpa porque a limparam ou porque nunca é utilizada. Um dos pontos que pode confirmar isso é olhar para o lixo e comparar com a mesa.

Escritório e mesa limpos, organizados, minimalistas e com poucas coisas têm tendência a ser de pessoas analíticas e ponderadas. No entanto, se a mesa tem aspecto ou objetos diferenciadores, como recipientes de canetas com mensagens motivacionais ou com canetas de muitas cores, temos pessoas mais emocionais, que não gostam de rotina e são mais criativas.

Pessoas que fazem muitas listas tendem a procrastinar e copiar comportamentos ou objetos de vizinhos ou colegas. Não é por mal. O objetivo é impressionar, querem ser percebidas como as melhores.

A presença de post-its indica vontade de organização. Confirme se estão perto ou longe do alcance, pois as pessoas que valorizam a organização têm post-its mais perto. Normalmente as pessoas que aspiram à organização arrumam quando o ambiente está caótico. Deixar a mesa desorganizada e não ter apelo pela organização nem post-its ou pastas de arquivo indica que são pessoas de análise vaga e improvisada. Tendem a fazer reuniões não preparadas, por intuição e com falta de dados. A organização do escritório ou da mesa tende a ser semelhante à da casa.

As pessoas que decoram ou personalizam a sua mesa tendem a ter maiores níveis de satisfação no trabalho e maior saúde mental. Uma mesa personalizada indica compromisso com a empresa, mais do que aqueles que não colocam nenhuma decoração, o que revela distanciamento emocional da empresa. Especialmente se forem objetos com colegas, família, amigos ou lembranças, no fundo os colaboradores acabam misturando a vida pessoal com a profissional, personalizando a mesa para minimizar a diferença. Quanto maior a diferença entre a decoração da mesa e da vida pessoal, menor o compromisso.

> Espaço social

Quando entramos em um local, costumamos preferir ficar em uma área específica, e essa preferência indica como cada um de nós é. Se gosta de ficar na entrada, perto da recepção ou na área de pendurar casacos, indica pouca confiança e introversão, dificuldade em lidar com outras pessoas. A parte preferida dos extrovertidos é a das bebidas e comidas, e os líderes costumam ocupar o centro da sala, ao contrário dos menos confiantes, que ocupam lugares perto das janelas, portas de saída ou, quando a insegurança é elevada, ficam perto do banheiro.

Andar em linha reta sem cumprimentar e olhar para as pessoas é um sinal de dificuldade de socialização. As pessoas que estão na parte das bebidas e comidas, com alguma bebida na mão, estão mais desesperadas para falar com alguém. Se quiser aumentar o poder de socialização, procure a zona da liderança, que é perto do anfitrião, e pontos bons, como sofás, cadeiras ou mesas.

Nos restaurantes, quem se senta de costas para a porta é o menos dominante, o mesmo acontece em reuniões. Normalmente, os agentes secretos ocupam sempre uma posição de frente para a porta e de costas para a parede, de modo que controlem o ambiente e fiquem mais protegidos. Quando entram no restaurante, procuram todas as saídas possíveis, porque, em caso de ameaça, a maior parte das pessoas vai sair por onde entrou, o que torna tudo mais desafiador, e há sempre mais uma saída. Nos cinemas ou em outros eventos, procure se sentar em lugares onde possa sair mais depressa.

Os extrovertidos preferem músicas com voz e os introvertidos, instrumentais. Em fotos, gostam de reunir os grupos, enquanto os introvertidos tendem a ir embora e os mais vaidosos tiram selfies.

No quesito gosto musical, é engraçado compreender as tendências comportamentais pela música que mais gostam de ouvir:

- Clássica, jazz, blues e folk – Quem gosta de refletir e de pensamento complexo;
- Punk rock, rap e hardcore – Quem é impulsivo, intenso e rebelde;
- Tradicional, popular, religiosa, músicas de filmes e pop – São os otimistas e convencionais;
- Hip hop, dança e techno – Pessoas com energia e ativas;
- Música reflexiva e complexa – Pessoas com habilidade verbal e foco na inteligência.

> Objetos

O modo como segura o copo em uma festa ou a xícara enquanto toma café ou chá pode revelar muito sobre si. Na hora de tomar um café ou chá, tem o hábito de levantar o mindinho? Isso mostra que é uma pessoa extravagante, líder natural e sabe o que quer e como obter, fala bem, pode ser arrogante e de ego elevado. Se pega na xícara com ambas as mãos, o foco está no "nós", gosta de comer, não ambiciona liderar, é trabalhador e tem tendência para dizer não. Outra opção é o pegar só pela alça, o que indica pessoas mais calmas e de cabeça fria, boas negociadoras e imparciais. Se segura na alça e com a outra mão, indica pessoas afetuosas, vulneráveis, cinestésicas, empáticas, protetoras. As que costumam pegar pelo fundo são atenciosas, lógicas, ponderadas, perfeccionistas e não querem errar, ao contrário daquelas que pegam na parte de cima da xícara, que gostam de aventura, são descontraídas e impulsivas.

Gesticulando muito com o copo, os faladores gostam de estar em grupo, falar sobre os outros e fazer comentários críticos. Quando vão contar um segredo, tendem a se inclinar sobre o copo. Não gostam de pessoas estranhas no grupo.

Quem segura o copo perto dos ombros são os divertidos. São mais sociáveis e gostam de rir com os amigos. Esse ato lhes dá mais liberdade de movimentos e costumam dar goles curtos para não perder nada da conversa. São o tipo de pessoa que está sempre feliz por conhecer e ampliar o seu círculo social.

Fazer contato visual enquanto bebem é próprio dos sedutores. Às vezes, podem mergulhar o dedo ou tocar na borda do copo para "provocar".

Os solitários seguram o copo com todo o cuidado e escondem a mão livre no bolso. São tímidos e submissos. Eles bebem pouco e costumam mexer a bebida com o palitinho, tarefa que nunca está completamente terminada, pois têm sempre um bocado de bebida no copo. Gostam de fazer novas amizades e de ser abordados de maneira delicada e com alguns elogios discretos.

Segurar o copo em frente da barriga é típico de quem é "frio". São naturalmente frios nas relações e estão sempre na defensiva. Seguram o copo ou a garrafa à frente da barriga para servir de barreira e, assim, impedir aproximações íntimas. Não gostam de ser abordados.

Os encantadores seguram copos compridos ou garrafas com a mão toda. É o tipo mais comum entre os homens. São altivos, confiantes e encantadores. Geralmente seguram copos compridos ou garrafas como representação sexual. Podem ser possessivos e lidam muito bem com as mulheres.

Apontar com o copo ou a garrafa é próprio dos intimidadores. Esse tipo é mais comum entre os homens. Usam o copo como se fosse uma arma simbólica. Seguram-no com firmeza e aproximam o copo do rosto ou do peito. São os que sabem tudo e podem ser hostis verbal ou não verbalmente quando contrariados.

> Anéis, brincos e relógios

O uso do anel em um dedo específico dá pistas sobre o que a pessoa mais valoriza, como ela quer ser percebida e qual é o tipo de comportamento padrão dela.

O anel mais comum, mantendo a tradição dos egípcios, é a aliança de compromisso ou casamento; é um sinal importante de ligação entre duas pessoas, no entanto, podemos ir mais longe ao decifrar a posição de outros anéis que não os de compromisso, em qual mão estão, em qual dedo estão colocados, sabendo que, quanto maior for o anel, maior é a necessidade de demonstrar o simbolismo associado. No entanto, o costume de usar anéis com proporções exageradas é uma forma de compensar a necessidade correspondente. Um exemplo comum é a vontade de ser percebida como alguém de status elevado ou com níveis de riqueza acima da média; nesse caso, as pessoas tendem a usar anéis com pedras enormes ou mais grossos. Outro exemplo interessante são os anéis de noivado com uma pedra enorme ou vistosos. Esse tipo de anel é valorizado por algumas pessoas porque tem o objetivo de informar a conquista de um parceiro alfa e com muitos recursos.

O comportamento exagerado na demonstração dos anéis revela insegurança, visto que a pessoa não se sente suficientemente reconhecida ou admirada.

Os anéis dão não apenas informações muito úteis, como também ajudam a perceber se o seu parceiro ou parceira está mesmo comprometido com você. A dica é a seguinte: como já deve ter reparado, no verão o local do dedo em que usa a aliança fica muito mais claro do que o restante do dedo. Isso acontece porque não está exposto ao sol. Se não está com essa área branca e está bronzeada ao tirar a aliança, é sinal de que anda sem aliança na rua. Quando isso acontece, não julgue de imediato, questione os motivos primeiro e desconfie. Outra pista é quando pessoas casadas tentam seduzir alguém e escondem o fato de serem comprometidas. Uma boa maneira de não ser enganado é olhar para a zona da palma da mão correspondente ao dedo da aliança; se encontrar ali um calo, provavelmente foi causado por uma aliança. É possível também a pessoa ter calos em toda a mão. Nesse caso, você pode analisar a área correspondente ao dedo anelar para verificar se está mais vincada ou saliente do que os outros calos.

As interações que existem com a aliança não transmitem somente sinais negativos, também existem sinais positivos, como o de tocar ou rodá-la com a mão em situações mais desafiadoras. Esse comportamento indica que a pessoa está precisando de apoio do seu parceiro ou parceira, mas atenção para não confundir o ato de rodar e tocar com o comportamento repetitivo de tirar e colocar a aliança do dedo, que pode indicar uma vontade de fugir do momento do relacionamento. Isso não quer dizer que queira se separar, pode significar apenas que está em um momento pautado por brigas ou outros motivos e existe um desconforto de estar comprometido naquele instante.

O tipo de anel é importante pelo seu tamanho e forma, o que indica a intensidade do comportamento: quanto maior é o anel, maior a necessidade e vontade; no entanto, o dedo em que é colocado dá o significado de como a pessoa interpreta e age perante as relações.

Podemos usar anéis em todos os dedos, no entanto vai sempre haver um dedo preferencial, e isso nos dá pistas bem interessantes.

No polegar revela uma tendência para opiniões fortes, que são defendidas com mais intensidade. Tendem a ser mais cuidadoras, independentes e, geralmente, gostam de traçar o próprio caminho. Não seguem modas. São rápidas para defender a sua individualidade e a invasão do espaço pessoal. Muita força de vontade.

No dedo indicador é sinal de autoridade e desafio. Pessoas com tendência a serem mais dominantes, autoritárias e frontais. Gostam de mandar e fazer as coisas à sua maneira. Pode ser usado como símbolo tribal, para demonstrar poder, reconhecimento ou pertencimento a um grupo ou classe. Têm boa autoestima e são ambiciosas por poder e dinheiro.

No dedo médio, tendência a valorizarem a liberdade. São despreocupadas com a opinião dos outros e divertidas. Arriscam mais e não gostam de pensar nas consequências. Se for usado por homens, o objetivo é demonstrar virilidade. Sentido de justiça e defensor de causas.

No dedo anelar, tendência a serem pessoas mais emocionais e que valorizam as conexões interpessoais. São mais vaidosas e acreditam no seu poder de sedução, especialmente se o usarem na mão direita.

No dedo mindinho, tendência a serem mais pensativas, introvertidas, passionais e explosivas. Vontade de se autoafirmarem. Intuitivas, artísticas e criativas.

Em todos os dedos, tendência a serem pessoas mais confusas e com maior necessidade de atenção.

Os acessórios ajudam a criar uma percepção de como as pessoas normalmente agem, como querem ser percebidas e o que valorizam. Esse comportamento de exibir o que temos por meio de acessórios deriva de uma necessidade com o objetivo inconsciente de demonstrar poder, segurança e status, e que é transmitido de geração em geração.

Tendo em vista que a orelha é considerada uma extensão utilizada para acentuar a beleza feminina, usar brincos tem o objetivo de otimizar essa beleza. É interessante observar que as mulheres que usam brincos menores tendem a ser pragmáticas e focadas no mundo corporativo e empresarial. Demonstram confiança, charme e orgulho na sua aparência. Normalmente usados por mulheres em posições de poder ou que o ambicionam.

Os brincos grandes têm como objetivo aumentar a beleza feminina, porque quem os usa normalmente é mais vaidosa ou focada na aparência, é mais romântica. Quando usados de modo esporádico, tenha em mente em qual tipo de evento são usados. Se utilizados em festas ou saídas sociais, é importante demonstrar a sensualidade e vivacidade, reforçando a sedução. Se usados em ambientes profissionais, existe foco maior em receber elogio.

Se são adornados com joias, além de aparência e charme, também têm como objetivo evidenciar o status financeiro: quanto maior forem, maior a necessidade de ser percebida como sensual.

Os piercings são usados quando a pessoa está confortável com quem é, com seus ideais, causas e tem necessidade de mostrar isso ao mundo. Os motivos podem ser muitos e dependem do local em que estão. Podem representar charme, quem desafia o status, rebeldia, revolta. O piercing na língua, por exemplo, mostra as pessoas mais excitadas e atrevidas. Se for homem, tendência a ser mais amoroso.

O relógio é considerado um símbolo de status, a depender do tipo, do tamanho, das cores e da pulseira. Um relógio maior revela virilidade e poder no caso dos homens. No das mulheres, indica controle, independência e competitividade. O tipo de relógio nos dá pistas sobre o que a pessoa valoriza. Se for um smartwatch, valoriza a tecnologia e a inovação; se esportivo, tal como o próprio nome indica, aprecia as atividades esportivas; se de marca conhecida ou clássico, o status e o poder. Existem muitos tipos de relógio, e para decifrar a utilização é preciso usar o senso comum. Não usar relógio mostra alguém que não gosta de ser controlado e desafia as regras.

Existem alguns comportamentos de interação com o relógio que podem nos dar pistas importantes: data e hora erradas revelam falta de organização e déficit em gestão do tempo; se olha para o relógio e toca nele, indica tensão; mas, se olha sem tocar e com muita frequência, é sinal de estar com vontade de ir embora ou de fugir.

Quanto à pulseira do relógio: se for de couro, indica que a pessoa é conservadora ou analítica, valoriza as tradições e o passado. Se é de metal, valoriza mais a inovação e o foco no futuro; e, por fim, se tem uma mistura de cores, como amarelo, laranja, verde e branco, indica pessoa emocional. Vermelho revela poder e controle; cinza, pessoa mais pragmática e menos emocional; preto, status hierárquico; e dourado, reconhecimento social e financeiro e que valoriza os bens materiais.

POR QUE DAMOS PRESENTES?

Os presentes dizem mais sobre quem os oferece do que propriamente sobre as pessoas que os recebem, tanto que, muitas vezes, até existe uma luta inconsciente de quem dá o melhor.

Por que a realeza e os chefes tribais exibem muitos acessórios? Por que existem pais que mimam os filhos com excesso de presentes? Quem nunca ficou triste na época de Natal porque não gostou do seu presente? Quando recebeu aquele par de meias de que não gostou? A questão não está somente no ato de oferecer um presente, mas sim no tipo de presente que oferece. A maior parte desses comportamentos de exibir e dar acessórios deriva da necessidade de ser percebido como o melhor parceiro e melhor opção de status social.

Normalmente, em qual fase da vida amorosa são oferecidos mais presentes? Na fase da sedução. Esse comportamento de dar presentes tem origem no comportamento pré-histórico. Tal como acontecia nesse período, o melhor parceiro era o melhor caçador, porque trazia sempre as melhores e maiores peças de caça ou ostentava como acessórios partes das suas presas, como dentes, ossos, peles ou penas. Nos dias de hoje, esse comportamento foi substituído pela oferta de presentes ou o uso de acessórios. Quem dá os melhores presentes ou usa os melhores e maiores acessórios é percebido como liderança, indica possuir mais recursos, habilidades e status, o que dá a garantia evolucional de mais facilidade para a sobrevivência do casal e das crias e, por consequência, a continuidade da espécie.

Se a pessoa tende a oferecer muitos presentes ou de valores fora do contexto, esses comportamentos revelam uma fragilidade na perspectiva de falta de admiração ou de poder. Se a pessoa usa muitos acessórios ou de tamanho exagerado, tem um significado semelhante ao de fragilidade ou compensação, qual seja de virilidade, status, charme e beleza.

> Bolsas e carteiras

As carteiras são um símbolo ao qual associamos a vertente financeira, e a sua escolha não é aleatória. Podem ser grandes, pequenas, cheias, gastas, de várias cores e muitas outras variáveis. As carteiras grandes e retangulares são normalmente usadas por homens de negócios tendencialmente mais maduros, tanto na vida profissional como na pessoal.

Alguns homens tendem a colocar muitas coisas na carteira para que fique com mais volume e pareça que o poder financeiro é maior, o que é simplesmente uma percepção, uma incongruência, visto que as pessoas com mais poder financeiro normalmente usam carteiras pequenas e finas. Esse comportamento indica a intenção de querer ser percebido como rico, no entanto funciona como compensação. Uma boa forma de observar se realmente é uma compensação pela falta de poder financeiro é por meio dos cantos da carteira: se estão desgastados ou rasgados, existe maior probabilidade de recursos financeiros mais escassos. Quanto mais gastos os cantos, maior o uso ou menos dinheiro, e também é possível observar isso nas bolsas femininas.

O que a pessoa coloca dentro da carteira dá muitas pistas sobre a sua situação financeira e familiar. Comecemos analisando a quantidade de cartões de crédito e de débito que a pessoa carrega na carteira, que é uma forma interessante de compreender os desafios financeiros ou a gestão financeira da pessoa. Quanto maior o número de cartões de crédito ou de débito, maior a probabilidade de desafios financeiros, de estar no vermelho ou ter uma gestão financeira menos organizada.

Fotos de familiares é indicador de quem é importante na vida do dono do objeto, e, quando se trata de uma mulher, significa que ela é muito apegada a esse núcleo. Já os homens que carregam fotos da família mostram que têm tendência a passar mais tempo fora do seio familiar.

As cores das carteiras indicam se a pessoa é mais emocional ou pragmática. Quanto mais cores, mais emocional; quanto menos cores, mais pragmática e focada no profissional.

Quando olhamos para uma bolsa ou para uma carteira feminina, temos que ter em conta diversos fatores: o tamanho, a proximidade ou onde a coloca, o estilo e design, a textura, a tendência e o conteúdo.

Tamanho
Quando grande, pode ser de uma mãe ou cuidadora, e o propósito é ter mais espaço para guardar coisas dentro dela. É possível confirmar isso pelos sapatos confortáveis, pela roupa amassada, bolsa com muitos bolsos e objetos como lápis de cor, lenços umedecidos e brinquedos, em seu interior. Se está vazia e não há crianças visíveis, pode ter sido esvaziada para reduzir o peso. Uma bolsa grande revela extroversão e vontade de ligação social. Se é grande e está cheia de coisas, revela pessoa que gosta de rotina e de antecipar possíveis situações em que vá precisar de objetos que estão ali dentro.

Proximidade
O local em que carrega a bolsa é um indicador do nível de segurança que sente nesse momento. Quanto mais perto está do corpo, mais insegura a pessoa está ou não confia no ambiente ou nas pessoas que ali se encontram. Se ela segura a bolsa constantemente agarrada ao corpo, mesmo em ambientes seguros, tende a ser falsa.

Quanto mais longe está a bolsa da pessoa, mais relaxada ela está. O espaço entre a bolsa e a pessoa indica tranquilidade e que disponibiliza espaço para que outras pessoas entrem em sua vida. Se, quando está com o parceiro, coloca a bolsa perto do corpo, é porque não se sente confortável com ele, nem em segurança. Quanto mais longe coloca a bolsa, melhor o relacionamento e mais confortável e segura se sente. Entregá-la a alguém indica confiança na pessoa.

Apertar a bolsa com o braço superior e o tronco indica ansiedade, tensão e dúvida, já que, quanto mais próximo está o braço do tronco, maiores os sentimentos de insegurança.

As mulheres que deixam a bolsa na mesa sem ninguém vigiando indicam que tiveram um pai ou uma irmã protetora.

Estilo e design

O estilo da bolsa mostra como a mulher quer ser percebida pelos outros, e não como ela é, tanto que pode ter uma bolsa fantástica e uma casa desarrumada.

Bolsas chamativas e de cores vivas comunicam pessoas simpáticas, aventureiras, extrovertidas e que adoram conversar. Se for de marca famosa, indica que essa mulher valoriza o status social e a classe econômica, além de mostrar alguém que tende a valorizar as pessoas também pelas marcas, analisando status e perfil econômico. Ambos os comportamentos, de usar bolsas com cores vivas ou de marca, revelam procura de atenção. Todos estamos programados para procurar a atenção do outro, no entanto existem pessoas que têm os níveis mais elevados nesse quesito. Isso não é ruim, apenas demonstra um comportamento mais carente, que precisa de mais compreensão e atenção enquanto falam.

As pessoas com bolsas mais discretas e práticas, feitas de materiais naturais, sem marca, que andam com o telefone na mão, com pouca maquiagem e com os produtos femininos necessários, gostam de estar com pessoas autênticas, mas não gostam de conversar com estranhos, gostam de anotar coisas e de começar projetos. Adoram ajudar os outros e tendem a gostar de animais.

Para as clutches, usadas mais para festas, aplicam-se as mesmas regras de design em relação a brilho, cor ou marcas. Sem alça, indica personalidade mais confiável.

Bolsas discretas de acordo com o perfil, sem serem em cores vivas, revelam que a pessoa não precisa de acessórios para ter atenção, o que indica uma boa autoestima. Ela pode não andar sempre com esse tipo de bolsa, mas podemos assumir que está focada na carreira e na seriedade.

Desgaste da bolsa

O desgaste da alça a deixa sem cor pelo uso e pelo tempo. Passar cremes nas mãos também gera mais dano. Um desgaste elevado da bolsa e das alças pode indicar dificuldades financeiras. Se a bolsa é bem cuidada, indica que a pessoa trata bem não só as suas coisas como também as pessoas com quem interage. Na realidade, a forma como fazemos as pequenas coisas é aquela que realizamos as grandes coisas. Ao olhar para muitas das ações da pessoa nas várias vertentes da vida, acaba-se percebendo e compreendendo o cenário completo.

Zíper, abertura

Não fechar a bolsa completamente indica menos responsabilidade. Se a pessoa fecha a bolsa até o fim, temos responsabilidade e tranquilidade. Quando abre pouco a bolsa como se quisesse esconder o conteúdo, temos timidez ou introversão.

> **DICA DO DECIFRADOR**
>
> Observar a quantidade de vincos da roupa na área do ombro dá pistas sobre o tempo que a pessoa andou com a bolsa ou que normalmente caminha ou usa o transporte público.

Conteúdo

O conteúdo de uma bolsa revela muito sobre a pessoa. Uma mãe ou cuidadora costuma ter tudo o que possa precisar: cremes, curativos, comida, caneta, caderno e muito mais. Ela gosta de cuidar das pessoas e ser apreciada por isso. A acumuladora tem muitas pistas residuais e coisas curiosas, como cartão de negócios de cinco anos atrás, dados de jogos, canetas de eventos, cartões de Natal, pacotes vazios de açúcar dos cafés e papéis soltos. Gosta de manter as coisas porque nunca sabe se um dia vai precisar delas. Gosta de sentir que está preparada para tudo. Pessoa econômica, supersticiosa e que tem medo da escassez. A trabalhadora anda com a bolsa de trabalho. Além de ter o computador, o tablet, o caderno e a caneta, ainda pode ter adesivos, canetas com símbolos de empresas ou marcas, medicamentos e recibos. A desorganizada pode ser confundida com a acumuladora, pois é possível também encontrar coisas antigas, quebradas ou estragadas. Valoriza mais a diversão do que a organização, e a casa provavelmente vai estar de acordo com a bolsa.

> Celular

Nos dias de hoje existem objetos que já são uma extensão do nosso corpo, principalmente os celulares. Se estiver em uma conversa, por exemplo, e falar sobre um assunto que faça o outro afastar o celular, temos um indicativo de interesse e de que o assunto é importante. Quanto mais perto a pessoa estiver dos seus pertences, menos disposta está para conversar ou ainda não confia em você. Quando nos sentimos atraídos por alguém, tendemos a nos afastar dos nossos pertences, ou seja, se virar a tela do celular para baixo, saiba que a pessoa não quer ser distraída ou está focada na conversa. Pode também indicar privacidade ou estar escondendo algo de modo subconsciente. Esse sinal deve ser interpretado de acordo com outras pistas, como o ato de fechar a bolsa quando se aproxima de alguém ou trazer o celular para perto. Todos esses pequenos detalhes dão informações úteis de que a pessoa ainda não confia ou está escondendo algo. Um modo de perceber se o outro quer interagir é colocando um obstáculo na mesa entre vocês e aguardando para verificar se a pessoa vai pegar ou desviar depois de algum tempo. Se fizer, é porque quer conversar e interagir.

Podemos ler o que o outro mais valoriza no mundo com base na maneira como lida com o celular e com outros objetos. Em relação ao celular, repare na capinha: o objetivo é proteção ou admiração? É intuitivo olhar para o tipo de capinha e perceber se a pessoa usa mais para proteção, revelando mais cuidado, ponderação e análise, ou se usa para chamar a atenção, seja pelo design, seja pelas cores mais chamativas. Nesse caso, revela uma pessoa mais emocional, extrovertida, impulsiva ou vaidosa. Saber as cores dominantes é importante porque a escolha diz muito sobre nós. O estado de conservação do celular e dos acessórios mostra como a pessoa lida com a vida, com as relações e com o dinheiro: quanto mais estragados e descuidados estão os objetos, pior será a forma como lida com as situações na vida em geral, demonstrando falta de interesse ou de empenho para que as coisas funcionem.

A foto de fundo de tela, que pode ser de um familiar, de um local, de um símbolo, de ídolos ou de si mesmo, indica o que a pessoa mais valoriza ou quer ser ou ter.

Lembre-se de que tudo são pistas, basta estar atento e saber o que observar. Temos que decifrar a ligação entre o eu, a pessoa e o ambiente.

> Sapatos

As pessoas podem disfarçar o que são na roupa, no cabelo, mas não nos sapatos, porque sentem que é a zona menos importante para impressionar os outros.

Quando olhar para isso, não veja apenas um par de sapatos, mas sim a marca (Gucci, Prada ou Louboutin, por exemplo) para observar o status financeiro.

Observe o estado dos sapatos e dos cadarços. Sapatos amassados na parte de trás, com desgaste, limpeza ruim, cor desgastada ou cadarços dos tênis sujos, estragados ou mal-apertados revelam falta de cuidado ou situação financeira desafiadora. O desgaste das solas dá pistas interessantes: se for na zona do calcanhar, indica que dirige durante bastante tempo.

Não fique olhando muito tempo para os sapatos, porque é um comportamento de pessoas tímidas, que têm por hábito olhar para baixo e evitar o contato visual.

Gostaria de dar uma pista que pode ser do seu interesse: o sapato pendurado. Vamos imaginar que você está tentando seduzir alguém e percebe que o pé dessa pessoa está balançando o sapato semicalçado. Temos aqui um sinal de excitação, brincadeira ou sedução. Normalmente, é um gesto feito por mulheres, pois expor o salto só é feito quando se sentem muito confortáveis e demonstram alto interesse. É um movimento que chama a atenção. E, se os pés estiverem próximos dos seus enquanto estiver balançando o sapato, melhor ainda! Isso significa que ela está muito confortável. Tirar sapatos é conforto, segurança e confiança.

Às vezes, reconhecemos que o melhor indicador de sucesso financeiro é quando vemos um bom carro com alguém, e não poderíamos estar mais errados. O melhor indicador de sucesso financeiro não é o carro, mas sim a casa ou o bairro em que mora. O mesmo acontece com as roupas. Roupas não indicam sucesso financeiro, os sapatos, sim.

Em entrevistas de trabalho, é muito curioso observar que as pessoas investem em roupas novas, mas poucas vezes investem nos sapatos, que são muito mais fidedignos.

Essa observação é feita até mesmo por algumas lojas de luxo: quando o cliente entra na loja, a primeira coisa que o lojista repara é nos sapatos, para ter uma percepção mais clara do tipo de comprador que é. Observar a marca e o estado do sapato é a forma mais confiável de verificar a sua condição financeira.

Quer parecer bem-sucedido?
Antes de se vestir bem, opte por calçar sapatos melhores.

Normalmente as mulheres gastam mais que os homens em sapatos porque têm maior consciência do poder e da importância deles, mesmo que a maior parte dessas escolhas seja inconsciente. Como a maioria dos itens de moda e de beleza, os sapatos que calça podem dizer muito sobre quem é como pessoa e mais ainda sobre o seu humor diário.

> **??? VOCÊ SABIA QUE...**
> A primeira mulher a usar salto alto foi Catarina de Médici, esposa do rei Henrique II, no entanto a moda do salto alto proliferou com Luís XIV, que registrou o uso do salto vermelho e quadrado. O vermelho representa poder e nobreza e o uso de salto alto era exclusivo dessa classe social. Andar de salto alto faz com que, de modo subliminar, você demonstre poder e sensualidade.

Os sapatos com salto têm como objetivo torná-la mais alta e atrair maior atenção. Isso acontece porque as pessoas mais altas são vistas como líderes, honestas e competentes.

Se existe uma palavra para resumir a pessoa que anda de salto alto, esta é confiança, no entanto os diferentes tipos de saltos podem comunicar coisas diferentes sobre a personalidade da pessoa.

Sapatos com muitas cores ou então com uma cor mais viva revelam uma personalidade extrovertida e social. Se forem dourados, é uma pessoa que valoriza o status e os bens materiais.

Salto grosso. Gosta de controlar e de lutar por um cargo de liderança. É forte e competitiva, o que pode transmitir uma imagem bastante intimidadora. Tem boa autoestima e não se importa de ser o centro das atenções.

Plataforma. Aqui o foco não é tanto a aparência, mas o status. Mulher decidida e segura de si. Tende a transmitir confiança e as pessoas se sentem confortáveis perto dela, pois sabem que é confiável e responsável.

Salto fino. Mulher que leva o trabalho muito a sério, no entanto é uma pessoa que gosta de se divertir. Profissionalmente, é extremamente trabalhadora, com objetivos definidos e competitiva.

Salto baixo. Mulher mais introvertida, tímida, conservadora. Prefere um grupo de amigos mais restrito e valoriza a confiança.

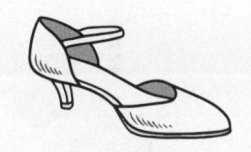

Bota baixa. Pessoa descontraída, menos preocupada, confiante, reservada, aventureira, gosta de fazer as coisas sozinha e de se arriscar. A característica mais evidente é ser uma mulher de opiniões muito fortes.

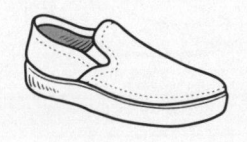

Tênis. Pessoa sociável, esportiva, confiante, orientada para objetivos e organizada. A característica mais evidente é a liberdade, gosta de organizar as coisas e quer orientar tudo. Valoriza o conforto.

Sapatilha. Pessoa doce e feminina, gosta de coisas fofas e de animais. Valoriza o bem-estar, a liberdade e a felicidade, gosta de rir e adora compartilhar a sua opinião e ser acariciada.

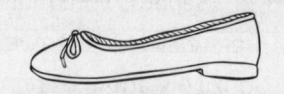

Sapato raso. Sensualidade mais suave, pessoa mais despreocupada e social. Tende a ser menos emocional, mais dura e resistente.

O homem geralmente percebe os sapatos como algo mais durável do que qualquer outra peça de roupa, de modo que é uma compra que requer mais análise, o que o faz ponderar mais, mas acaba por cair na armadilha das decisões inconscientes, escolhendo sapatos de acordo com a sua essência. Temos que ter sempre em mente o contexto, devido a uma obrigatoriedade social em usar um determinado tipo de sapatos. Por exemplo: trabalhar em uma empresa mais formal implica usar sapatos mais formais. Nesse caso, podemos perceber, pelo modo como cuida dos seus sapatos, a forma como a pessoa faz a gestão da sua vida profissional. Agora, se não usa sapatos formais, é sinal claro de desafio ao *status quo* e que não gosta de ser controlado ou de seguir regras.

Sapato clássico. Revela uma pessoa vaidosa, que gosta de regras, é excêntrica e diferente, estratégica e provavelmente intelectual, valoriza a formalidade e o status.

Sapato e cinto com marcas evidentes. Mais focado na aparência, no status e preocupado em agradar o outro. O ato de exibir as marcas de forma evidente é um sinal de insegurança resultante de uma compensação por baixa autoestima ou necessidade de valorização.

Tênis. Valoriza a liberdade de pensamento e a juventude, não gosta de regras e quer demonstrar jovialidade, sendo esta uma característica importante. Habilidoso socialmente.

Chinelo. Despreocupado, não gosta de regras, descontraído, não valoriza muito a opinião dos outros e tem tendência para a preguiça.

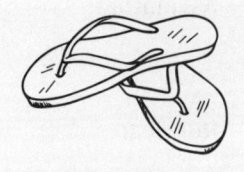

Bota de montanha. Gosta de ser dominante, demonstrar força e virilidade.

Resumindo, as pessoas extrovertidas preferem calçados mais chamativos ou coloridos. Sapatos mais caros indicam bom status financeiro, usar botas é sinal de assertividade ou agressividade, usar sapatos confortáveis mostra que é uma pessoa calma, e os que usam sapatos mais básicos são mais frios, reservados e têm maior dificuldade em socializar.

> Assinaturas

> "A assinatura é a bibliografia abreviada
> de uma pessoa."
>
> – Pulver

Você sabia que escrever à mão faz com que nosso cérebro retenha mais informações do que quando anotamos no computador, no celular ou no tablet? Essa tarefa ativa mais o seu cérebro, porque torna o processo mais lento e faz com que tenha mais energia para o processo cognitivo e o cérebro se esforce para entender a informação, logo consegue se lembrar de mais detalhes e compreender melhor. Prestar atenção ao celular – e às notificações – enquanto estuda atrasa em 40% o seu raciocínio e memória.

Antes de continuarmos em nossa jornada, peço que você faça, nos espaços a seguir, a sua assinatura e rubrica. É importante que faça isso agora para descobrir ainda mais sobre você.

Assinatura:

Rubrica:

A maior parte das crianças aprende a escrever da mesma forma, com as mesmas regras que todos os professores e cuidadores compartilham na primeira fase escolar; no entanto, em uma determinada altura da vida, muitas pessoas começam a quebrar essas regras e transformar a própria caligrafia. Por quê? Por que será que existe essa necessidade? Será que é algo aleatório?

Não. Essas mudanças de letra são uma das formas que a essência encontra para revelar o seu eu mais verdadeiro, mais profundo, o que valoriza, como interage com o mundo, o que quer satisfazer, como quer ser percebido, como se sente em relação às outras pessoas, e por esse motivo a forma como escrevemos vai se alterando ao longo da nossa vida, paralelamente a nossas experiências, educação, idade e gostos.

Não é apenas o formato da letra que revela a sua essência ou os traços do seu perfil, mas também o tamanho dela, o espaço entre as palavras, a inclinação, os "cortes", os pontos, onde começa a escrever, o tipo de pronomes que utiliza ou a ausência deles, os tempos verbais etc. Todos os detalhes nos dão pistas. Devido à enorme complexidade da análise de um texto inteiro escrito à mão e de eles existirem cada vez menos, prefiro olhar para uma pista que ainda está presente e é feita de forma manual: a assinatura ou rubrica. Ao analisar a assinatura, podem-se descobrir os traços mais característicos da personalidade.

Enquanto um texto revela como queremos ser percebidos, a assinatura revela a nossa essência. Quanto mais complicada é a assinatura ou rubrica, mais desafiadora será a forma de pensar da pessoa. As mais simples indicam pessoas que valorizam a simplicidade e a espontaneidade.

Quando não existe um local obrigatório para assinar, o local escolhido para fazer isso também é importante. Pessoas mais prudentes, tímidas ou introvertidas assinam do lado esquerdo da folha; pessoas ponderadas e reflexivas assinam no centro; e as ansiosas, precipitadas, impulsivas e competitivas assinam à direita.

O tamanho indica a vontade e a necessidade de valorização e de exposição e o desejo de socializar com outras pessoas. Quanto maior é a letra, maior a vontade de socializar e a extroversão. Essas pessoas têm tendência a serem vistas como arrogantes. No caso de a letra ser pequena, é uma vontade de não ser percebido pelos outros e de que não se sente tão à vontade quando conhece pessoas novas, por ser uma pessoa reservada, cautelosa ou com excesso de modéstia. O tamanho da letra não reflete a autoconfiança, tanto que, se for exagerado, pode indicar exatamente o contrário: falta de reconhecimento. Pode acontecer também de apresentar uma letra com tamanho instável, o que sugere uma pessoa agitada e com facilidade para se irritar.

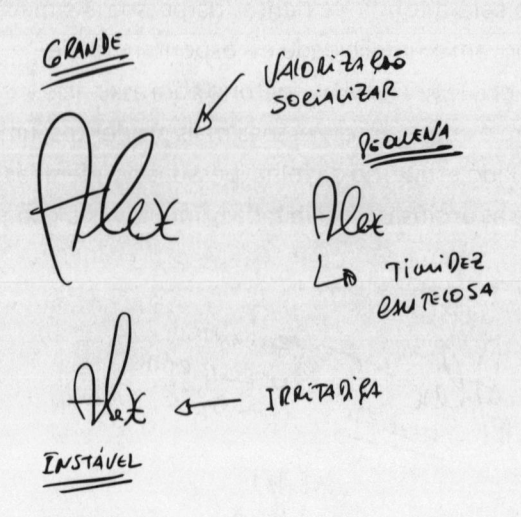

Uma boa pista e um ótimo indicador para confirmar a autoconfiança, a ambição e o otimismo é através da letra T ou, em particular, o traço horizontal dessa letra. Quanto mais alto o traço estiver, maior o sentimento de autoconfiança. Se esse mesmo traço estiver acima do traço vertical do T, temos uma pessoa ambiciosa. Pode-se também olhar para a orientação do traço horizontal: quando é ascendente, revela otimismo; se é descendente, revela uma pessoa mais pessimista ou cansada.

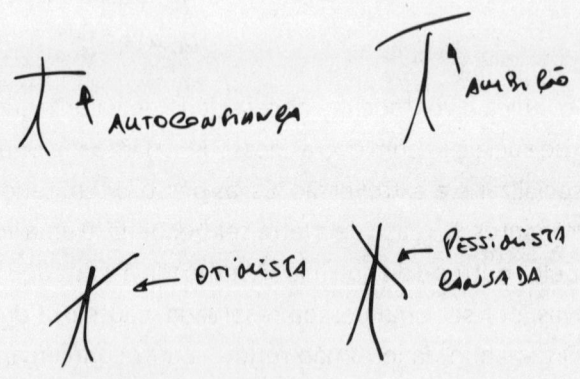

Os seus nomes estão próximos ou afastados uns dos outros? As letras estão mais próximas ou parecem afastadas?

Quanto mais afastadas estão as palavras ou os nomes, maior a tendência de a pessoa ser desconfiada e pessimista; se, pelo contrário, a pessoa escreve as palavras mais próximas, temos espontaneidade e franqueza. Em relação à proximidade das letras, quanto mais próximas, maior o nível de racionalidade, lógica, habilidade com números ou dados; se estão afastadas, indica criatividade, intuição, introversão ou timidez.

Temos várias formas de perceber a ligação das letras além da proximidade. Se estão muito afastadas, temos insegurança ou medo. Podemos ver algumas pessoas escrevendo com letras tão juntas que parecem pequenos blocos ou grupos. Nesse caso, a escrita revela pessoas que pensam muito sobre os acontecimentos, com tendência a analisar muito as situações, tudo porque gostam de controle e organização, o que gera, muitas vezes, sentimento de insegurança.

Nos meus cursos, adoro começar com um exercício pedindo que cada participante escreva um pequeno texto em uma folha sem linhas e assine no fim, para que cada um analise a própria letra. Qual é o objetivo? Primeiro, compreender quem veio preparado para tomar notas e tem uma confiança enorme na sua memória, isso porque retemos em média 7% daquilo que ouvimos. Segundo, como comentei, é aprimorar a capacidade de aprendizagem, porque a zona do corpo que mais tem ligações nervosas com o cérebro são os membros superiores e, quando escrevemos à mão, ativamos mais zonas do cérebro, logo aprendemos e retemos melhor a informação porque memorizamos com mais eficiência. E, por fim, é importante compreender que, para tudo o que fazemos, existem sempre pistas do que somos e como queremos ser percebidos pelos outros.

E por qual motivo peço para fazerem essa tarefa em uma folha sem linhas?

Quando escrevemos assim, o esperado seria escrever de modo alinhado na horizontal e sem inclinação ascendente ou descendente. Mas é possível que a escrita suba ou desça na folha, e isso acontece porque se deixa de ter o apoio das linhas e o inconsciente assume o comando da orientação das frases.

As pessoas mais organizadas, maduras, disciplinadas, equilibradas e metódicas conseguem manter esse alinhamento como se ainda estivessem escrevendo em linhas. As pessoas mais otimistas, ambiciosas e emocionais tendem a escrever na direção ascendente, enquanto as pessoas mais pessimistas, insatisfeitas, estressadas ou cansadas tendem a escrever na direção descendente. Também é possível utilizar a inclinação da assinatura ou rubrica para decifrar essas pistas.

ADORO DECIFRAR PESSOAS

ADORO DECIFRAR PESSOAS

ADORO DECIFRAR PESSOAS

A inclinação das frases, da assinatura ou da rubrica é um ótimo indicador do estado de espírito atual, mas também nos dá informações interessantes sobre a maior valorização do passado, presente ou futuro. Se é mais analítico ou emocional. É mais fácil observar essa pista nas letras B, D, F, H, L, P e T.

EXERCÍCIO

Experimente agora dizer "ontem", faça o gesto com a mão e escolha o movimento para a direita ou para a esquerda. Para que lado foi a sua mão, direita ou esquerda? Acredito que fez o movimento para a sua esquerda. A maioria das pessoas, quando se refere ao passado, associa o lado esquerdo, e, quando se refere ao futuro, associa o lado direito. Com a inclinação das letras acontece o mesmo.

Uso muitas vezes essa técnica de relacionar os movimentos das mãos com o passado e o futuro com minhas filhas, principalmente no que se refere aos trabalhos de casa ou outras tarefas. Quando chegava em casa, perguntava a elas se já tinham feito os deveres. Era extraordinário observar o movimento da mão quando uma me dizia que já tinha feito as tarefas, enquanto a sua mão se movimentava para a direita. Peguei ela no flagra! A mão dela deveria ter ido para a esquerda, e não para a direita, porque a direita revela futuro. O que o inconsciente dela estava dizendo era que ainda iria fazer. Não deve ser fácil ser minha filha.

Outro fator que influencia a análise é a tendência dominante de um dos hemisférios do cérebro sobre os nossos movimentos. O hemisfério esquerdo é o responsável pela razão, cálculo e organização, e o hemisfério direito, pela intuição, criatividade e emoção.

Ser pessoas è bom
ler pessoas é bom
ler pessoas é bom

Voltando ao tema das letras e analisando isso mediante as técnicas anteriores, sabemos que, quando a letra parece perpendicular às linhas, é sinal de equilíbrio, educação e disciplina. Se a letra é inclinada para a esquerda, tal como o movimento da sua mão, a pessoa tende a focar mais o passado, é mais conservadora e mais analítica; se a letra inclina para a direita, ela é mais criativa, inovadora, sociável e emocional.

Como já comentei, costumo perguntar, em tom de brincadeira, quem gosta de sapatos de bico fino para descobrir quem tem comportamentos ruins, mas outro excelente indicador para descobrir isso é ter uma letra pontiaguda.

As pessoas nas quais predomina o pensamento racional em relação à emoção tendem a ser mais impulsivas e explosivas e gostam de fazer formas pontiagudas ou gestos retilíneos e de corte. A letra não foge dessa regra também. Se a sua assinatura ou rubrica é mais curvada ou arredondada, revela uma pessoa diplomática, agradável, calma, afetuosa e simpática; se a assinatura é com letra mais angular e pontiaguda, revela uma pessoa mais explosiva e impulsiva, que valoriza a disciplina e a ordem.

Se as letras são deformadas e inconstantes, revela rebeldia e uma pessoa emocionalmente fria. Se faz muitas arcadas, é mais reservada e procura esconder as emoções. Se gosta de escrever com letras de forma ou maiúsculas, temos uma pessoa estratégica, que gosta de controlar as situações e de planejar com antecedência.

Alexandre Monteiro

Alexandre Monteiro

Existem muitas semelhanças ao analisar a escrita manual. Quando uma pessoa mexe muito as mãos ou os braços, indica pensamento rápido, sendo indivíduos emocionais e menos organizados. Se a pessoa faz poucos movimentos com as mãos ou gestos lentos, isso indica uma pessoa mais analítica, cautelosa e perfeccionista. O mesmo acontece em relação à rapidez com que se escreve. Se demora mais de cinco segundos para assinar ou rubricar, revela pessoas analíticas, que gostam de regras e são cautelosas; se demora menos de dois segundos, revela pessoas impacientes, com iniciativa e de pensamento rápido.

Quando pergunto a algumas pessoas porque colocam um ponto no fim da rubrica, a maioria não consegue responder, mas, se perguntar por que em uma conversa dão um murro na mesa, dizem logo que é porque querem ter a última palavra e que a sua opinião seja ouvida e não desafiada. O ponto na rubrica tem um significado muito semelhante ao murro na mesa, é um sinal de afirmação e de opiniões fortes, e é feito por pessoas que chamamos normalmente de persistentes ou teimosas. Se conhecer alguém que coloque dois pontos, o ideal é não discutir, porque vai gerar muita briga.

Assinar e sublinhar a assinatura é como quando destacamos uma palavra ou uma frase em um livro. Fazemos isso porque aquela parte do texto é importante para nós, e, quando sublinhamos a nossa assinatura, é um processo inconsciente com o mesmo objetivo de querer e gostar de ser reconhecido e importante, valorizando o ser único e especial.

A letra G está associada a sexualidade, agressividade e manipulação. Se tiver oportunidade de ver o laço inferior do G, dá-lhe várias pistas. A pista ligada à sexualidade é esta: quanto maior e mais largo for o laço do G, maior será o nível e a intensidade da sexualidade. Em relação à agressividade, observe se o G é feito de modo que a parte inferior da letra pareça um ferrão, e, por fim, a execução, se o G é feito com a parte inferior em formato de isca.

O ego é a imagem que uma pessoa tem de si mesma e a admiração que ela tem consigo. Ao olhar ou conversar com uma pessoa, pode detectar se ela tem o ego elevado, muito elevado ou baixo pelas suas posturas e ações. Agora você pode confirmar isso também pelo modo como assina ou rubrica. Para confirmar, basta olhar e analisar a diferença de tamanho entre a primeira letra da assinatura e as restantes: quanto maior a diferença de tamanho da primeira letra para as restantes, maior é o ego. Se a primeira letra do nome é mais alta que as minúsculas, revela ego e autoestima elevados, gosta de reconhecimento e é orgulhosa.

Primeira letra com um tamanho normal ou ligeiramente mais alta revela um ego normal, é alguém justo, equilibrado, realista e tem uma autoestima equilibrada.

Se não existe diferença e a primeira letra é da mesma altura que as minúsculas, valoriza mais o outro do que ela mesma, tem um sentimento de inferioridade ou quer passar despercebida.

Outra forma de compreender o ego ou de compreender a relação com as outras pessoas é por meio da letra M. Qual é a perna maior do M?

Se a primeira perna é maior do que a segunda, tem um sentimento de superioridade em relação às outras pessoas; se a última perna é maior do que a primeira, tem um sentimento de inferioridade; se todas as pernas são do mesmo tamanho, então se sente em posição de igualdade em relação às outras pessoas.

E os nomes, apelidos ou iniciais que utiliza na assinatura, o que revelam?

Os nomes que escolhe indicam o que mais valoriza profissional e pessoalmente. Associamos ao primeiro nome a persona pessoal e ao apelido, a persona profissional. Se usa o primeiro nome e o apelido, revela que é alguém que equilibra o campo familiar com o social e valoriza as tradições. Se só usa o primeiro nome, revela egocentrismo e valoriza a admiração. Se usa somente o apelido, revela uma pessoa conservadora, que valoriza o status e é muito focada no campo profissional.

> Rabiscos e desenhos

Quase não me lembrei de deixar aqui os rabiscos, que são uma maneira muito legal de decifrar pessoas por meio da escrita. O rabisco que se faz inconscientemente enquanto se fala ao telefone ou durante uma reunião diz muito sobre as pessoas e, muitas vezes, elas nem têm consciência por que fazem isso. O perder do controle consciente sobre o comportamento faz com que as mãos passem a ser guiadas pelo inconsciente e a caneta comece a desenhar os mais verdadeiros sentimentos.

Não é só o tipo de rabisco que nos dá informação sobre a pessoa, mas também o tamanho e onde o faz. Se ocupa a maior parte da folha, não é uma pessoa que gosta de sair, no entanto tem medo de socializar.

Rabiscar nos cantos da folha indica que gosta de ordem e disciplina; se faz no meio da folha, é sinal de extroversão e procura a atenção dos outros. Na parte superior, mostra confiança, gosta de definir objetivos e é focada no futuro.

Sendo destro, usar o lado esquerdo induz a nostalgia e indica uma pessoa conservadora e focada no passado; se usa o lado direito, é mais emocional e quer compartilhar sentimentos pessoais. Se for canhoto, os significados invertem.

Vamos analisar alguns tipos de rabisco.

Pessoas ou bonecos. Se rabiscar pessoas pequenas, é mais provável que se sinta com muita responsabilidade. Se desenha somente um boneco com traços e bolas simples, significa que necessita de privacidade e espaço.

Assinatura. Rabiscar a assinatura ou rubricar repetidamente mostra confiança, foco e interesse em si mesmo. Se for um adolescente que assina somente o primeiro nome, revela desejo de independência. Assinar o nome de outra pessoa ou é amor ou problemas.

Quadrados, diamantes. Revela pessoas com opiniões fortes e que gostam de verbalizar o que pensam, com tendência para serem mais teimosas e rígidas. Adoram planejar e controlar as situações.

Círculos. Figuras circulares unidas ou inseridas umas nas outras demonstram trabalho em grupo, maior disponibilidade para ajudar e ouvir o próximo. Gosta de ser compreendida e evita conflitos. Sente necessidade do apoio dos amigos, é introvertida e tem o espírito cuidador.

Animais. Desenhar animais revela os sentimentos e intenções mais verdadeiros no momento, e esse desenho específico acontece mediante o tipo de característica que você associa a ele ou que quer ou precisa usar em relação à pessoa com quem está conversando ou se relacionando.

Se precisa demonstrar mais agressividade ou assertividade, pode desenhar um tigre ou um lobo. Se desenha uma raposa, significa que está pensando em usar algum truque ou estratégia. O coelho remete à necessidade de proteção. O leão remete a um sentimento de superioridade. Se desenha sempre o mesmo animal, provavelmente identifica-se bastante com ele e com as suas características.

Espirais e linhas curvadas. Pode revelar problemas sem uma resolução clara ou simples, no entanto demonstra que você tem uma estratégia para passar por isso. Tem tendência para explodir emocionalmente quando é contrariada. Foco maior nos seus problemas porque percebe que os seus são mais importantes do que os dos outros.

Setas. Simbolizam um vetor, um rumo. Se a seta aponta para cima, é mais orientada para os outros. Se aponta para baixo, está orientada para si mesma. Se aponta para a esquerda, significa foco no passado; se aponta para a direita, significa foco no futuro. Se é mais grossa e não é decorada, indica um objetivo bem definido; se decorada, revela pessoa emocional.

Estrelas. Gosta de ser o centro das atenções e revela ambição. Se a estrela tem muitos raios ou se os raios não tocam o corpo principal, pode evidenciar preocupações ligadas à melancolia. Quanto maior a quantidade de estrelas, maior a criatividade.

Flores, sol e nuvens. Tem expectativas positivas relacionadas ao que está conversando. Rabiscos desse tipo revelam pessoas mais espirituais, satisfeitas e com boa expectativa para o futuro. Foco na família.

Cruzes. Sentimento de culpa em relação a alguém próximo ou arrependimento.

Casas e caixas. Formas simétricas demonstram paixão pela ordem, lógica e método, revelam pessoas mais analíticas e com tendência a serem perfeccionistas. Gostam de planejar e de organização.

Tabuleiros de xadrez. Pessoa que encarou ou está encarando uma situação desagradável e sente incapacidade de resolver o problema que está gerando muito estresse. Pode estar à procura de si mesma ou do sentido da vida. Desafios internos.

Colmeias de abelhas. Quer manter a calma, a harmonia e a organização. Gosta de apoio e procura um grupo ou família para se integrar. É pacífica e valoriza a harmonia. Padrões retos nas laterais da folha é porque gosta de trabalhar em equipe e otimizar recursos. Evita conflitos, tem tendência para o perfeccionismo e gosta de rotinas.

Rostos e olhos. A expressão facial que o desenho apresenta é importante para descobrir o verdadeiro significado desse tipo de rabisco. Rosto feliz e bonito indica que espera o melhor e o lado bom das pessoas. Se é feio e triste, demonstra dificuldade em confiar nas pessoas e, se for rindo, temos desejo de ser o centro das atenções. Rostos sem olhos revelam introversão, enquanto olhos muito grandes mostram pessoas mais extrovertidas e focadas.

Barcos, aviões, carros, transportes. Precisa de férias! É uma maneira de o inconsciente revelar vontade de "fugir" do desafio que está enfrentando.

Escadas. Se as escadas forem rabiscadas de modo ascendente, revelam otimismo, ambição e vontade de progresso. Caso contrário, se forem rabiscadas de modo descendente, demonstram sentimento de fracasso e fracas expectativas em relação ao resultado de um determinado objetivo.

Teia de aranha. Está presa em uma situação ou em uma pessoa. Pessoas ciumentas e com tendência para comportamentos possessivos.

Linhas retas em zigue-zague. Personalidade forte e que pode exibir comportamentos agressivos. Não tem medo do confronto, é enérgica e não corre dos problemas.

> Cores

Tente perceber sempre qual é a cor dominante de cada um. Se decifrar isso, terá indicadores de qual é a direção que aquela pessoa geralmente segue. O vermelho está ligado ao poder, o azul-escuro, à credibilidade, o azul-claro, à paz e à serenidade, o verde, à abundância, o amarelo, à felicidade, o dourado, à ostentação, o cor-de-rosa, à jovialidade, o cinza, à falta de emoção (por isso é que as fábricas geralmente são pintadas dessa cor para neutralizar a emoção dos colaboradores), lembrando-os de que estão lá para trabalhar. O marrom está ligado a pessoas que consultam muita informação, tipo economistas e advogados. Isso não quer dizer que sejam analíticos, mas que trabalham mais com a questão da informação. Todas as cores têm um significado; se repararem que uma pessoa normalmente anda mais com uma cor é porque, provavelmente, ela gosta desse sentimento. Quem usa todas as cores normalmente é mais emocional.

Cores diferentes contam histórias diversas sobre a personalidade de uma pessoa no modo de se vestir, no interior do carro, nos objetos de decoração, nas cortinas, nas canetas etc. E ainda afetam o humor, os comportamentos e os níveis de estresse.

Azul. Demonstra confiança e, se forem tons mais claros, transmitem paz, calma e serenidade. O azul está associado a eficiência, inteligência e confiança. Quem gosta de vestir mais azul é mais calmo, valoriza a confiança e a credibilidade. É gentil, cortês e simpático.

Verde. É uma cor pacífica e melhora o bom humor. Quem gosta de verde tende a ser gentil, atencioso e tem um coração mole. Eles lideram uma vida pública ativa e provavelmente são financeiramente estáveis.

Roxo. A cor está associada à criatividade e à arte. Quem gosta de roxo tende a ser mais emocional, sensível, sonhador, apaixonado e misterioso. São imprevisíveis e podem ser difíceis.

Vermelho. É a cor da paixão e do poder, transmite energia e excitabilidade. As pessoas que adoram usar vermelho são um pouco egocêntricas e gostam de controlar e de dominar. No que se refere à sedução, se usar um acessório vermelho é percebido como mais intenso e sensual.

Amarelo. Está associado à felicidade e ao riso. Aqueles que o usam são sonhadores, exploradores, ativos, criativos e viciados em alguma coisa. Eles estão sempre prontos para explorar e conquistar novos desafios.

Branco. É a cor da pureza. Simboliza liberdade, inocência e simplicidade. É uma cor neutra que pode ser usada por diferentes tipos de personalidade. As pessoas que têm o branco como cor de roupa preferida tendem a ser otimistas, têm o foco na limpeza e na perfeição. Valorizam a liberdade e novos começos na vida.

Cor-de-rosa. É uma cor calma, quente e um poderoso sedativo. Quem gosta de cor-de-rosa tende a ser gentil, jovial, romântico, otimista e geralmente é boa pessoa. Valoriza o conforto.

Laranja. As pessoas que usam o laranja são alegres, otimistas, enérgicas e abertas a mudanças, também são ambiciosas e prudentes.

Preto. Mostra seriedade, é uma cor associada à força e à inteligência. Pessoas que gostam de se vestir de preto costumam ser ambiciosas e decididas. Escondem mais as suas emoções.

Marrom. Pessoas que usam o marrom tendem a ser estáveis, confiáveis e fortes. São respeitadas, racionais e inteligentes, podendo ser ligeiramente conservadoras e passivas.

Cinza. Quem se veste de cinza não gosta de atrair a atenção e prefere permanecer invisível, querendo ser neutro.

E qual será a cor perfeita para cada situação do seu dia a dia?

Vários estudos demonstram que as cores podem afetar a maneira como as outras pessoas nos percebem, nos mais variados contextos, e, surpreendentemente, as cores até podem mudar a frequência cardíaca, a pressão arterial e a respiração. A escolha da cor das roupas ou dos acessórios deve ser tomada considerando os contextos, porque ela afeta a percepção dos outros, o humor e a produtividade, principalmente em contexto profissional. Quando escolher uma cor que funcione, não hesite, use-a a seu favor e não contra si mesmo.

Sabendo o impacto das cores, conheça quais são as melhores e as piores para o contexto profissional.

As melhores cores:

Vermelho. É a cor do poder e da paixão, ótima para emitir energia, faz aumentar o metabolismo e a pressão arterial, razão pela qual não devemos exagerar na quantidade e usar só em pequenos lugares. O vermelho em exagero pode ser percebido como hostil.

Preto. Essa cor transmite sentimento de mistério e seriedade. Também é considerada elegante e tem efeito de fazer parecer mais magro. Se quer ser percebido como líder, focado e sério, o preto básico com um acessório vermelho ou azul é poderosíssimo.

Azul. É a cor da verdade e da sabedoria. Ele também tem um efeito calmante e está ligado ao intelecto. É também a cor mais estável. Portanto, se o seu local de trabalho é agitado e tenso, o azul é uma cor perfeita para vestir e neutralizar a tensão.

As piores cores:

Amarelo. É a mais alegre de todas as cores e geralmente estimula a alegria, no entanto é considerada instável e, por esse motivo, pode ser muito emocional para um contexto profissional, podendo dar a impressão de menos liderança.

Cinza. Transmite ausência de emoções, por isso quem o usa é percebido como uma pessoa passiva, não envolvente e com falta de energia. Esse é um dos motivos de as fábricas usarem o cinza como cor principal até mesmo nos uniformes. É uma cor que minimiza a emoção e aumenta a produção mecânica e repetitiva.

Roxo. Indica realeza e luxo. É também a cor da magia. No entanto, como o roxo raramente ocorre na natureza, também é considerado artificial. Um lenço, uma gravata ou uma bolsa roxa pode ser uma adição sutil e agradável a qualquer composição, mas o exagero vai criar a percepção de distância e arrogância.

> **CORES E EMOÇÃO**
>
> Você pode usar o poder das cores para influenciar o seu estado emocional de modo subliminar. O azul e o verde influenciam significativamente as emoções e a nossa eficiência. Se quiser potencializar a serenidade e a calma, olhe para o azul, porque ele pode diminuir a frequência cardíaca, mas, se quiser diminuir a ansiedade, olhe para o verde, porque transmite abundância, por isso associamos essa cor ao dinheiro. Uma combinação de azul e verde é melhor para enfrentar desafios profissionais.

Anomalias – mentira

Este é o conteúdo que gostaria de ter lido quando comecei a decifrar pessoas, mas, para saber sobre isso, tive que procurar formações com os melhores interrogadores e investigadores mundiais e pesquisar durante décadas, em milhares de documentos, a informação mais eficaz para ajudar na tarefa de encontrar a verdade. Compreendi que existem padrões de sinais e modos mais simples de descobrir a mentira, começando pela habilidade de fazer boas perguntas, transformando-se em um bom investigador ou interrogador.

> Detectar mentiras

Todos temos algo para esconder e somos vulneráveis. Mentimos porque queremos ser amados, porque temos medo, ganância, poder e controle.

Quando as pessoas acham que não existem consequências para a mentira, fazem isso melhor. Quando acham que vão passar pouco tempo com você, a probabilidade é maior de o enganarem. Espere o inesperado. As pessoas verdadeiras geralmente dão detalhes quando questionadas, são suaves nos movimentos, não usam qualificadores, como "juro", "obviamente" e "só quem me conhece acredita". Pessoas que falam a verdade dão a resposta em tempo normal (nem rápido nem lento demais), ao passo que aquelas que mentem aumentam a atividade no córtex pré-frontal, com mudanças de padrão repentinas, e entram no ciclo da mentira. É aqui que vamos trabalhar e prestar atenção ao que dizem e ao que deixaram de dizer. Os mentirosos dizem menos pois é difícil criar uma história e lembrar de tudo o que foi dito. O discurso pode parecer ensaiado, como se tivessem treinado as respostas, enquanto as respostas das pessoas verdadeiras são espontâneas.

Nem tudo o que parece perfeito é verdade, pois a verdade não é linear. Se a pessoa conta uma história com uma cronologia perfeita e sem lapsos, sem idas e vindas, desconfie. Recordar não é uma atividade perfeita, memorizar, sim. Como então descobrir a mentira?

> **DICA DO DECIFRADOR**

Uma das formas de confirmar se a história é verdadeira é pedir que a pessoa conte tudo passando para o passado. Outro modo é fazer perguntas cronológicas aleatórias, como perguntar sobre o passado mais recente, sobre o passado mais passado, e depois perceber se existem incongruências em relação à história inicial.

Outra técnica é deixar a pessoa falar e, quando ela terminar, questionar o que aconteceu antes daquela situação específica. Em seguida, faça outra pergunta semelhante; se estiver mentindo, vai ter mais dificuldade porque pensamos do passado para o presente e recordar a mentira em sentido contrário vai ser mais difícil. Pode fazer perguntas indiretas sobre qualquer coisa não diretamente ligada à ação, por exemplo, o que as pessoas do café estavam usando, como roupa, o que aconteceu antes de ir embora ou o que elas fizeram naquele momento.

Quem não tem nada a perder mente melhor, e as pessoas poderosas mentem mais.

Na mente de um interrogador, a estratégia que usa para descobrir a verdade não é ir atrás da mentira e assumir que a pessoa está mentindo. Procura a verdade e, se não a encontra, é porque provavelmente está mentindo e usa o silêncio como estratégia para fazer isso. Analise com os olhos e não somente com os ouvidos.

Pense como um predador que, para apanhar uma presa, tem que saber as suas necessidades, onde bebe água e procura comida ou abrigo. Conhecendo os hábitos e padrões, vai proativamente à procura do que precisa. Essa analogia é usada pelos melhores interrogadores da CIA: para explicar qual é a melhor forma de saber a verdade, é preciso saber procurar a fim de ganhar vantagem. Deve procurar coisas que deveriam estar e não estão, ou coisas que não estão e deveriam estar. O que fugir do normal indica para as anomalias que já comentei anteriormente. Observe o que é normal para perceber desvios. Por exemplo:

- Durante um evento, ninguém está rindo, exceto uma pessoa. É uma anomalia.
- Existe alguém na empresa que cumprimenta todos, menos uma pessoa. É uma anomalia.
- Todas as pessoas olham para um lado, mas duas não. É uma anomalia.

- Você entra no Starbucks e é atendido, mas perguntam o seu nome. É uma anomalia.
- Se a pessoa ou o processo diferem da linha base/habitual, alguma coisa mudou. Não diga que é normal, investigue. Se a pessoa mudou o penteado, a cor do cabelo, colocou mais maquiagem, começou a falar menos e a ser menos atenciosa, piorou as notas na escola, começou a sair menos ou mais, a criticar ou a elogiar mais, a furar em compromissos ou outras situações, não diga que é normal, investigue.

Se algo mudou, investigue e pergunte-se o porquê.

Quando analisa e percebe uma anomalia, não a justifique. Investigue e, sem ser rude ou evasivo, pergunte:

- Está tudo bem?
- Isso foi estranho, está tudo bem?
- Gostei do penteado, mas o que fez você mudar?
- Está tudo bem? Reparei que parou de fazer isso.

Esse hábito de ficar alerta às anomalias e saber como as pessoas se comportam vai ajudá-lo a detectar melhor uma mentira; se houver desvios dos padrões da verdade, funcionará como bandeiras vermelhas.

Um exercício que nos dão quando fazemos formação é o de incorporar a mente do agressor, ladrão ou manipulador e pensar como eles.

EXERCÍCIO

Lembro-me especialmente desse exercício simples que aprendi em uma formação e que tem como objetivo proteger uma casa. Primeiro nos perguntaram como desenvolver um plano para fazer isso. Aqui o ideal é que você pense que é o dono e como pode protegê-la. No entanto, a formadora, que tinha pertencido aos serviços secretos que protegem o presidente norte-americano, perguntou: "E se fossem assaltar a sua casa, como fariam isso?".

Agora não é hora de pensar como o dono, mas sim como o ladrão. Essa técnica torna-o um melhor analista. Desafia-o a sair da caixa e pensar como um ladrão e, assim, vai perceber o quão segura a sua casa é.

Para detectar a mentira, é importante conhecer qual é o comportamento normal da pessoa e perceber quais são seus gestos habituais, maneirismos e tiques, conforme ela responde à verdade. Essa pista é importante para aumentar a sua eficácia na prevenção da mentira.

Detectar a mentira começa logo nos primeiros três a cinco segundos, tempo em que o cérebro trabalha freneticamente para criar uma nova história e perceber as consequências. Dizer a verdade surge de forma fluida e natural. Quando faz uma pergunta simples e a pessoa demora mais tempo para responder, indica raciocínio, uma vez que a resposta verdadeira a perguntas simples é dada de forma imediata.

EXERCÍCIO

- Faça uma pergunta simples a alguém. Quanto tempo essa pessoa demora para responder?
- Se demora mais de cinco segundos, indica uma carga maior no sentido de elaborar uma resposta, é um alerta.
- Um exemplo claro é quando pergunta:
    – Você roubou alguma coisa?
    – Já enganou alguém?
    – Já bateu em alguém?
    – Está querendo me enganar?
    – Existe algum problema?
    – É um líder?
    – É honesto?

Lembre-se: a verdade é simples, basta responder "sim" ou "não". Se antes de responder a pessoa indica que está pensando muito, é um alerta. Se não pretende mentir, qual é a necessidade de procurar na memória? As respostas verdadeiras são imediatas.

Se a pessoa desvia o olhar e demora mais tempo para responder, indica que o cérebro está recordando o momento em que ela teve esse comportamento. Quando tem certeza de que não teve determinado comportamento, não vai gastar tempo à procura de alguma coisa, por isso existe a probabilidade de responder com uma mentira.

O maior medo de quem mente é o receio de ser pego mentindo. E fazer a pessoa falar aumenta essa apreensão, que, por sua vez, gera um sinal de alerta. Os momentos iniciais de um interrogatório são fundamentais para detectar mentiras ou anomalias, no entanto é necessário saber como interrogar para que as pistas surjam.

Sinais de alerta nos primeiros segundos:

- Normalmente, o mentiroso descredibiliza a pergunta quando se sente ameaçado, logo no início da conversa: "Que pergunta é essa?", "Tenho que responder a isso?", "Você já sabe a resposta", "Não tenho tempo para essas coisas".
- Ao começar a falar, diz: "Imagino que você já saiba", "Deve saber que..."
- Responde a uma pergunta com "Quem, eu?" ou "Está perguntando para mim?"
- Repete a pergunta: "O que eu fiz ontem?" ou "Eu perdi o prazo?"
- Age como se você estivesse fazendo-o perder tempo ao rever o tema e não quer continuar com isso: "Quanto tempo vai demorar?", "Eu tenho coisas mais importantes para fazer", "Não tenho tempo para isso", "Já acabou?"
- Tenta minimizar a situação para fazer com que o assunto não pareça tão importante e, assim, faz o interesse ou a importância esmaecerem: "Isso não é tão importante assim", "Não dá para fazer grande coisa", "Está fazendo tempestade em copo d'água", "Não se importe com isso!"
- Fala como se já tivesse contado tudo: "Isso é tudo o que eu sei!", "Acho que não há mais nada para dizer!", "Não consigo pensar em mais nada", "Não consigo me lembrar de mais nada!", "Tenho certeza de que contei tudo!"
- Esconde informação: "Não me lembro! Esqueci", "Não faço a mínima ideia!"

- As pessoas tendem a recorrer ao seu status para não serem questionadas ou para desvalorizar a acusação: "Sou uma pessoa honesta, não preciso enganar ninguém", "Como sou uma pessoa de fé, nunca faria isso", "Tenho tudo e não preciso roubar nada", "Não preciso colocar em risco a minha profissão", "Sou um homem casado, não preciso enganar ninguém" ou "Sempre tirei notas boas, não preciso mentir, as pessoas honestas não fazem isso".
- Coloca-se como vítima: "Só está implicando comigo! Faz isso porque não gosta de mim!" ou "Só me acusa porque eu sou assim!"
- Compensa a negação, exagera e dramatiza: "Eu não cometi esse erro!", "Nunca! Eu nunca faria isso! Como pode perguntar isso?" ou "Nego tudo o que você disse".

O primeiro passo para descobrir uma mentira: faça com que a pessoa fique confortável sem se sentir como uma ameaça, não acuse, pergunte. Pode parecer incongruente, mas é mais fácil detectar uma mentira quando a pessoa está confortável ou tranquila. Acusar é colocar a pessoa em modo de medo ou de defesa e vai fazer com que os sinais sejam inibidos e que a pessoa fique em estado de defesa. Se reparar nos interrogatórios policiais, os agentes costumam oferecer água, cigarros ou comida para que os suspeitos se sintam mais confortáveis e tranquilos e confessem com maior facilidade.

Para entrar na cabeça de outra pessoa e descobrir a verdade, um grande leitor de mentes constrói harmonia e, em seguida, tem que ficar atento a mudanças significativas de comportamento.

A melhor fonte para aprender as estratégias e técnicas para detectar uma mentira são os interrogadores das forças governamentais, que dominam a ciência e aperfeiçoaram a abordagem entre o conhecimento acadêmico e a experiência durante décadas.

Muitos deles concordam que, em um primeiro momento, devemos descobrir: o que a pessoa ganha com a mentira? O que faz com que ela minta? O que quer ganhar ou quais consequências quer evitar?

O processo requer harmonia entre as duas pessoas, só então é possível identificar os desvios na linha base/habitual de uma pessoa. Antes de interrogar, comece fazendo perguntas simples das quais já sabe a resposta e em que a pessoa não tenha que mentir. A polícia usa muito essa técnica para avaliar o seu comportamento base/habitual e começa confirmando aquilo que já é óbvio. "Então, trabalha no escritório, certo?", "A Verônica é sua amiga?", "Você saiu ontem à noite por volta das oito?", "Hoje está um dia lindo, não está?". A forma como a pessoa responde mostra um pouco dos seus comportamentos normais, maneirismos, tiques e movimentos repetitivos. Tem que deixar as pessoas confortáveis e, se não ficarem calmas, é preciso descobrir o porquê.

Não existem sinais que indiquem 100% uma mentira. Falta de contato visual, voz aguda, transpiração e engolir em seco podem ser sinais de mentira, mas também de ansiedade ou nervosismo. Os sinais mais confiáveis para detectar uma mentira são aqueles que revelam incongruências cognitivas, verbais e não verbais, de acordo com a situação ou emoção. As pessoas inocentes tendem a mostrar mais comportamentos agressivos do que as culpadas; elas, quando questionadas, defendem sua inocência ou falam que não estão envolvidas, em vez de descreverem as razões por que não fizeram ou fariam tais ações. O engraçado é que muitas pessoas acreditam mais no último comportamento, porque somos programados para ouvir as razões. Uma pessoa que mente pode apresentar um aparente desconforto e fazer o sorriso do manipulador. Temos então uma anomalia. O sorriso unilateral indicado pela microexpressão de desprezo revela felicidade escondida, em um momento em que a pessoa quer aparentar tristeza, estresse ou desconforto. A maioria das pessoas não vê ou não consegue interpretar esse sinal corretamente, não porque seja difícil, mas por desatenção ou falta de conhecimento sobre as verdadeiras pistas para fazer isso. Detectar mentiras exige uma compreensão sobre os padrões das pessoas e saber o que procurar.

Um interrogador ou investigador inteligente, além de estar atento às anomalias, conhece os sinais de alerta e tem que saber o que faz as pessoas confessarem mais rápido. Um bom investigador adapta a sua abordagem à personalidade. Um narcisista é mais facilmente persuadido a revelar a verdade ou sinais de alerta se lhe fizerem elogios, que o levam a querer compartilhar mais informação. O ego também é uma fragilidade dos mentirosos e dos manipuladores, e com essas personalidades é mais difícil construir um relacionamento verdadeiro. Assim, desafiar esses perfis indiretamente vai fazer com que percam o controle mais facilmente. Por exemplo: "Quem fez isso deve ser muito estúpido!". Se falar isso, pode reparar no desconforto ou estar preparado para receber uma explicação do porquê de as pessoas não serem tão estúpidas.

Um dos meus mentores do FBI BAP (Behavioral Analysis Program) desenvolveu cinco técnicas para que as pessoas confessem mais facilmente:

- Cometa erros propositalmente de modo que as pessoas corrijam. Para saber se uma pessoa está realmente interessada ou se sabe algo de um tópico, diga algo que não seja verdade ou correto e espere que a pessoa corrija; ao fazer isso, está dando mais informações. Exemplo: como descobrir quando uma pessoa faz aniversário sem perguntar. "Acho que você faz aniversário no dia 10 de janeiro". Se a data estiver errada, a pessoa responde normalmente com a data certa. "Não, faço no dia 18 de novembro". Se perguntar diretamente sobre a data de aniversário, pode parecer estranho ou ameaçador.
- Descobrir estimativas, dados ou números. Para descobrir qual é o número que a pessoa tem em mente, deve-se espontaneamente dar o intervalo de números e perceber se a pessoa o contraria. Exemplo: "Quero um carro com um desconto entre mil e dois mil reais". O vendedor, se não o conseguir, vai responder com a margem máxima que pode fazer. "Só posso ir até os mil reais."
- Quando não acredita em alguém, como deve comunicar de modo que não seja visto como agressivo ou inconveniente? Não diga "Não acredito!" ou "Sério que você fez isso? Duvido!". Nesses casos, deve fazer uma cara de surpresa e dizer: "Me conta mais sobre isso". As pessoas vão dar mais informações e revelar mais detalhes onde pode confirmar a veracidade ou não.
- Estude as estatísticas para colocar na conversa de modo que as pessoas digam se estão nelas ou não. Exemplo: "Você sabia que sete em cada dez casais estão em risco de divórcio?". Observe a reação ou a resposta da pessoa.

- Não diga: "Você está mentindo e eu sei por quê". Você perde vantagem e a pessoa vai reagir e se proteger. Aborde com afirmações como: "Sei que não está sendo totalmente honesto comigo e com você", "Existe algo que está incomodando você e eu quero que essa relação funcione, então espero ter a sua honestidade. Vamos conversar sobre o que é importante e isso é importante para mim". Quando confronta alguém em um interrogatório, tem que minimizar a intensidade dos verbos: em vez de usar o verbo roubar, diga tirar; em vez de usar enganar, diga dar de volta; em vez de bater, diga magoar.
- Crie empatia. Confessamos mais coisas às pessoas de quem gostamos e que são iguais a nós. "Eu sei como se sente. Se estivesse no seu lugar, provavelmente faria o mesmo." Use experiências passadas semelhantes. Uso essa técnica quando desconfio de alguma coisa com as minhas filhas. Se desconfio que elas fizeram coisas erradas, digo: "Tem algo com que eu deva me preocupar?". E elas podem responder sim ou não. Em seguida, digo: "Quando tinha a idade de vocês, fiz algumas besteiras, contei aos meus pais e eles entenderam. Se tiver algo que eu precise saber, vocês também vão me contar, né?".

> **DICA DO DECIFRADOR**
>
> Aprendi recentemente com um mentor, ex-agente do MI6, que há três tipos de pessoas que não ouvem: as surdas, as que estão falando e as que estão esperando para falar. Ouça mais e pergunte mais, porque, quando eu falo, só sei a minha história, mas, quando eu escuto, sei duas.

As pessoas que falam muito podem nem ter a consciência de que fazem isso. Como é possível confirmar se está exagerando? Um sinal interessante quando a pessoa está esperando para falar e não está ouvindo é sentir uma coceira na barriga. Se atingir um grau de frustração elevado, é provável que coce a palma da mão ou o dedo anelar e, nesse último caso, ainda aparece uma necessidade de conforto e reforço de segurança.

Quem pergunta, domina. A ferramenta mais poderosa de um espião é conversar para descobrir.

Uma técnica muito usada pelos interrogadores para fazer com que as pessoas confessem é fazer a pergunta sobre o que quero saber, mas permanecer em silêncio com um olhar sério olhando para ela após a resposta. Uso essa técnica com minhas filhas. Esse silêncio é tão desconfortável que elas pensam que estão sendo julgadas ou que foram descobertas e começam a se desculpar e a confessar caso tenham feito algo errado.

Nesse caso, o primeiro a falar perde! Como líder, você pode aprender com o mundo da espionagem, perguntando a opinião de todos, mas depois usando o silêncio para descobrir mais. Só no fim deve consolidar a sua opinião ou compartilhar a sua decisão. O líder que constantemente fala primeiro revela insegurança ou medo. Ouça as conversas e, se quiser evitar silêncios constrangedores, não comece a falar sobre si, elogie para que a pessoa se sinta mais confortável. Quando elogiadas, as pessoas adoram falar sobre elas ou o que fizeram. Você pode usar as seguintes frases:

- Estou realmente entusiasmado com essa reunião.
- Estou feliz por estar aqui ouvindo a sua opinião.
- Estou impressionado, as pessoas aqui têm uma energia fenomenal.
- As ideias são excelentes.
- A sua opinião revela que você conhece muito sobre o assunto. Parabéns.
- Agradeça os conselhos e/ou as opiniões e mostre-se interessado. A pessoa vai se sentir reconhecida, útil e incluída.

As técnicas para interrogar não têm a ver com violência ou ameaças, mas sim com deixar a pessoa confortável para que nos perceba como amigo e, assim, conte sobre o que aconteceu. A dinâmica "policial bom e policial mau" tem como objetivo acentuar essa diferença, para que o policial bom pareça mesmo assim e o suspeito se sinta mais confortável, sendo normalmente a ele que os suspeitos confessam.

Os interrogadores usam alguns truques para que as pessoas confessem mais depressa:

- Deixam a porta aberta para não dar a sensação de que a pessoa está encurralada e assim não ativar o modo fuga para imaginar que está no controle.
- Não colocam mesas ou objetos entre eles e as pessoas, porque perdem metade da informação, metade do corpo fica escondido e os gestos ficam condicionados, escapando-se muita informação.
- Usam uma cadeira com rodinhas para se sentarem e colocam o suspeito em uma cadeira estática para indicar, psicologicamente, que podem se movimentar e o outro, não. Isso gera a percepção de liberdade da porta aberta e o controle inconsciente de não poder se mexer na cadeira.
- Ficam em silêncio depois de perguntar. Os culpados não gostam de silêncio, e essa atitude dá a autorização para o outro falar.

As pessoas falam mais quando caminham lado a lado ou quando conversam ligeiramente de lado. Estar sentado de frente com o outro faz com que se sintam julgadas e criticadas. Repare em várias situações do dia a dia em que já se usa essa técnica para que as pessoas se sintam mais à vontade: a posição do psicólogo em relação ao paciente, em que a cadeira fica de lado; o confessionário usado pela Igreja Católica tem um bloqueio para não se ver o rosto das pessoas; nos reality shows, os competidores, quando vão sendo chamados ao confessionário, conversam sem enxergar o rosto do público, para que falem mais do que realmente sentem.

Só pergunte algo diretamente se conhecer muito bem a pessoa, caso contrário pode colocá-la na zona do estranho, por sentir que está tendo seu espaço pessoal invadido. É como perguntar a alguém quanto ganha, é uma violação da regra social.

É mais fácil descobrir a verdade com afirmações do que com perguntas. Se quer saber mais sobre alguém e pedir conselhos, por exemplo, em vez de fazer isso diretamente, recorra à técnica de afirmar/perguntar.

> **Técnica de elogiar, afirmar ou perguntar**

As pessoas adoram falar sobre elas, principalmente do que já fizeram, das experiências e conquistas. Perguntar sobre isso dá a possibilidade de conhecer muito melhor o outro e funciona como um elogio, assim você será visto como amigo.

Imagine agora que quer saber quanto a pessoa ganha e sabe que, ao perguntar diretamente isso, pode ser visto como inconveniente. O truque reside nesta técnica:

- **Elogiar:** "A sua jornada até aqui me inspira. Poderia me contar mais sobre a sua história e o que precisou superar para alcançar o seu objetivo?"
- **Afirmar:** "Na minha posição, um enfermeiro já ganhava acima da média, hoje em dia deve ganhar acima dos três mil reais".
- **Perguntar:** "Conheço um arquiteto que ganha dez mil reais por mês. Vocês ganham bem, não é mesmo?"

O objetivo é que a pessoa entre no modo emocional automaticamente quando receber o elogio e, depois, quando ela ouvir a afirmação ou a pergunta, não se veja ameaçada e demonstre sinais. Até pode falar: "Adoraria ganhar esse valor. Isso é o que você pensa, só conseguimos faturar três mil reais". Pode até mesmo perceber outros sinais e expressões de discordância.

Tanto em um exemplo como no outro, a pessoa não percebe que está sendo interrogada, porque não foi quebrada a regra social. O importante dessa técnica é não violar o ego, colocando-o de lado. O objetivo de interrogar não é ser o mais dominante ou autoritário, mas sim obter confissões verdadeiras.

Não force a autoridade. Mostre que está no comando sem afirmar isso. Não diga que é o chefe, ou que quem manda é você.

> **DICA DO DECIFRADOR**
>
> Um interrogador sênior da CIA me dizia: "É bom parecer simpático, porque as pessoas não sabem o que você vai fazer".

Adoramos saber informações sobre os outros e não percebemos a quantidade de pistas que revelamos sobre nós mesmos. Quando ouvimos informação relevante sobre a outra pessoa, temos a tendência de compartilhar também questões sobre nós próprios. É a lei da reciprocidade. Responder com o ego nos faz perder informação.

> ### Técnica conte algo sobre você
Use essa técnica simples com uma história sobre si mesmo que se relacione com a pessoa. Se quiser saber quanto ganha ou se está feliz no trabalho, não pergunte, afirme.

- Decifrar quanto ganham: "Lembro-me de quando trabalhava em uma loja igual a essa e ganhava um salário mínimo". Sorria e continue: "Agora vocês estão bem, devem ganhar mais de dois mil reais". "Conheço um professor que ganha três mil reais por mês. Vocês estão muito bem. Espetacular".
- Descobrir o que sentem pelo chefe: "Nunca vou me esquecer de quando trabalhava em uma loja como essa". Sorria e continue: "Eu era feliz, o meu chefe era fantástico".
- Decifrar filhos: usei a frase a seguir para questionar as minhas filhas em relação às tarefas de casa. "Vou compartilhar um segredo com você: às vezes eu não fazia as tarefas de casa. Mas sei que não foi uma boa escolha. E com vocês, isso já aconteceu?"
- Depois de ouvir essas frases, a pessoa se identifica com o interlocutor e, de modo inconsciente, também vai querer compartilhar a sua história ou demonstrar que não aconteceu isso com ela.
- Pedir conselhos: para não ficar vulnerável ou perder autoridade ao pedir uma orientação, elogie e pergunte. "A sua jornada até aqui me inspira. Poderia me contar mais sobre a sua história e o que precisou superar para alcançar o seu objetivo?"

Fique atento às respostas e verifique se o outro se sente contrariado, se aceita, mostra dúvidas, estranheza ou se corrige.

> **Interrogar como um agente do FBI**

Olhe para os seguintes números: 5, 4, 6, 1, 9, 4, 2, 6, 7, 9, 1, 0.

Sem virar a página, diga-me de quais você se lembra. É provável que se lembre dos primeiros ou dos últimos. Essa é uma das regras das conversas: nos lembramos mais do início ou do fim delas, o que costuma ser mais sobre o fim, que é mais recente. O FBI usa essa vulnerabilidade para interrogar. No meio da conversa, tendemos a não estar tão atentos e ficamos mais vulneráveis.

Início da conversa – Empatia.

Meio da conversa – Descobrir para perguntar.

Fim da conversa – Empatia.

A importância da empatia nas diferentes fases da conversa pode ser representada pela imagem de uma taça. Quanto mais larga a superfície dela, maior a importância da empatia. No início, a empatia é o mais importante, no meio é onde pode perguntar, desafiar, corrigir, orientar ou dizer coisas mais desagradáveis e, no fim, precisa acontecer com empatia moderada.

Como interrogar?

a) Acalmar o suspeito

O interrogatório se inicia antes mesmo de o agente começar a falar. Primeiro ele cumprimenta a pessoa, sorri, pergunta se ela quer água ou café e, quando se sentam, o indivíduo tem que ficar confortável. Uma das técnicas para isso é ficar perto ou de frente para a porta e com ela aberta, pois gera mais conforto emocional. Use um tom de voz baixo e fale devagar para induzir calma subliminarmente. Quanto mais calma, melhor a leitura, já que o estresse afeta a memória. Não se sente muito perto para não violar o espaço da pessoa e fique em alerta e com menos contato visual, disfarce olhando para o caderno.

Um truque para acalmar a pessoa é fazer uma inspiração e expiração profundas, para que ela o siga e faça o mesmo, movimento esse que vai acalmar e relaxar. Pode-se usar esse truque para as mais variadas situações do dia a dia e assim acalmar quem está à sua frente.

b) Fazer perguntas simples e com respostas ou associação positivas
Quando a pessoa se sente ameaçada ou com medo, um padrão muito comum é ficar em silêncio. Um interrogador só consegue saber a história da pessoa se ela estiver calma e se ficar à vontade para falar. Para criar o ambiente propício, em vez de acusar e pressionar, faça perguntas simples, básicas, sobre o cotidiano. Responder vai fazer com que fique ainda mais confortável e descubra mais sobre a pessoa. Trata-se de espionagem conversacional. Não faça as perguntas em modo de acusação direta. Em vez de perguntar diretamente se ontem à noite a pessoa se comportou mal, pergunte se algo interessante aconteceu na noite passada.

Muitas pessoas têm dificuldade em iniciar ou manter uma conversa. Na verdade, em uma conversa banal podemos descobrir muita informação preciosa. O pesquisador Arthur Aron desenvolveu um conjunto de perguntas para ajudar qualquer pessoa a ter uma conversa normal com o objetivo de quebrar barreiras e criar uma relação mais forte. Ao fazer essas perguntas, o objetivo é descobrir os valores, objetivos, perspectivas e histórias. Use essa técnica em todas as áreas da sua vida, especialmente na vida familiar, e vai ficar surpreso com as respostas e com o que elas podem revelar.

- Se pudesse escolher uma pessoa para convidar para jantar, quem seria? E se fosse uma celebridade? O que mais gosta nela?
  O que pode descobrir: normalmente convidamos pessoas que são especiais ou que admiramos. Gostamos de características nelas que temos em nós mesmos.
- Gostaria de ser famoso? De que maneira?
  O que pode descobrir: intensidade do ego e tipo de valorização preferida.
- Como seria um dia perfeito para você?
  O que pode descobrir: sonhos.
- Diga três coisas que tem em comum com o seu(sua) parceiro(a).
  O que pode descobrir: o que valoriza no(na) parceiro(a).
- O que traz mais gratidão para você em sua vida?
  O que pode descobrir: o que a pessoa valoriza na vida.

- Se pudesse mudar alguma coisa no passado, o que seria?
  O que pode descobrir: erros e arrependimentos.
- Dedique quatro minutos para contar ao seu(à sua) parceiro(a) uma história da sua vida com o máximo de detalhes possível. E perceba por quanto tempo o outro escuta.
  O que pode descobrir: interesse.
- Se pudesse acordar amanhã e adquirir qualquer qualidade ou habilidade, qual seria?
  O que pode descobrir: desejos, objetivos, necessidades de formação.
- Se uma bola de cristal pudesse revelar o seu futuro, o que gostaria de saber?
  O que pode descobrir: medos, receios, vontades e expectativas.
- Existe algo que sonha fazer há muito tempo? Por que ainda não fez isso?
  O que pode descobrir: desejos, objetivos, bloqueios e obstáculos.
- Qual é a maior conquista da sua vida?
  O que pode descobrir: do que se orgulha, feitos, conquistas e o que valoriza.
- O que mais valoriza em uma amizade?
  O que pode descobrir: o que é importante para ele(ela) em uma amizade.
- Qual é a sua memória mais preciosa?
  O que pode descobrir: passado bom.
- Qual é a sua memória mais terrível?
  O que pode descobrir: passado ruim.
- Peça ao seu(à sua) parceiro(a), amigos e familiares para compartilharem cinco características positivas suas.
  O que pode descobrir: mais sobre si mesmo e sobre o que as pessoas valorizam em você.
- Para você, o que é muito sério e com que não podemos brincar?
  O que pode descobrir: causas e valores.
- Do que mais se arrepende de não ter contado a alguém? E por que ainda não falou?
  O que pode descobrir: arrependimentos e conflitos passados.

- Começou um incêndio na sua casa. Depois de salvar quem você ama e os animais de estimação, ainda tem tempo para fazer um último retorno para salvar um objeto. O que seria? Por quê?
  O que pode descobrir: o que valoriza e as razões.
- Qual é a pessoa que tem mais medo de perder?
  O que pode descobrir: a pessoa mais importante para ele(ela).
- Compartilhe um problema pessoal e peça um conselho sobre como ele ou ela lidaria com isso.
  O que pode descobrir: como lida com os problemas, a preocupação com os outros e a vontade de ajudar.
- Quem foram ou são os seus heróis?
  O que pode descobrir: as qualidades que deseja e valoriza.

Faça perguntas aleatórias para a pessoa falar mais. Se ela hesitar ou parar em algum momento, existe informação útil que está escondendo e deve perguntar e investigar.

c) Antes de começarmos a falar sobre...
Adoro essa técnica porque a uso muito no meu dia a dia em negociações, em discussões com pessoas mais teimosas ou em casa. É fenomenal. Quando sentimos que podemos fazer algo ou que estamos ameaçados, como acontece em discussões, negócios ou interrogatórios, automaticamente criamos barreiras de defesa inconscientes para o que vamos ouvir. Se quiser ultrapassar essas barreiras, diga: "Antes de começar...". O cérebro, ao ouvir essa frase, interpreta que ainda não precisa se proteger e abaixa as barreiras de defesa. É nesse momento que vai começar a falar sobre o que quer sem avisar a pessoa, para ela não ter oportunidade de levantar as barreiras. Essa fase é preparatória para fazer a pergunta essencial.

d) Perguntar para descobrir
Como ter mais informações? É mais fácil descobrir com afirmações do que com perguntas. O objetivo é questionar e perceber a verdade mais depressa com técnicas para que a pessoa compartilhe, fique mais sugestionável e mais vulnerável.

e) Frases para provocar
Servem para obter respostas e para as pessoas conversarem mais.

- "Aposto que aconteceu assim! Chegou ao local, fez isso e aquilo..."
- Se a pessoa não contrariar, explodir emocionalmente ou acusar, é uma pista importante porque os inocentes se defendem, não se calam nem acusam sem se defenderem primeiro.
- "Existe algum motivo para alguém ter dito que viu você ontem à noite no(a)?"
- Ao fazer uma pergunta diretamente, procure hesitação. Se perceber isso, desconfie.
- Silêncio. A provocação pelo silêncio, umas das melhores técnicas para reconhecer a verdade mais depressa, consiste em desafiar a pessoa para se defender e depois ficar em silêncio após a primeira resposta. Como não gostamos de silêncio, a pessoa vai compreender que não acredita ou que sabe mais do que está dizendo e tende a confessar.

Essa técnica não funciona só com os filhos, como já expliquei anteriormente, mas também pode ser usada em negócios, entrevistas de recrutamento, na gestão de equipes e muito mais.
"Existe mais alguma coisa que eu deveria saber?" – Resposta: silêncio.
"Como foi a sua experiência anterior, teve algum problema?" – Resposta: silêncio.
"O que se passou com o cliente Fulano?" – Resposta: silêncio.
"Sei que você se comportou mal." – Resposta: silêncio.
"O seu professor disse que não fez os deveres de casa." – Resposta: silêncio.

f) Altruísmo informal
Regra da reciprocidade. Queremos devolver o que recebemos.
Se compartilhar uma informação pessoal em primeiro lugar, a pessoa vai sentir a necessidade de devolver com informação e faz com que confie mais em você.

- "Lembro-me de quando o meu chefe me pediu uma coisa e não consegui fazer." E depois sorri.
- "Quando era mais novo, era rebelde".

g) Finja que não sabe
É necessário suspender o ego para interrogar e não violar o ego do outro. Se demonstrar que se sente superior ou mais esperto, vai dar mais informações e o outro recua. Se não fizer isso, o outro se protegerá menos. Exemplos:

- "Não sabia".
- "Interessante! Conte-me mais sobre isso".
- "Ah, sério? E o que mais?"

Fazer-se de bobo ou fingir que não sabe sobre algo é uma técnica poderosa, que faz com que a pessoa se sinta segura, dando-lhe inconscientemente permissão para mentir, principalmente se já for a intenção dela. Diga que não sabe ou que entende, mas se informe para não ter um efeito prejudicial e ser enganado.

- "Quero comprar um carro, pode me ajudar porque não sei muito sobre o assunto?"
- "Não sei nada sobre computadores. Qual é o melhor?"

h) Criticismo
Quando a pessoa sente que não estão acreditando no que diz, ela vai querer se justificar ou explicar mais. É uma necessidade primitiva de ser aceito. Se a opinião não é aceita ou se é questionada, ativa-se o sentimento de rejeição e tenta-se compensar com a fala. Uma forma sútil de fazer isso é usando a palavra "mas".

- "Sim, mas..."
- "Compreendo, mas..."
- "É interessante, mas..."

Sabia que quando se usa a palavra "mas" tudo o que foi dito anteriormente não tem valor ou não é sentido? "Você é espetacular, mas...". Quando se ouve um "mas", o que foi dito anteriormente não é válido e o que é entendido como verdadeiro é o que é dito depois.

Um exemplo de como usar essa técnica está no seguinte diálogo:
— Onde você foi ontem à noite?
— Estava estudando.
— Sim, mas com quem estava?
— Com as minhas colegas.
— Sim, mas uma das suas colegas ligou para mim.

l) Errar para conhecer

Uma técnica usada pelas forças russas para descobrir a verdade era dizer uma informação próxima da verdade e esperar para ver se ela era ou não contrariada, corrigida ou desmentida. Se, por exemplo, você quer saber se a concorrência vai lançar um produto novo em breve, faça essa afirmação a alguém que trabalhe na empresa:

- "Sei que vão lançar um novo produto no dia 18 de novembro. Fantástico e parabéns!"
- "Ouvi você falando para os seus colegas que, em breve, vão lançar um produto e que está fazendo parte desse momento! Meus parabéns pela sua participação no projeto".

Se não for verdade, a pessoa vai corrigir ou desmentir sem perceber.
Veja o diálogo a seguir:
— Sei que está trabalhando em um tanque que anda a cinquenta quilômetros por hora! Muito bom!
— Imagine! Ele anda muito mais rápido. É feito de um metal novo e por isso anda mais rápido.
— Falaram que será lançado em maio. Muito bom!
— Não, vai sair mais cedo.

— Um amigo me disse que [...]. Ele sabe muito sobre o assunto.
— O seu amigo não sabe nada.

j) *Perguntar para verificar*
Detectar a verdade é tão importante quanto detectar a mentira. Quando se constrói uma mentira, o padrão é só criar a parte central e nuclear da história. Se fizer perguntas simples paralelas à ação, pode verificar o tipo de resposta que surge e como responde. Se hesita, não sabe, se pensa demais, começa a dar muitos detalhes, todas as pistas são de alerta.

- "Saiu de férias?" "Sim, para as Maldivas!"
- "Qual foi o aeroporto? Como era o aeroporto? O avião era grande ou pequeno? Fez escala em qual cidade?"

Se perceber que a carga cognitiva é grande para responder a perguntas simples, já sabe, desconfie.

k) *Pergunte sobre as consequências*
Depois de alguém negar uma pergunta sobre uma transgressão, questione qual é a consequência ou o castigo que a pessoa deve ter. As pessoas vão julgar relacionando com as suas crenças e comportamentos. Se concordarem ou se sentirem culpadas, vão sugerir um castigo mais leve. Se não concordarem ou condenarem esse tipo de atitude, o castigo vai ser mais severo. Para ler os valores e crenças, pergunte sobre as consequências.

Quando somos culpados ou já fizemos algo ruim no passado, existe uma probabilidade maior de indicar consequências menos severas para essa determinada ação.

Qual é o castigo que deve dar a alguém que tira dinheiro da carteira de outra pessoa, que engana o parceiro ou parceira, que não respeita o superior hierárquico? As pessoas que não fazem ou não fizeram isso no passado tendem a indicar consequências mais severas ou punitivas.

- "Roubaram dinheiro da minha carteira. O que acha que eu devo fazer se encontrar quem fez isso?"
- "É melhor entender o outro lado, porque você também poderia precisar de dinheiro um dia." – Castigo menos severo.
- "É imperdoável, isso não se faz. Eu denunciaria à polícia." – Castigo mais severo.

l) Acusar mais para descobrir
Faça uma acusação muito pior do que aquilo que suspeita e a pessoa pode admitir a culpa para se defender da acusação maior.

- "Suspeito que você tem drogas no carro!"
- "Não, só estou com o documento vencido."

Para descobrir a verdade e ajudar nas confissões, os espiões usam truques subliminares para que a pessoa seja mais honesta, sinta-se mais à vontade para responder ou confessar, e essas ações são muito simples. Exemplos:

- Comece a falar e abra uma garrafa de água.
- Abra uma bebida gaseificada fazendo o som da liberação do gás.
- Abra a porta antes de começar.
- Cruze os braços e depois faça a pergunta e os descruze.
- Tenha uma revista na mesa ou um quadro com uma pessoa para olhar. Quando vemos olhos e nos sentimos observados, tendemos a ter mais receio de mentir e do julgamento. É mais difícil mentir ou fazer mal quando estamos sendo observados.

Todos esses truques, que podem ser usados no dia a dia, vão criar um impulso de liberdade e de ação para as pessoas se abrirem e confessarem mais facilmente. Por exemplo, se em uma loja houver um quadro ou um pôster com olhos, verá que o número de furtos irá diminuir. Ou então colocar um quadro abstrato em uma sala de recrutamento em que se tenha a percepção de que são olhos de uma pessoa.

Os decifradores têm o talento para ver o invisível, perguntam para recolher informações e para confirmar a veracidade delas por meio de gestos de desconforto e conforto, microexpressões, anomalias de linguagem, padrões de anomalia, ou seja, os sinais que os outros normalmente não observam.

Agora que já sabe recolher informação como um espião, quero trazer questões assertivas para detectar uma mentira por meio de várias ferramentas do FBI, CIA e Mossad usadas para aumentar a eficácia do processo.

**Eu não procuro saber as respostas,
mas sim compreendê-las.**

> Técnicas avançadas para detectar mentiras

Todos mentimos para esconder algo ou para nos proteger. Para isso, temos que procurar pistas que são difíceis de falsificar. As três razões principais pelas quais as pessoas mentem são: amor, ódio e inveja. Por pior que pareça, somos mais verdadeiros com raiva. Não acredite naquela desculpa que surge depois das discussões, que o que foi dito não é verdade, investigue o porquê. A pessoa sente o que disse.

EXERCÍCIO

Antes de começar a decifrar a mentira, quero desafiá-lo a fazer um teste para confirmar se é um bom mentiroso. Uma nota importante: a questão não é quem mente mais, mas sim quem mente melhor.
Estenda o seu dedo indicador da mão dominante e agora desenhe a letra Q maiúscula na sua testa com o dedo. Para que o teste dê resultado e seja mais verdadeiro, faça isso antes de continuar a leitura.
Fez o traço inferior do Q voltado para o olho direito ou para o olho esquerdo?
A forma como fez isso diz muito sobre você. Se fez o traço inferior do Q voltado para o olho direito, indica que vê o mundo pela sua perspectiva e tende a ser bastante honesto e se sente mal quando tem que mentir; mas, se fez o traço inferior voltado para o olho esquerdo, é como se visse o mundo por meio da perspectiva dos outros, tem maior poder de empatia, o que faz de você um mentiroso melhor.

Somos programados para mentir e para acreditar. Apesar de o corpo trair as palavras quando mentimos, detectar uma mentira não acontece apenas por meio da linguagem corporal. Quando mentimos, existe um conflito interno e não conseguimos deixar de sentir emoção. A linguagem corporal tem impacto nas palavras, verbos, pronomes, padrões de resposta, voz e muitas outras pistas. Não é só ouvir com os olhos e ouvidos, é também ver e ouvir com o cérebro. Se perguntarem a uma agência governamental qual é a tarefa mais importante de todas, a resposta será: "Recolher informações, processá-las para que possa reagir e antecipar antes que as coisas aconteçam".

Os padrões são os padrões, mas, se pensar bem, é estranho que cada pessoa seja uma pessoa diferente, mas que todas sejam tão previsíveis. O cérebro consciente tem a ilusão de que controla tudo, mas não podíamos estar mais enganados, porque o inconsciente revela sempre as nossas intenções e sentimentos mais verdadeiros. Quando o cérebro está tranquilo, normalmente recorda a informação, pois esse é o nosso modo normal.

EXERCÍCIO

Vamos treinar a sua acuidade visual e testar o que vê nesta imagem.

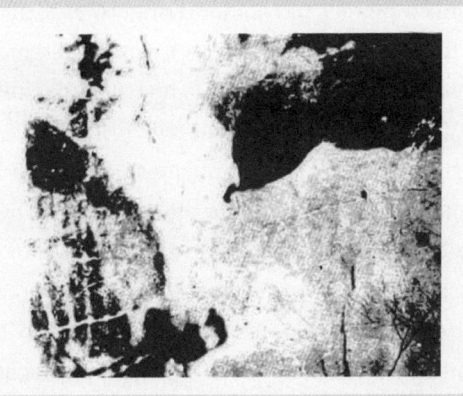

Acredito que possa ter visto as coisas mais incríveis, extraordinárias ou medonhas, mas é uma vaca!

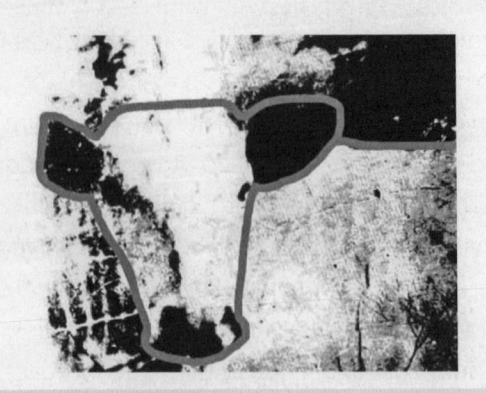

A vaca de Renshaw.

Olhe novamente e confirme se ela sempre esteve na imagem.

Existem padrões de sinais que indicam anomalias e enganos. Uma pessoa pode controlar o que diz, mas não pode controlar todas as próprias ações, porque na maioria das vezes elas são involuntárias, inconscientes e neurológicas, que levam a certos comportamentos impossíveis de controlar.

Identificar um mentiroso é desafiador, mas simples. Só precisa saber o que observar, quais são os padrões de sinais e comportamentos para se tornar ainda mais perspicaz para detectar uma mentira com precisão. Não caia na armadilha de se limitar a uma zona do corpo ou a um comportamento específico, porque os sinais raramente surgem isolados. Quantos mais sinais detectar, maior a probabilidade de a pessoa não estar dizendo a verdade, seja por esconder informação importante para não ferir alguém que ama, seja para criar histórias e querer que pareçam verdadeiras para ter mais admiração, seja até mesmo para manipular e prejudicar.

Não é só o corpo que denuncia que existe algo de errado, as palavras que dizemos, como as dizemos e quando as dizemos também são indicadores fantásticos, a saber: repetir em excesso palavras e frases, em um esforço inconsciente para convencer o outro de estar dizendo a verdade; ou então não usar o pronome pessoal "eu" para se distanciar da ação e até mesmo a alteração dos verbos. Essas são ferramentas que o consciente usa para compensar porque o inconsciente detesta mentir.

Não tente alterar os fatos para adequá-los às suas emoções. Em vez disso, procure os sinais para não ser enganado pelas emoções. O cérebro prega peças em nós para nos cegar diante dos sinais de alerta quando gostamos de alguém.

Quantas vezes você já avisou uma pessoa de que estava em perigo porque viu os sinais e ela não acreditou e reagiu mal? O nome disso é *true bias*. Somos influenciados pelas nossas emoções para acreditar nas pessoas apesar dos sinais de perigo. O inconsciente, para não perder o prazer daquele amor, anula os sinais de perigo; ele pode até desconfiar, mas logo descarta essa hipótese e pensa: *Não deve ser nada, devem ser coisas da minha cabeça*. Confie na sua intuição, e agora vamos aprender como você pode ser mais eficaz com o conhecimento dos melhores especialistas mundiais na detecção de uma mentira. Precisamos entender exatamente para onde olhar e o que procurar.

Nas formações dos agentes secretos, é falado muitas vezes que as pessoas boas também mentem, então lembre-se de que todos podem mentir, inclusive quem está na sua frente agora. Não seja guiado pelos sentimentos, mas sim pelos sinais.

O FBI, a CIA e a Mossad usam um método bastante eficaz para sistematizar o que se deve procurar para encontrar anomalias, que, por sua vez, podem indicar mentiras.

a) Comportamentos parar, lutar ou fugir

Detectar as mudanças fisiológicas que ocorrem é um indicador excelente para identificar uma mentira. Quando a pessoa se sente ameaçada, existe um aumento do batimento cardíaco e do nível de adrenalina, o que faz o corpo precisar de mais oxigênio para os músculos das mãos e dos pés, como já vimos anteriormente. Mentir e ser interrogado gera a mesma percepção de ameaça e ativa a mesma resposta, mas, como muitas vezes está parado ou sentado e sente-se ameaçado porque pode ser descoberto, o inconsciente ordena para correr ou lutar. Ao não poder fazer isso, a energia tem outras formas de surgir, criando o que chamamos de movimentos de deslocamento. Alguns exemplos:

- Balançar o corpo repentinamente enquanto fala.
- Ajeitar-se na cadeira antes de responder ou ser acusado.
- Agitar os dedos.
- Esfregar as pernas naquele momento específico.

Muitos suspeitos, quando se preparam para mentir, começam a ter esses gestos de deslocamento ou inquietação, que é uma forma de queimar a adrenalina para acalmar. Os picos de adrenalina são interessantes para detectar comportamentos de mentira. A pessoa, antes de responder, se se sentir ameaçada, vai ter um pico, e isso se revela logo na voz, mostrando um aumento repentino no tom de voz. A ansiedade causada pela mentira produz maior tensão nos músculos da área vocal e, por isso, temos uma voz mais aguda, mas também pode aumentar a velocidade, principalmente se o contexto for calmo e a pessoa acelerar.

> **"O que foi?" E o outro responde em tom mais agudo: "Nada". É mentira.**

Foque-se tanto no balançar do corpo e das pernas e no esfregar das mãos, braços e pernas como no abanar ou esfregar evidente e rápido. Repare que, quando o assunto ou o tema mudam, os sinais param e a pessoa fica mais relaxada.

A pessoa honesta não quer fugir, quer explicar e provar a sua inocência, ao contrário daquela que mente, que, apesar de parecer que quer explicar, o corpo revela sinais de fuga.

b) Complexidade cognitiva
Quando as pessoas mentem, abordam os temas somente com dois sentidos: visão e audição. O que viram e ouviram. Raramente falam do cheiro, do espaço físico, das interações com outras pessoas e fazem isso sempre em um nível superficial.

Imagine uma cebola com as suas camadas. O mentiroso consegue mentir na primeira camada, por exemplo: "Onde você esteve o dia todo? E com quem?". E, se aprofundarmos e perguntarmos sobre o que ele fez durante aquele tempo específico – "Estava vendo televisão?", "Quem ganhou o jogo de futebol?", "Como estava o tempo?", "Qual jogo estava jogando?" – normalmente começa a quebrar e a surgir os sinais de carga cognitiva. A partir daí, meça a carga cognitiva das perguntas e compare com a das respostas. Perguntas simples, respostas simples; se demora mais do que o normal para responder às perguntas, busque compreender o porquê.

Gosta de mim? Posso confiar em você? Já roubou alguma vez? Você é trabalhador? Fumou alguma vez? Quanto tempo acha que demora uma resposta verdadeira? Se demorar muito, é uma anomalia e desconfie. A verdade é simples.

c) Parar
É quando o suspeito tenta se comportar de maneira honesta. Nesse caso, estamos falando de tentar imitar o comportamento de quem fala a verdade, mas, para isso, tem que se refletir sobre o comportamento. O pensar faz com que a pessoa se mexa menos e que pareça mecânica e não natural. Muita carga cognitiva faz bloquear os movimentos ou as respostas. Olhe para as mãos: se elas pararem de se mexer, é porque há uma maior carga cognitiva para construir a mentira. O suspeito já sabe que se balançar indica mentira, então fica muito quieto quando mente para não deixar escapar os sinais. Aqui o bloqueio é o sinal indicador. A pessoa faz um contato visual médio e, de repente, no momento da mentira, faz um olhar muito intenso, porque acredita que quem não olha nos olhos está mentindo. Isso é mentira, uma vez que não olhar indica timidez, vergonha ou baixa autoestima. Desconfio mais de um olhar intenso do que da falta dele.

d) Palavras
O cérebro inconsciente detesta mentir e quer sempre preservar a sua sobrevivência. A mentira é consciente, e mentimos mais com as palavras; no entanto, o inconsciente sente-se logo ameaçado com medo das consequências. Se for apanhado, cria mecanismos verbais para desviar a atenção, ganhar tempo para pensar ou distanciar-se para que a consequência não seja tão severa. Cria distância psicológica ou dissociação, suavizando as palavras. Ao responder a uma pergunta, muda os verbos desta que indicam ações graves para verbos menos graves e distancia-se da ofensa. Exemplos:

Distanciamento (trocas)
    Matar para ferir.
    Sexo para relações sexuais.
    Roubar para tirar.
    Bater para tocar.

Dissociação
Substituir o nome da pessoa (da vítima, por exemplo) por determinante ou pronome demonstrativo. A pergunta contém o nome da pessoa e, na resposta, substitui por "aquela", "esse", "ninguém", "isso", "aquilo", "este", "isto".

Tempos verbais
Histórias verdadeiras acontecem no passado. Quando alguém conta uma história, o tempo verbal tem que ser no passado; se conta no presente, está criando a história naquele momento.
Exemplo: "Estava no metrô e encontro uma carteira".
"Estava": passado, verdade. "Encontro": presente, mentira.
Se fala de algo que está sentindo, o verbo tem que ser no presente.

- Eu gostava muito de você – Passado.
- Eu gosto muito de você – Presente.

Ouça se a pessoa está descrevendo o presente ou o passado. O verbo tem de ser congruente com a ação. Exemplo:
Pessoa: "Você matou o Cláudio?"
Suspeito: "Não feri ninguém". Mentira.
O verbo da pergunta foi "matar", enquanto o da resposta foi "ferir".
Na pergunta tem o nome "Cláudio", trocado por "ninguém" na resposta.
Pessoa: "Você violou a senhora?"
Suspeito: "Não tive relações sexuais com essa pessoa". Mentira.
O verbo da pergunta era "violar", trocado pela expressão "ter relações sexuais" na resposta.
Na pergunta tem "senhora", o que foi trocado por "essa".
Pessoa: "Você sabe quem roubou a carteira?"
Suspeito: "Não tenho nada a ver com isso". Mentira.
Na pergunta temos o verbo "roubar" e, na resposta, não existe verbo, o que distancia a ação com a palavra "isso".

A dissociação também pode acontecer quando a própria pessoa se refere a ela na terceira pessoa. Exemplo:

João diz: "O João é sempre uma pessoa honesta".
"O João nunca fez isso".
"O João já não é essa pessoa".

A terceira pessoa pode indicar dois caminhos; narcisismo, quando ela se refere com grandiosidade ou drama excessivo; ou mentira e distanciamento, para evitar responsabilidades.

Ausência de pronomes pessoais e possessivos
Contar uma história ou responder a uma pergunta sobre eventos sem o uso de pronomes pessoais (eu, nós, meu, minha, seu, sua) indica distanciamento. O inconsciente, como não sabe mentir, retira os pronomes pessoais porque ele nunca esteve presente na ação.
Exemplo:

- "Moro naquela casa, comprei no mês passado." – Mentira.
  Ausência do pronome "eu" e uso do pronome demonstrativo "naquela".
- "A casa onde moro é fantástica!" – Mentira.
  Ausência do pronome possessivo "minha" e sintaxe que indique proximidade. Deveria dizer: "A minha casa é fantástica".

Desconfie se alguém descrever uma situação sem pronomes. Não usar pronomes pessoais ou possessivos serve para nos distanciar da ação, porque o inconsciente detesta mentiras.

Um dos truques usados pelos interrogadores é fazer a pessoa desenhar o álibi, quem estava e onde estava, pois quem está mentindo normalmente não se desenha.

> Técnica de resposta não resposta

Essa é uma das melhores pistas para detectar uma mentira, usada por todas as agências de espionagem e interrogadores. A resposta não resposta é muito simples de aprender, basta não ouvir a resposta imediata a uma pergunta simples. A mentira tem um ciclo que torna o processo mais lento do que a verdade.

- Fabricar: reunir informação e começar a criar a mentira.
- Conflitos: perceber e prever incongruências com a sua vida.
- Dizer: escolher palavras e gestos que pareçam verdadeiros para credibilizar a mentira.
- Defender: se for questionado, o que vai dizer para introduzir a mentira.

Esse espaço de processamento que o ciclo da mentira ocupa demora um tempo acima do normal e, por isso, o cérebro arranja formas de o disfarçar ou então de ocupar para não ser apanhado. O engraçado é que funciona, muitas vezes porque muitos acabam não detectando que a pessoa quis ganhar tempo para fabricar a resposta ou então, mesmo respondendo, ignora o que foi perguntado.

As autoridades usam essa técnica de perguntar espontaneamente e, depois, observam a resposta não resposta verbal e não verbal até a pessoa apresentar sinais de que está prestes a confessar, como passar de comportamento arrogante e bobo para mais simpático, baixar a cabeça, quebrar o contato visual intenso, as mãos se posicionarem à frente dos órgãos genitais ou escondidas atrás da mesa, cruzarem os braços ou deixarem que eles caiam e tendência a olhar para a direita com mais frequência. É nessa altura que o interrogador não pergunta mais, coloca a mão no ombro e diz "Vai ficar tudo bem!", com uma voz mais calma e pausada, e acrescenta que todas as pessoas cometem erros, inclusive ele, e, em seguida, suspira. Esse processo serve para influenciar o estado da pessoa para que se sinta aliviada e confesse.

Uma técnica também muito usada para confessar, principalmente homicídios, é chamar o pai ou a mãe do suspeito. É possível ver essa técnica no interrogatório do assassino Chris Watts, que matou a sua família.

Tipos de resposta não resposta

Pessoa: "Existe alguma razão para revistar o seu carro?"

Pessoa: "Tem drogas ou armas no carro?" Se responde negativamente e olha para uma determinada área do carro, é onde está o que negou ter.

Pessoa: "Devo me preocupar com alguma coisa?"

Pessoa: "Posso confiar em você?"

Pessoa: "Gostou?"
Pessoa: "Está de acordo?"
Pessoa: "Chegou a tempo?"
Pessoa: "Conhece essa pessoa?"
Pessoa: "Viu alguma coisa?"
Pessoa: "Você sabe quem roubou?"

Existem vários tipos de respostas furtivas que correspondem aos sinais de alerta, como não responder "sim" ou "não".

As respostas mais verdadeiras começam por "sim" ou "não". Quando não aparecem no início da resposta ou não são ditas, revelam distanciamento e dissociação. O inconsciente evita dizer "sim" ou "não" quando mente porque não quer se comprometer; no entanto, o consciente arranja maneiras de dizer por outras palavras que se assemelhem a elas, como "sempre" ou "nunca".

Pessoa: "É confiável?"
Suspeito: "Sempre".
Pessoa: "Existe algo com que eu deva me preocupar?"
Suspeito: "Nunca".

Silêncio e enchimentos

Demorar mais tempo do que o normal antes de responder à pergunta. Se é uma pergunta simples, não deve existir grande carga cognitiva e a resposta deve ser imediata. Se houver silêncio, pergunte-se o porquê de a pessoa pensar na resposta. Existem perguntas que não precisam de tempo para serem respondidas.

Pessoa: "Já bateu em alguém?"
Suspeito: Silêncio.

Por que fazemos alguns barulhos como "hum!" e "aham!"? Como não gostamos do silêncio em conversas e queremos disfarçar que estamos pensando, preenchemos esse espaço com sons para que as pessoas não vejam que estamos tentando raciocinar.

Pessoa: "Já bateu em alguém?"
Suspeito: "Huuum!"

Não responder ao que foi perguntado
Muitas vezes, as pessoas respondem às suas perguntas, mas se analisar e ouvir bem, vemos que não respondem ao que foi perguntado. Como fomos respondidos, aceitamos as respostas sem refletir.
Pessoa: "Você estava na loja de bebidas?"
Suspeito: "Eu nem bebo".

Responder com perguntas
Responder com perguntas é o indicador de não querer responder à pergunta ou que se está tentando ganhar tempo para criar uma história. Quando uma pessoa mente, não responde diretamente, ela quer evitar a todo custo responder à pergunta. Em vez de responder imediatamente "sim" ou "não", responde "o quê?", "por que está perguntando isso?", "está me perguntando se...?"
Pessoa: "Você me traiu?"
Suspeito: "Sabe que não sou assim".

Devolver a pergunta
Responde com a mesma pergunta que foi feita ou pode devolver a suspeita para a pessoa que fez a pergunta, com declarações que parecem perguntas. Há um aumento do tom no fim de uma declaração.
Pessoa: "O que aconteceu com a encomenda?"
Suspeito: "O que aconteceu com a encomenda?" Mentira.

Declaração de currículo
A declaração de currículo é uma resposta que começa com a pessoa falando sobre as suas realizações, competências, bondade, santidade, senso de comunidade ou razões pelas quais não deveria ser questionada por causa do seu caráter, mas ela não responde ao que foi perguntado.

Para responderem a uma pergunta, as pessoas começam a falar do que fizeram: "Eu vou à igreja!", "Eu faço trabalho voluntário!", "Isso é ridículo!", "Sabe quem eu sou?", "Sabe com quem está falando?".

A pessoa quer que se saiba o motivo pelo qual não é capaz de fazer aquilo de que a acusam, porque ela faz trabalho voluntário, pertence a uma comunidade, é séria, tem uma certa idade ou experiência. É possível verificar isso também no modo como as respostas são dadas, se são muito longas para perguntas muito simples.

Riso ou surpresa exagerada
A resposta normal a uma acusação por parte de um inocente é a surpresa. Como é inocente, não sabe do que se trata e, em seguida, quer saber mais sobre o que aconteceu para se defender. Se você ri perante uma acusação, não é natural. Outra pista é a surpresa exagerada. A surpresa verdadeira demora meio segundo; assim, se a pessoa fica muito tempo com essa expressão, desconfie.

Pessoa: "Você está se comportando mal na escola?"
Suspeito: "Hahahaha". Culpado.

Educação e simpatia
A pessoa começa a tratar você com frieza, sem simpatia ou cuidado, até ser acusada ou interrogada. Depois da acusação, muda repentinamente para o modo de simpatia e começa a usar palavras como "senhor" ou "senhora". Ou mantém uma postura normal e, de repente, fica simpática e apresenta um comportamento muito cordial.

Exagero de desculpas
Aumento repentino – e geralmente drástico – do uso de palavras de desculpa, como "desculpe", mesmo que não esteja relacionado com o evento. Pedir desculpas em excesso por coisas que não tem que pedir é, no fundo, uma substituição de desculpas pelos atos escondidos e mais graves.

— Não me lembro, desculpa.
— Não sei o que queria, desculpa.
— Desculpa, desculpa, desculpa.

Normalmente, para evitarem castigos por não cumprirem obrigações ou prazos, as pessoas tendem a inventar eventos catastróficos, como "A minha casa inundou" ou "Um familiar foi atropelado".

Miniconfissão
Confessar delitos menores que foram cometidos para distrair o investigador do evento em questão. Fazer confissões sobre coisas das quais não está sendo acusado. Na mente do culpado, se ele confessar outras coisas pequenas, vai parecer mais honesto; o objetivo é que o acusador se esqueça da pergunta principal e confie mais nele. Parecem confissões genuínas e honestas de ações menores e insignificantes.

Pessoa: "Tem droga no carro?"
Suspeito: "Desculpe, mas vou ser honesto, meu documento está vencido".

Exclusões
Frases destinadas a confundir os fatos:
"Tanto quanto eu sei."
"Até onde eu sei."
"Basicamente."
"Provavelmente."
"Suponho."

Cronologia perfeita
Contar uma série de eventos em uma ordem exata, em vez de falar dos acontecimentos emocionais em primeiro lugar. Falamos quase sempre primeiro do evento ou da experiência emocional. Recordar não é perfeito, memorizar, sim.

Ao descrever um assalto, a pessoa segue a seguinte cronologia: "Escovei os dentes, penteei o cabelo e então vi o assalto". A pessoa mais honesta referiria primeiro o assalto e depois o restante.

Detalhes a mais
Quando mentimos, temos tendência a defender a mentira e acrescentar informação desnecessária. Se perguntasse a alguém se tem armas, a resposta verdadeira seria não. Agora, se a pessoa começar a falar muito sobre os detalhes que não foram pedidos, é sinal de alerta. Por exemplo: "O meu primo me emprestou o carro e blá-blá-blá". Aqui está compensando e defendendo

a mentira, o que é um sinal de alerta. E repare ainda que na resposta a pessoa não falou sim nem não, dois indicadores de alerta.

Pessoa: "Foi você que roubou?"
Suspeito: "Não, não roubei! Verdade, mesmo". Mentira.
Pessoa: "Foi você que roubou?"
Suspeito: "Nunca, eu tenho tudo o que quero, não preciso roubar, sou uma pessoa honesta e nunca faria isso". Mentira.

Intensificadores
Usar intensificadores para aumentar a veracidade da frase, para parecer mais verdadeira, tais como: "honestamente", "eu não fiz isso bem", "para ser o mais sincero", "sendo honesto", "sinceramente", "não fiz isso", "vou ser o mais sincero possível".

Pessoa: "A que horas chegou ontem à noite?"
Suspeito: "Sinceramente, chego às seis todos os dias".

Se alguma coisa é difícil de acreditar, é porque é mesmo. Quando exageramos em uma história, o cérebro tende a compensar para que as pessoas acreditem e usa frases desnecessárias para dar mais credibilidade à história. Quando algo é difícil de acreditar, as pessoas tendem a revelar antes para parecerem mais fáceis de acreditar.

"Você não vai acreditar no que aconteceu."
"Pode parecer loucura."
"Parece impossível para ser verdade."
"Só quem me conhece acredita nisso!"
"Sei que é muito difícil de acreditar!"
"Até parece impossível!"
"Deus sabe que eu não..."
"Confie em mim, eu sei o que estou fazendo."

Intervenção divina
Aqui temos: "juro por Deus", "juro pelos meus filhos", "juro pela alma da minha mãe", "Deus é minha testemunha" e "como sou cristão, pode confiar em mim!". Quanto mais usar esse tipo de frases, maior é a probabilidade de mentira. Não

é normal uma pessoa inocente demonstrar que é mais honesta ou verdadeira pelas suas crenças religiosas.

Pedidos de última hora
Quando a pessoa tem receio de ser questionada, deixa para o fim a informação que pode ser prejudicial para ela e não quer ser questionada.
 "Esqueci de comentar..."
 "Quase me esqueci de dizer..."
 "Antes de você ir embora, deixe-me dizer algo..."

Sarcasmo
Usa o humor ou sarcasmo para diluir as preocupações e demonstrar que não está preocupado.

Não me lembro
Se não quer ser acusado, não diga nada. "Eu não sei", "Não consigo me lembrar", "Eu esqueci" e "Eu não faço ideia" são as frases mais comuns que as pessoas dizem quando não querem falar sobre algo. É uma resposta certa para interromper qualquer linha de interrogatório que se quer evitar. Essas respostas também são usadas por alguém disposto a contar parte da verdade, mas talvez não a verdade inteira. Pergunte realmente se não sabe ou se esqueceu.

Lapso verbal
Os pensamentos e sentimentos inconscientes podem ser transferidos para a mente consciente na forma de parapraxias, popularmente conhecidas como lapsos freudianos ou lapsos de língua. O lapso acontece quando revelamos o que realmente está em nossa mente.
 — Adoro você, Joan... Teresa.
 O novo parceiro é chamado pelo nome do anterior.

Socialização
Cria desculpas usando como base outras pessoas que também fazem ou fizeram aquilo pelo qual está sofrendo a acusação. Tenta minimizar as suas ações

justificando que muitas pessoas fazem ou fizeram o mesmo e, como tal, é um comportamento normal e sem direito a consequências.

"Todo mundo diz isso."

"Muitas pessoas fazem isso."

> Linguagem corporal

> Joe Navarro, ex-agente do FBI, famoso por caçar espiões inimigos, conta nas suas formações como descobriu um espião que estava revelando segredos das forças militares norte-americanas por meio de sinais não verbais. Ele relata como conseguiu detectar que algo não estava bem por meio de um movimento. Naquele momento, Joe foi selecionado para interrogar todas as pessoas da base militar em que acreditavam que estaria trabalhando o espião porque tinham encontrado uma pessoa ligada à fuga de informações. Ele teve várias conversas informais com as pessoas da base. Reparou que, enquanto entrevistava uma pessoa, ao falar o nome do que havia sido apanhado, ela balançava o cigarro. Joe, ao ver o sinal, achou estranho e repetiu o mesmo nome várias vezes durante a entrevista. O movimento do cigarro acontecia nesse exato momento, o que o fez desconfiar.

Detectar uma mentira pela linguagem corporal não se trata só de saber movimentos ou gestos específicos, mas também de detectar anomalias basais. Procure sempre mudanças nos padrões, movimentos ou gestos.

Alguém que esteja sentado respondendo a um interrogatório, olhando diretamente para o interrogador e atento, mas que, de repente, esfrega, balança ou faz movimentos estranhos com os braços ou as pernas, arruma a roupa, aumenta a velocidade ao falar, aumenta ou diminui o tom de voz ou a deixa mais aguda é motivo de suspeita. Alguém que geralmente está ansioso, mas, de repente, não aparenta estar. Ou então alguém que é geralmente calmo, mas fica ansioso. São pistas que precisam ser consideradas.

Existem sinais claros de alerta, porque, embora uma pessoa possa controlar o que diz, não pode reprimir suas ações involuntárias ou subconscientes.

Identificar um mentiroso é desafiador e simples. Torna-se mais fácil se procurar cuidadosamente as pistas certas e aprender a arte de observar.

Então, quais são as pistas não verbais consideradas padrão de alerta de mentira usadas pelo FBI, CIA e Mossad?

Depois de estabelecer a linha de raciocínio e estar atento às mudanças no comportamento, você deve criar categorias diferentes conforme a zona do corpo.

a) Cabeça

Olhos
Não é pela intensidade do olhar ou pela falta dele, mas pelo ato de desviar no fim da frase. A pessoa fala, mas, no fim da frase, abaixa os olhos. Isso indica pouca confiança naquilo que está sendo dito. É mais provável que quem olha fixamente minta do que aqueles que não fazem isso. Vários estudos comprovam que os mentirosos olham mais no momento da mentira. Somos habituados desde pequenos a ouvir "olhe para mim, diga a verdade" e "quem não olha nos olhos está mentindo". Então começamos a perceber que, quando desviamos o olhar, somos vistos como mentirosos ou menos críveis. Por esse motivo, quando mentem, as pessoas, em vez de desviarem o olhar, olham fixamente para que sejam notadas como verdadeiras.

Microexpressões faciais
Duping delight é uma microexpressão de satisfação e felicidade por estar enganando alguém. Ela surge de maneira irracional e é muito rápida, assim como a maioria das emoções. A principal característica é o sorriso com ar de desprezo. Aquele sorriso que diz: "Não estou dizendo a verdade".

As expressões faciais são limitadas à área da boca durante as emoções falsas de felicidade, tristeza, raiva e culpa. Quando uma pessoa é acusada, deve-se procurar nela raiva e indignação. Caso essas emoções não surjam, desconfie.

Balançar a cabeça
Depois de fazer a pergunta, repare se a pessoa balança a cabeça antes ou depois de começar a falar. Se for antes, a resposta é verdadeira; se for depois, existe grande probabilidade de ser mentira.

Sobrancelhas
É um comportamento primata, no qual os inocentes, após ouvirem uma acusação, tendem a baixar as sobrancelhas, revelando que estão chateados e zangados por causa da acusação falsa. Aquelas pessoas que as levantam indicam que já sabem a resposta, logo existe uma probabilidade maior de culpa.

Cobrir a boca ou os olhos
Muitas pessoas querem encobrir a mentira ou esconder a reação. Depois ou antes de falar, tapam a boca com as mãos, tal como faz uma criança quando diz uma bobagem. Há pessoas que podem até fechar os olhos durante mais tempo ou tapá-los com as mãos.

b) Tronco
A pressão de mentir faz com que as pessoas se encolham, e os movimentos e a linguagem corporal (especialmente na parte superior do corpo) são minimizados devido ao maior esforço cognitivo. Estar quieto pode ser um indicador de que uma pessoa não está dizendo a verdade. Pode manter os movimentos controlados ou até mesmo puxar os braços e as pernas em direção ao corpo quando está em pé. O movimento de aproximar os cotovelos ao tronco quando está sentado é também um indicador de mentira.

Os movimentos de fuga feitos pelo tronco também são muito interessantes, podendo se revelar por meio da direção para a qual o nosso ventre aponta, como para uma porta ou para o lado contrário do acusador. Se não conseguir fugir porque está sentado ou falando, vai balançar o corpo para a frente e para trás.

c) Membros

Mãos
Como mentir ativa o sistema límbico, cujo objetivo é mantê-lo calmo, quem mente pode ter mais dificuldade em ficar parado. Mexer as mãos com mais

intensidade, esfregar as mãos ou o braço, tamborilar com os dedos em uma superfície, esfregar o pescoço, tocar em si mesmo, acariciar ou mexer nos cabelos e em objetos são bons exemplos. Esses gestos tornam-se ainda mais repetitivos quando a pessoa é confrontada. Fique atento aos sinais como brincar com o anel ou parecer que a pessoa está preocupada com alguma coisa, uma vez que todos esses gestos são movimentos que nos acalmam e são sinais de alerta, principalmente depois de falar.

Um dos melhores indicadores de honestidade é mostrar as mãos. Se em um determinado momento a pessoa esconde as mãos nos bolsos, atrás das costas ou debaixo das pernas, é um sinal de alerta.

Pés
Olhar para o rosto é um bom indicador para detectar mentiras; no entanto, por meio dos pés, pode ser mais simples, pois eles são mentirosos terríveis. Como falei anteriormente, é importante perceber o comportamento normal dos pés da pessoa: quando ela está sentada normalmente, fica com o pé quieto ou o mexe constantemente? Observe isso para perceber as alterações de comportamento quando faz uma determinada pergunta.

Vamos a um exemplo específico. Repare se a pessoa, quando está sentada, fica com os pés quietos e começa a mexê-los depois de fazer uma pergunta, por exemplo: "Existe alguma coisa com que devo me preocupar?". É um alerta de que algo pode não estar bem. Pode acontecer o contrário: se reparou que a pessoa está constantemente mexendo um pé e, quando faz a pergunta, o pé fica parado, é um sinal de alerta também.

Antes de fazer a pergunta-chave, olhe para onde os pés da pessoa apontam. Se apontam para si e, quando faz a pergunta, há um movimento de desvio do pé para fora ou para uma porta, é uma pista indicadora de mentira.

> **DICA DO DECIFRADOR**
>
> As autoridades dos aeroportos usam essa pista para interceptar quando desconfiam de uma pessoa. O agente faz contato visual com alguém aleatório e, de repente, essa pessoa aponta os pés para outro lado ou para uma porta ou

saída. É um sinal de que foi ativado o sistema inconsciente de fuga. Então, temos de perguntar: por que será que, quando a pessoa me viu, teve a necessidade de fugir? Não gosta de mim? O que ela está escondendo?

Quando estamos escondendo algo, o nosso corpo reage em modo de fuga, o que faz com que apontemos os pés para as saídas ou olhemos com mais frequência à nossa volta.

Retrair o pé ou puxá-lo repentinamente para trás da cadeira quando se está sentado indica afastamento. Como não pode fazer com o tronco, compensa afastando os pés.

Assimetrias
São gestos que demonstram um conflito entre a verdade e a mentira: o consciente quer indicar a mentira e o inconsciente demonstra a verdade. Exemplos: sorriso unilateral, uma palma da mão para cima e a outra para baixo, apontar para um lado e olhar para o outro, elevar um dos ombros.

Gestos higiênicos e sedutores como resposta

Se estes gestos, que têm o objetivo de nos tornar mais bonitos ou desejados, acontecem em resposta a uma pergunta específica, desconfie. Exemplos: ajustar a gravata, endireitar a saia, mover o cabelo ao responder a uma pergunta, tirar fios invisíveis da roupa, lamber o lábio superior.

Aprende-se muito com os especialistas a detectar mentiras, mas a experiência e a sabedoria popular já têm muitas ferramentas para nos tornar melhores decifradores, e os mais sábios compartilham essa sabedoria com as gerações futuras por meio de frases populares como: "Mais depressa se pega um mentiroso do que um coxo". Assim, vou deixar essa pequena brincadeira para decifrar alguns dos pontos dos quais falei e detectar melhor uma mentira.

- "Quem cala consente": o inocente tem mais tendência a atacar quando acusado, enquanto o culpado se cala e não se defende.
- "Quem não deve não teme": quem mente tem maior tendência a exibir gestos de fuga e desconforto quando fala, como olhar e apontar os pés para a porta, encurvar a postura, se abanar etc.

- "Quando a esmola é demais, o santo desconfia": quando percebe que aquilo é bom demais para ser verdade, normalmente é mesmo. Isso acontece porque os manipuladores tendem a satisfazer todos os desejos e esconder o que é ruim. Tenha mais atenção e investigue.
- "Quem jura mente": quando existem compensações, como "juro", "sinceramente", "francamente" e "honestamente", desconfie. Qual é a necessidade de reforçar o que é verdade? Se for verdade, não precisa reforçar.

O que eu quero aqui é dar a você maior poder porque "em terra de cego, quem tem um olho é rei" e "quem conta um conto aumenta um ponto".

Faça um perfil como um espião

Cada pessoa tem um tipo de força da essência que procura satisfazer inconscientemente a nossa necessidade por amor, e é por isso que fazemos o que fazemos.

É importante compreender não o que a pessoa pede, mas sim por que ela faz isso. O que pede serve apenas para satisfazer essas necessidades mais profundas que ela desconhece. Há diferentes tipos de forças da essência, e temos sempre alguma percentagem de todas, no entanto existe a mais dominante, a que comanda e controla a nossa vida, as nossas ações ou decisões. Quando interagimos com as pessoas ou fazemos uma determinada ação, inconscientemente nos questionamos se esse alguém que está conosco ou a ação feita irá ajudar ou atrapalhar aquilo que desejamos. Se for o último caso, vamos perceber a ação ou a pessoa como ameaças e entramos em modo de estresse. Se houver algo que nos afaste desse objetivo da essência, nos sentimos em perigo.

As pessoas podem usar regras positivas ou negativas para alcançar ou receber o amor que querem. As regras positivas são comportamentos ecológicos que não prejudicam o outro ou a elas próprias; as regras negativas, pelo contrário, vão ter um impacto negativo no outro ou nelas mesmas. Um dos exemplos mais comuns é o recurso à violência ou aos comentários maliciosos. As pessoas violentas ou más estão sofrendo por carência de amor ou admiração que desejam na sua essência e, como não conseguem isso de modo positivo, seguem pelo caminho negativo. Amor não correspondido na essência gera dor, frustração, raiva ou violência. Esse amor pode se tornar perigoso nos adultos e se refletir em comportamentos como constantes confrontos no local de trabalho, desrespeito, explosões emocionais, violência doméstica ou bullying. Também acontece com as crianças, que, quando não têm reconhecimento dos pais ou dos amigos pelo comportamento positivo, chamam a atenção por meio de birras, choros, gritos ou desafios. Uma leitura simples é a raiva, ou seja, amor não correspondido.

Se pedir a um colega para trazer um café para você, pode receber a resposta: "Está pensando que eu sou seu empregado?" ou "Claro, com certeza". Qual é a diferença entre os dois? A forma como querem ser percebidos, o amor da essência. Um sente inconscientemente que, ao ir buscar o café, vai se afastar do amor pelo qual quer ser percebido, e o outro sente que está se aproximando. Por todos esses motivos, há ações diferentes para contextos semelhantes.

> **DICA DO DECIFRADOR**
>
> Se sabe qual é o amor, vai saber o que a pessoa não quer perder e descobre o medo, logo ganha poder. Essa é uma das ferramentas mais poderosas de um espião: descobrir o amor e o medo da pessoa, fazendo com que ela faça o que queremos. Essas duas emoções são o motor das nossas ações ou decisões.
>
> Pode haver inúmeras formas de amor, mas, para ler como um espião, temos que simplificar e padronizar as pessoas em cinco forças pelas quais procuramos o amor da essência. Todos nós temos as cinco forças, mas existe uma delas que domina a nossa vida, que domina as nossas decisões, a forma como nos comportamos no nosso local de trabalho, com as nossas famílias ou então no campo pessoal.
>
> Agora vou contar o segredo sobre os cinco tipos padrão de pessoas. O que querem, quais são os seus medos, seus comportamentos, o que costumam dizer, os tipos de pronomes mais utilizados, as suas regras negativas quando estão inseguras ou sentem que estão perdendo algo e como as influenciar.

> Os cinco padrões de pessoas

a) Esperto
As pessoas que querem ser vistas como inteligentes. A essência delas diz que, se forem percebidas como inteligentes, têm mais amor e admiração, fazendo com que os outros gostem mais delas. Isso quer dizer que o amor que eu quero para gostarem mais de mim é ser visto como inteligente.

Comportamentos: esse tipo de pessoa fala sobre títulos acadêmicos, formações e corrige muito os outros. Quer ser percebida como uma pessoa conhecedora de vários assuntos. Acha que sempre tem razão e que os outros estão sempre errados. Usa camisetas, símbolos ou adesivos da escola ou universidade ou o anel de curso, demonstra que tem cultura e conquistas acadêmicas. Fica em silêncio porque quer espaço para pensar, adora dar conselhos e compartilhar a sua sábia opinião. Adora ver concursos de cultura geral ou documentários. Nas redes sociais, tende a publicar notícias, conhecimento científico ou estudos.

Frases: "Como estudioso...", "Já sei disso há muito tempo", "Já sabia", "Eu sei disso. Você que não sabe nada!", "Eu é que sei!", "Eu que estudei para isso!", "Eu que fiz mestrado!", "Eu sou o mais esperto!", "Li tudo sobre o assunto".

Pontos negativos: inferiorizar a inteligência do outro, chamá-lo de burro, ignorante, com falta de cultura e corrigi-lo na frente de outros com a intenção de diminuir. Usa sarcasmo.

Medos: ser percebido como burro. Este é o seu maior desafio. Quer dizer que, quando alguém demonstra que é mais inteligente, sente-se ameaçado. Tem medo de ser corrigido, desafiado em público, questionado, ouvir que está mal, não sabe ou não percebe.

Influência: quando quiser influenciar alguém inteligente, deve começar as frases com "Como você já deve saber...", "Como já deve ter ouvido falar...", "Como já deve ter lido...", "Hoje ouvi uma coisa muito interessante e acho que vai interessar você pelo que já sabe". Não caia na tentação de dizer que vai ensinar algo ou de entrar em guerra de conhecimento do "eu sei mais do que você".

Pronome mais usado: eu.

b) Vaidoso

Há pessoas que só se sentem amadas quando são admiradas, elogiadas ou quando são o centro das atenções. Nesse caso, elas não se importam tanto de serem percebidas como inteligentes ou não, o que elas querem mesmo é serem vistas como únicas e especiais. Preocupam-se muito com a maneira como são vistas. Quando ficam em silêncio, é sinal de que estão tristes.

Comportamentos: fala mais sobre ela mesma, fala muito sobre o que tem, sobre o que fez ou viveu. É ostentadora. É viciada no amor dos outros: se gostam dela, fica com a autoestima elevada; se não gostam, a autoestima vai lá embaixo. Não deixa o outro falar com medo de perder a atenção. Adora receber elogios, aceita todos sem ficar incomodada, quer se destacar deliberadamente ou fala que teve grande contribuição nos resultados profissionais. Usa camisetas de grupos ou de equipes para mostrar que tem amigos, adesivos de conquistas para indicar que o que fez ou do que participou. Símbolos no carro de grupos ou associações. Tenta fazer inveja aos outros pelo que tem, das suas conquistas e circunstâncias de vida. Nas redes sociais, tende a publicar muitas selfies, a mostrar o corpo, roupa nova, férias, novas compras, eventos ou festas. Descarta responsabilidades.

Frases: "Trabalho aqui há quinze anos", "Ganhei muitos prêmios", "Olha o carrão que eu comprei", "Saí de férias e fui em um lugar que poucos conhecem", "Sem mim, não tinham pensado em uma solução", "As pessoas me adoram", "Sou muito popular. Se perguntar por aí, todos me conhecem", "A culpa não foi minha", "Modéstia à parte".

Pontos negativos: criticam muito os outros, em especial a aparência, têm explosões emocionais, culpam as pessoas, interrompem constantemente as conversas para falar de si mesmas. Mentem mais para parecer que estão bem, exibem falta de modéstia. Aumentam a sua realidade ou o que fizeram, mas, se confrontadas com a hipótese de estarem inventando, argumentam que é inveja. Têm comportamentos narcisistas.

Medos: serem ignoradas, ridicularizadas, não serem tratadas como especiais, serem percebidas como pequenas e iguais a todas as outras, bem como de a aparência delas ser criticada, ficando furiosas quando isso acontece.

Influência: para influenciar essas pessoas, deve-se alimentar o ego, elogiar a forma física, a roupa ou os feitos, com frequência falar sobre como são importantes e especiais, dar prêmios ou presentes.
Pronome mais usado: eu.

c) Poderoso

Há pessoas que só se sentem amadas quando percebem que os outros as veem como poderosas, orientadoras, como alguém que devem seguir, que são elas que controlam as ações ou decisões. Essas pessoas podem estar em cargos de poder, como chefes de equipes, mas também podem tentar controlar tudo na família, porque, se elas não tiverem esse poder ou controle, não se sentem amadas. Ter a necessidade de amor pelo poder não confirma que a pessoa o tenha ou que esteja em cargos de poder, mas que ela quer e tem essa vontade e necessidade. Adoram ganhar mais do que qualquer outra coisa. Quando ficam em silêncio, querem mais informação.

Comportamentos: ficam alteradas quando perdem jogos, são competitivas, pressionam, querem eficácia, alcançar objetivos é importante, falam de maneira lógica e direta, sem rodeios, o que pode fazer com que pareçam agressivas e até mesmo rudes. Mais interessadas em chegar à sua solução do que à melhor solução. Sentam-se na ponta da mesa em reuniões. Gostam de cachorros de grande porte, artes marciais, carros maiores ou jipes. Não são muito ativas nas redes sociais.

Frases: "Os fortes não choram", "Ninguém pode me parar", "Nunca gostei de trabalhar para os outros", "Estão todos de acordo comigo?", "Já disse que não várias vezes", "Ainda está aqui?", "Eu disse para ficar quieto", "Eu é que mando", "Ninguém decide nada sem passar por mim", "Em casa sou eu que mando".

Pontos negativos: comunicar de modo autoritário, gritar, pressionar muito, minimizar e fragilizar, pôr em jogo a competência, rejeitar, atacar verbal ou não verbalmente e fazer ameaças.

Medos: perder o controle sobre as situações, perder o poder que já teve ou não ter o papel de decisor em uma ocasião. Receber ordens ou ser rebaixado profissionalmente.

Influência: é preciso ter a percepção de poder. Como devemos fazer isso? Por meio da ilusão de escolha.

Você não deve desafiar as pessoas poderosas, mas dar a sua opinião, o que faz com que tenham mais respeito por você. Ao não dar a sua opinião, o consideram fraco e indigno de admiração. Para dar a sua opinião é importante começar com "Na minha opinião" ou então com "Na minha opinião, se fizéssemos assim blá-blá-blá, faria sentido para você?". Deve terminar as frases com "Faz sentido para você?". Ou então começar as frases com "E se...". Essas duas formas são poderosíssimas para conseguirmos influenciar. "E se fizéssemos assim? Qual é a sua opinião?". No fundo, já estamos fazendo com que a pessoa experimente aquilo que queremos. Ela vai imaginar tudo, vai pensar sobre a ideia e, depois, quando perguntarmos qual é a sua opinião, estamos dando a ela a percepção de que o poder de decisão é dela, mas na verdade fomos nós que sugerimos as possíveis soluções.

Imagine que quer pedir alguém em namoro, mas está com medo da reação e de receber um não que irá estragar a relação. Qual é a solução? Simples, basta usar as técnicas "faz sentido para você" ou "e se...", que são muito usadas pelos grandes negociadores.

Pronomes mais usados: eu e nós.

d) Protetor

Há pessoas que adoram cuidar dos outros. Elas estão bem e sentem-se amadas, então não estão em busca de receber amor, mas sim de contribuir para o bem-estar e a felicidade dos outros. Se não fizerem isso, sentem-se desnecessárias e inúteis.

Comportamentos: são pessoas que têm a necessidade de estar sempre fazendo algo que nem sempre é da competência delas, prejudicando elas mesmas para cuidarem dos outros. São pessoas mais esforçadas, têm um senso de justiça enorme, veem uma determinada situação no mundo como justa ou injusta e, muitas vezes, podem ter um comportamento possessivo em relação a quem querem cuidar. Em vários casos, essa necessidade de cuidar tem como origem a infância. Como falamos na 3ª lei do decifrador, existe uma grande probabilidade de terem crescido ou tido falta de atenção de um dos pais. Não gostam de pedir ajuda, querem estabelecer e manter ligação. Quando ficam em silêncio, é sinal de que se sentem injustiçadas. Nas redes sociais compartilham animais, ações solidárias ou de caridade.

Frases: "Não quero preocupar você", "Não preciso de ajuda, eu faço!", "Eu me preocupo com as pessoas", "Eu sei do que precisa", "Estou aqui para te ajudar", "Eu faço", "Adoro cuidar da minha família".

Pontos negativos: excesso de controle, limitar a liberdade da pessoa que cuida ou verbaliza o cansaço de ajudar, refere ingratidão.

Medos: não ser necessária, ser descartável, questionar a sua competência ou a palavra, ouvir a frase "Não preciso de você".

Influência: mostre que a pessoa é útil, que a ajudou. Diga: "Você é necessária", "Sinto sua falta", "Não seria capaz sem você", "Você foi fundamental", "Seria desafiador conseguir sem você", "O que você fez foi fantástico, fez a diferença" ou "Obrigado".

Pronome mais usado: eles.

e) Reclamão

A última e quinta força é a pena. Não sei se já teve oportunidade de conhecer aquelas pessoas que estão constantemente se queixando. O que elas querem? Atenção. Usam a queixa e o sentimento de pena dos outros para conquistarem atenção. Nas redes sociais tendem a compartilhar questões ou problemas pessoais, mudam com frequência a fotografia de perfil, compartilham notícias de desgraças e seguem correntes. Existe uma grande probabilidade de terem comportamentos agressivos.

Comportamentos: usam a regra negativa da reclamação para ter amor, o que raramente as ajuda, porque não gostamos de andar com quem está constantemente reclamando. Essas pessoas têm todas as doenças, falam de hospital o tempo todo, de consultas, de exames. Existe, inclusive, a possibilidade de que, se ganharem na loteria, vão falar que alguma coisa ruim vai acontecer. Isso é cansativo para a maior parte das pessoas que as ouve, por isso esse tipo é a pior forma de amor e é aquela que mais consegue nos afastar de tudo, da liderança, da socialização, da promoção, do que for. As pessoas pensam que vão ter atenção e amor com essa regra, mas raramente isso acontece. Como a regra é negativa, não funciona. Quando ficam em silêncio, estão bravas ou se sentem abandonadas. Tendem a criticar muito e chamar a atenção com muita frequência, não admitem a culpa ou a responsabilidade sobre o que acontece, por isso não alteram comportamentos. Consideram-se otimistas quando questionadas e dizem: "Com tudo de ruim que acontece comigo, como poderia seguir em frente se não fosse otimista?".

Algo interessante é que as pessoas são vaidosas em regra negativa, porque, ao não terem ou não conseguirem a admiração de que precisam, tendem a começar a exibir essa força.

Frases: "Não sei o que acontece comigo", "Já tentei de tudo e nada funciona", "Tenho os problemas A, B, C... Tenho que ir ao médico", "Tudo que eu faço dá errado", "Não tenho sorte", "Ninguém gosta de mim", "Estou aqui sozinha, ninguém me liga", "Me abandonaram".

Pontos negativos: fazem chantagem emocional de abandono e falam sobre a intenção de comportamentos que possam colocar em risco a sua integridade física e ainda responsabilizam você por isso. Reclamam e culpam ainda mais o outro, mostram muita ansiedade, estresse e falam muito sobre problemas de saúde. Podem entrar em depressão.

Medos: serem ignoradas, abandonadas, desacreditadas, incompreendidas e abandonadas. O foco delas ao reclamar não é o ato em si, mas sim chamar a atenção. Enquanto não tiverem a atenção desejada, continuarão sempre com esse comportamento.

Influência: o mais comum, quando ouvimos alguém reclamando, é dizer: "Não é nada demais isso" ou "É fácil de resolver". Ao fazer isso, está afrontando esse tipo de pessoa, está desvalorizando as suas dores emocionais ou os problemas. Em uma fase inicial, não tente corrigir o comportamento ou dar soluções, diga que compreende e que deve ser difícil estar nessa situação. Só depois de perceber que ela se sentiu compreendida é que deve ajudá-la ou orientá-la, dizendo: "Se fizer assim, faria mais sentido. O que acha?".

Pronome mais usado: eu.

> Qual é a sua força mais dominante?

Para descobrir a força dominante, você pode se perguntar: "O que mais gosta em você?", "Gosta do que faz?", "Quem admira? Por quê?", "De quem não gosta? Por quê?". As respostas vão indicar as necessidades da essência e, por meio delas, quem admira ou não e por que consegue decifrar o que ela valoriza e quer alcançar e de quais comportamentos quer se afastar ou não gosta.

Outra maneira de descobrir é ter atenção ao modo como o outro faz insultos. Se chama de burro, revela necessidade de inteligência; se chama de fraco, revela necessidade de poder; se chama de feio, revela necessidade de admiração; se chama de ingrato ou injusto, revela necessidade de poder cuidar; e, se desdenha, revela pena.

Vaidade e poder são as forças mais comuns.

EXERCÍCIO

Você tem atitudes por medo ou pelas regras negativas que o outro apresenta. Ao descobrir o medo, encontra também a força. Quer saber o seu? Escreva a seguir três coisas de que não gosta nas pessoas.

1. ....
2. ....
3. ....

Normalmente são as suas regras negativas que revelam os seus medos.

As necessidades da pessoa conduzem ao seu comportamento e, no fundo, se não consegue satisfazê-las, querem forçar o mundo a fazer isso por elas.

Quem quer cuidar tem dificuldade em ser cuidado.

Quem quer poder tem dificuldade em ser comandado.

Quem quer admiração tem dificuldade em ser admirado.

Quem tem pena tem dificuldade em dar atenção.

Quem quer ser inteligente tem dificuldade em reconhecer a inteligência.

Se eu estou vestido com muitas cores e de modo extravagante, qual das cinco forças do amor eu procuro? Admiração. E por que precisamos saber as necessidades e o tipo de pessoa com quem estamos lidando? Porque somos influenciados pela nossa força da essência, não pelas características. Isso quer dizer que as regras que temos são para satisfazer as nossas necessidades, queremos ser amados pelas pessoas pela nossa força.

A regra que temos para nos sentirmos amados é também a pela qual seremos influenciados. Quer dizer que, quando queremos influenciar ou persuadir alguém, não podemos dizer que ela é muito culta, assim como não podemos dizer a uma pessoa que quer poder que vamos cuidar ou tratar dela. Andamos à procura do nosso amor, das nossas necessidades, e, quando não as temos, tentamos compensar. Quanto mais atenção uma pessoa quer, mais irá reclamar. Quanto mais admiração quer, mais alto vai falar, vai se gabar de algumas coisas e não de outras, vai se vestir de uma forma mais extravagante, vai ter comportamentos muito mais sociais e até, às vezes, desconfortáveis e desnecessários, mesmo para o contexto em que estão inseridos. A pessoa que quer ser vista como inteligente, quando é entendida como o oposto, tenta mostrar conhecimento de algo que não tem, tal como o cuidar. Quando sente que não é útil, tende a cuidar mais, a controlar mais, a ouvir menos e a ter esse comportamento possessivo, seja com quem for.

A melhor forma de memorizarmos essas cinco formas de amor é adotar como referência uma pessoa, personalidade ou personagem para cada uma delas. Lembrem-se de que o nosso cérebro pensa em imagens, por isso devemos associar várias pessoas a cada um dos tipos de amor, de modo que consigamos recordar de uma maneira mais eficaz todas as pessoas com quem interagimos. A seguir, iremos ver algumas personalidades para fixarmos isso na memória, mas, enquanto estiver analisando tudo, não quero que pense somente na personalidade da imagem, mas sim em alguém que você conhece e com qual força se encaixa mais: admiração, pena, inteligência, poder ou cuidado. O nosso cérebro faz associações e é mais rápido lembrar do que memorizar.

Esperto(a)
Albert Einstein

Poderoso(a)
Steve Jobs e
Princesa Diana (Lady Di)

Vaidoso(a)
Marilyn Monroe

Protetor(a)
Nelson Mandela e
Madre Teresa de Calcutá

Reclamão(ona)
Amy Winehouse

Agora gostaria de pedir que você identifique as pessoas que o rodeiam, familiares, amigos, colegas, chefes ou celebridades que admira ou detesta. Quero que pense que existem tipos de forças do amor, reforçando que temos um pouco de cada uma delas. Olhando para os seus comportamentos, qual é aquele com o qual você mais se identifica? Qual é o seu medo? É curioso perceber que o nosso medo é a antítese daquilo que nós queremos.

Em meios familiares e entre casais, isso acontece muito, porque não compreendem qual é a necessidade um do outro, como o outro quer ser amado. É isso que as pessoas não sabem e, ao darmos isso, conseguiremos dar o amor que elas querem. Lembre-se sempre de que as pessoas adoram ser amadas, adoram satisfazer o próprio interesse e tudo o que fazem é para ganhar ou para fugir do medo. Neste momento, está perseguindo o que quer ou fugindo do que não quer?

Se der aos outros aquilo que querem, irão fazer aquilo que você quer que eles façam, pensando que estão fazendo por livre-arbítrio. Isso vale para filhos, amigos, pais, colegas, enfim, para todos.

O que devemos descobrir em primeiro lugar é como a pessoa procura o amor, como normalmente comunica para ter ou receber esse amor e quais são os medos, assim entenderá também os motivos de preocupação e estresse. Ao sabermos esses tipos de comportamento, já sabemos mais sobre as pessoas do que 99% da população mundial.

Do que gostamos ou não diz muito sobre nós, e nunca podemos nos esquecer de que comportamentos de compensação são insegurança. Por vezes, por mais que façamos, dificilmente a pessoa vai perceber o amor que damos e até reclama que não demonstramos do jeito esperado. De quem é a culpa? Não basta saber o que a pessoa quer, temos que saber como ela quer receber. A maneira como oferece é tão importante quanto como faz isso. Agora você já sabe que os presentes que dá e como os oferece dizem mais sobre você do que sobre quem os recebe.

Se as pessoas não estão dando a você aquilo que quer, é porque não está dando aquilo que querem e como querem.

> Formas de receber

**"Se estiver no caminho certo,
vá em frente; se estiver no errado, recue."**

– Lao-Tsé

Já ouviu uma discussão em que uma pessoa diz: "Você não me valoriza! Não me ama!". E a outra responde: "Eu te dou tudo, mas você não valoriza!". Aqui temos um exemplo clássico em que a maneira de fazer é o problema. É o mesmo que ter um carro fantástico para ir aonde quiser e não saber o caminho. Para que o carro serviria?

Apesar de darmos amor, as pessoas, muitas vezes, não se sentem amadas porque, tal como na influência, damos aquilo que queremos receber, e não o que as pessoas querem. De acordo com o conselheiro de relacionamentos Gary Chapman, existem cinco linguagens básicas (elogios, presentes, qualidade de tempo, atos de serviço e toque) pelas quais o amor ou o reconhecimento são expressos e compreendidos, quais sejam nas relações pessoais, sociais e até profissionais. Segundo Gary, cada pessoa tem uma regra específica de receber e de dar amor ou reconhecimento. Como somos tendencialmente invejosos, nos focamos mais em nossos interesses, o que faz com que queiramos usar o tipo de amor que achamos ser o melhor para nós quando amamos ou reconhecemos a outra pessoa, e isso não funciona. É como duas pessoas tentarem se comunicar em línguas diferentes, não vai funcionar por muito tempo, mesmo que as intenções sejam boas.

Identificar o seu tipo de amor ou de reconhecimento dominante, e descobrir o do outro, é poderosíssimo para decifrar pessoas. Sintetizando, se não recebermos amor da forma como queremos, não perceberemos. E, se a pessoa não perceber esse amor, é como se não o estivesse recebendo.

Existem pessoas que pensam que o outro sabe do amor que sentem por elas e não demonstram ou não sabem como querem ser amadas. O resultado é o mesmo. Essa falta de amor faz com que, muitas vezes, como não gostamos de não ser amados ou reconhecidos, procuremos os sentimentos em outro lugar, e a pessoa acaba traindo, indo embora e nem tem a consciência porque o fez, seja na vida profissional, seja na vida social ou profissional.

A técnica mais simples de detectar o tipo de amor que a pessoa quer é descobrir como ela o oferece em condições tranquilas, não só por meio de ações e comportamentos presenciais e on-line, mas também como pede em discussões. Não ouça a intensidade, ouça a necessidade. Gritar é só um pedido de ajuda, não um ataque. Os casais que utilizam mais as palavras "eu" e "meu" têm uma porcentagem menor de felicidade e de satisfação na relação; ao contrário, quando o pronome é o "nós", os níveis de satisfação são maiores e existe mais companheirismo.

Qual necessidade quer receber? Admiração para ser especial, inteligência para ser esperto, poder para demonstrar que é poderoso e decide, proteção para se sentir útil e necessário ou atenção?

Se já sabe o que a pessoa quer, como quer receber? São cinco as diferentes formas de receber, por meio de elogios, presentes, qualidade de tempo, atos de serviço e toque, e considere sempre as duas mais fortes.

Elogios
As pessoas com esse perfil adoram ouvir elogios e incentivos e gostam de expressar o seu amor. Ao verbalizar ou escrever "amo você", "o trabalho ficou excepcional", "parabéns pelas notas", "vai dar tudo certo", elas se sentem altamente valorizadas quando ouvem afirmações como essas.

Quando estressadas, dizem: "Você nunca fala que me ama!", "Não fala nada de bom sobre mim".

Presentes
Receber presentes é sinal de amor, o que faz com que as pessoas se sintam importantes e amadas, e o mais importante não é o valor da lembrança em si, mas o ato de presentear. O impacto de dar flores é o mesmo de dar uma joia.

Quando estressadas, dizem: "Olha o que te dei!", "Dou tudo para você!", "Nem flores você me dá!".

Qualidade de tempo
Valorizam a dedicação de um tempo exclusivo de atenção, seja pela quantidade, seja pela qualidade de tempo juntos. Estar perto das pessoas que ama e dedicar a elas atenção é o mais importante, como em passeios, ir ao cinema, combinar encontros com mais frequência ou falar ao telefone. Para essas pessoas, estar presente é mais importante do que dar e receber presentes.

Quando estressadas, dizem: "Dedico todo o meu tempo a você!", "Estou sempre com você!".

Atos de serviço
Para que ela se sinta importante, feliz e amada, temos que demonstrar por meio de ações que possam ajudar nas suas tarefas ou que a façam se sentir mais confortável. Faça coisas pequenas: café da manhã, ir pegar um café, fazer uma massagem, ajudá-la em um projeto importante ou ir buscá-la no trabalho.

Quando estressadas, dizem: "Pode reparar, eu faço tudo por você", "Tudo o que você pede eu faço!", "Você é ingrato!".

Toque
Beijos, abraços, mão no ombro, relações sexuais, toques suaves ou dar as mãos são as necessidades dessas pessoas. Dar e receber carinho por meio do toque é fundamental.

Quando estressadas, dizem: "Você nunca me abraça", "Que carinho esquisito".

Um truque para descobrir a força de uma pessoa, mesmo daquelas que acaba de conhecer, é fazendo as seguintes perguntas:

- Qual foi a coisa mais bonita que já fizeram por você?
- Como comemora as vitórias?
- Quero presentar um amigo com algo bem legal, você tem alguma sugestão?
- O que gosta de fazer no fim de semana?
- Qual foi a melhor surpresa que já recebeu?
- Como gosta de comemorar?

- Por que trabalha?
- Por que gosta do seu trabalho?
- O que mais agrada você quando está com os seus amigos?

Se tiver coragem, faça as próximas perguntas ao seu parceiro ou parceira.

- O que eu poderia fazer para fazer melhorar o seu dia?
- Você se sente feliz em quais momentos?
- Qual é o ponto mais positivo na nossa relação?
- Qual é a melhor surpresa que eu poderia fazer para você?
- Quando você se sente mais valorizado(a)?
- Qual foi o seu momento mais feliz?
- O que fez você se apaixonar por mim?

As reclamações também são boas pistas para decifrar muito sobre o outro e sobre o que ele quer. Pergunte pelo tipo de problemas que tem e vai saber o tipo de reclamações que recebe.

- "Meu salário é baixo." – Presentes.
- "Você não reconhece o que eu faço." – Elogios.
- "O meu carro não vale nada." – Presentes.
- "O meu chefe não gosta de mim." – Elogios.
- "Você não me conta nada." – Qualidade de tempo.
- "Ninguém quer saber de mim." – Atos de serviço.
- "Você não me liga." – Toque.
- "Trabalho até tarde." – Elogios.
- "Não faço hora extra." – Presentes.
- "Ninguém me elogia no local de trabalho." – Elogios.
- "Estou sempre disponível para ajudar e ninguém reconhece isso." – Atos de serviço.
- "Fico feliz quando recebo promoções ou bônus." – Presentes.
- "Quero o melhor local para estacionar." – Elogios.

- "Adoro comentar e fofocar sobre as outras pessoas." – Elogios.
- "Não recebo nem um tapinha nas costas como agradecimento." – Toque.

As respostas a estas perguntas vão indicar qual é o seu perfil da força, porque todas as interações são transações. Se usar palavras como:

- Afeto, aceitação e simpatia – Toque.
- Serviço, caridade, apoio, cuidado ou comunidade – Atos de serviço.
- Títulos, feitos, conquistas ou eventos – Elogios.
- Dinheiro, valor, compras ou bens materiais – Presentes.
- Conselhos, ideias, opiniões, educação ou orientação – Qualidade de tempo.

O engraçado é perceber que compensar comportamentos se trata de carência, porque normalmente o que compensam é aquilo que não têm e mais desejam. Nas suas relações, está em modo de dar ou de receber? Lembre-se de que, se não der o que as pessoas querem, elas não darão a você aquilo que quer. Independentemente de ter um bom relacionamento amoroso, social ou profissional, essas regras vão aparecer. Embora uma delas seja a mais dominante, isso não impede que outras também se revelem. O importante é perceber a regra dominante e comunicar amor como o outro deseja receber, caso contrário corre-se o risco de a pessoa não perceber todo o seu esforço.

O que deve dar?
Elogios – Diga-lhe que é importante, faça-a sentir especial e elogie. Valorize a reputação.
Presentes – Dê recompensas, dinheiro, prêmios, prendas ou brindes.
Qualidade de tempo – Peça conselhos, ensine ou aprenda, faça-a sentir que faz parte da equipe ou família.
Atos de serviço – Dê e receba apoio, peça-lhe ajuda ou favores, deixe que cuide de você, ajude com as tarefas profissionais ou domésticas.
Toque – Abraços, beijos, ligeiros toques no braço, aperto de mão.

Uma das razões pelas quais as pessoas deixam um trabalho ou as suas relações é o não serem apreciadas. O desejo número um é serem amadas. Ame como a pessoa quer ser amada.

Para saber as regras do mundo on-line, você pode verificar, por meio das redes sociais, e decifrar o tipo de publicação, comentários ou elogios que faz nas publicações de outras pessoas.

> ### A técnica MICE

Há um termo usado pela CIA para que os seus agentes tenham a plena consciência dos motivos mais comuns que levam as pessoas a traírem o seu país ou parceiros. Esse termo é chamado de MICE, que significa rato em tradução livre do inglês. É o acrônimo de *Money* (dinheiro), *Ideology* (ideologia, crenças), *Compromise* (compromisso, coerção), *Ego* (ego). O agente, quando quer criar uma relação melhor ou influenciar o seu contato, não vai pedir dinheiro, forçar as suas crenças no outro, ficar vulnerável ou querer que ele eleve o seu ego. No mundo da espionagem, todos dizem que, se você não está recebendo o que quer, é porque não está dando o que precisam.

Para conhecer as pessoas, é preciso conter o ego, focar o indivíduo e descobrir como usar as suas necessidades emocionais a seu favor. Essa avaliação dará o poder de influenciar subliminarmente, não apenas sabendo como as pessoas querem receber o amor, mas também de qual maneira.

Se perguntarem a um agente da CIA por que as pessoas se tornam sugestionáveis, ele responderá com quatro palavras: dinheiro, ideologia, compromisso e ego (MICE).

MICE

Money ou dinheiro está na categoria de tudo o que o dinheiro pode oferecer: conforto, comodidade, educação para os filhos, um padrão de vida melhor ou sair de um ambiente indesejável.

Ideologia é o que a pessoa acredita ou tem como missão de vida, e é vista como uma das mais poderosas para a espionagem. Os recrutadores da CIA usam as crenças como religião, política ou ideais para influenciar e fazer com que confiem mais neles.

Claramente, um agente comprometido com uma ideologia pode ser uma arma poderosa.

Compromisso ou coerção está relacionado a como fazer as pessoas agirem, seja por meio de autoridade, seja por meio de chantagem. Uma técnica utilizada é fazer o outro acreditar que deve agir para evitar punição ou castigos. As pessoas coagidas por força, autoridade ou chantagem raramente são ideais para ajudar. Enquanto o FBI e outras forças de autoridade podem oferecer a escolha entre a prisão e a cooperação, na CIA esse comportamento é desencorajado. A coerção geralmente cria raiva, ressentimento ou sentimento de vingança, e a pessoa fica apenas disposta a fazer o suficiente para evitar qualquer punição ou castigo.

Esse comportamento de coerção em empresas vai fazer com que os líderes paguem o suficiente para as pessoas não irem embora e os colaboradores façam o suficiente para não serem despedidos.

Ego. A satisfação do ego é um motivador poderosíssimo e tem mais impacto no sexo masculino. Para reforçá-lo, tem que se estar de acordo com o tipo de necessidade da pessoa. Se ela quer admiração ou poder, devemos falar de prêmios ou promoções; se ela quer ser esperta, demonstrar que apenas os inteligentes fazem isso e, como tal, ela tem mais capacidade para fazer isso. Pode-se também usar a necessidade de proteger e indicar que, se fizer aquela determinada ação, vai proteger e cuidar da família, país ou grupo.

Todas as pessoas estão prontas para agir. Elas só precisam ter o ego acariciado, suas necessidades satisfeitas e, depois, só necessitam de um empurrãozinho emocional, com base no trabalho do dr. Robert Cialdini, para que seja ainda mais fácil e rápida a mudança no processo de influência. Há seis fatores que fazem com que se consiga motivar as pessoas a agir, também conhecido como RASCLS: Reciprocidade, Autoridade, *Scarcity* (escassez), Consistência, *Liking* (empatia) e Social.

> A técnica RASCLS

Os princípios são importantes para entender os atalhos que os seres humanos desenvolveram para funcionar em um mundo cheio de estímulos. Os padrões de comportamento ocorrem de maneira padronizada e, muitas vezes, na mesma ordem ou sequência quando um determinado estímulo é apresentado. No mundo animal, esses padrões são facilmente observados, e nós humanos ainda os temos muito presentes no nosso dia a dia. Esses padrões ajudam a fazer com que a pessoa aja ou concorde com menos resistência e não tenha a percepção de que está fazendo aquilo em vários momentos. É como se fosse um empurrão para a pessoa agir.

Antes de usar a RASCLS, é necessário conhecer mais sobre a pessoa:

- Identificar as necessidades:
  Qual é o tipo de pessoa? O que precisa? O que quer?
- Identificar vulnerabilidades ou medos:
  Do que se quer afastar? Do que tem medo?
- Desenvolver um relacionamento para avaliar e explorar:
  Como quer ser amada? Do que gosta? Do que não gosta? Hobbies?

RASCLS

Reciprocidade. Essa é uma das primeiras lições ensinadas no treino. Todos nos sentimos na obrigação de tentar retribuir o que recebemos da mesma maneira que recebemos. Existem algumas regras para aplicar essa técnica:

- Seja o primeiro a dar.
- Tem que ser uma surpresa, a pessoa não pode estar à espera.
- Tem que ser algo do gosto pessoal, e você deve dizer frases como: "Você é muito especial para mim, então eu trouxe um café para você".

O princípio da reciprocidade é quase sempre aplicado no início de uma relação. Uma das maneiras mais fáceis para começar um relacionamento é satisfazer uma pequena necessidade que a pessoa tenha revelado: pequenos conselhos sobre um problema menor, pagar um café, presentes. Vamos abordar e aprofundar como usar essa técnica mais adiante.

- Oferte brindes ou amostras.
- Quer pedir um favor, faça um pequeno favor primeiro.

Autoridade. Desde o primeiro momento, tem que transmitir a impressão de que é poderoso e bem-organizado. Desde a infância, somos ensinados a obedecer a uma autoridade e vimos que esse comportamento tanto pode trazer recompensas quanto gerar punição perante a resistência. Repare que os agentes do FBI usam sempre fatos e exibem o distintivo para não apenas mostrar autoridade por meio da aparência de bem-sucedidos, mas também realçar a posição de poder.

- "Dez dentistas recomendam a pasta X."
- Top de livros/música/filmes.

Scarcity **(escassez).** Quando algo está menos disponível, as pessoas tendem a acreditar que é mais atraente. As coisas menos disponíveis e mais raras geram atração e atenção. E, quando um item ou uma opção são oferecidos e depois retirados, as pessoas tendem a desejá-los mais.

- "Promoção do primeiro mês".
- "Últimos dias".
- "Só tenho quatro vagas".
- "Tenho outro cliente interessado!"

Ao enfatizar que qualquer oportunidade é passageira, gera-se um compromisso rápido e aumenta-se o valor da oportunidade.

- "Promoção de... até..."
- "Só hoje!"

Construir o senso de urgência faz com que as pessoas se comprometam mais com relacionamentos novos e mais profundos.

Consistência. O desejo de consistência é um ponto central no comportamento do ser humano, que precisa de razões para as suas ações. Quando uma pessoa aceita fazer várias tarefas pequenas, mais facilmente vai concordar, para ser mais consistente, em realizar tarefas maiores, e, se perceber que a tarefa faz sentido, é ainda mais sugestionável.

- Peça ajuda com pequenas coisas.
- Faça isso para se proteger de terroristas.

Liking **(empatia).** É a mais importante. Gostamos de pessoas que são como nós. É importante encontrar formas de nos ligarmos às pessoas: semelhanças de traços de personalidade, interesses, gostos ou estilo de vida. É altamente recomendado criar uma relação, o que vamos aprofundar no próximo capítulo sobre como falar e seduzir como um espião.

Social. Observar os outros, particularmente em ambientes desconhecidos, determina o que é um comportamento correto. Fazemos mais facilmente o que já está sendo realizado pelos outros.

- Modas.
- Tendências.
- "O mais visto!"
- Depoimentos.

Pode-se usar a RASCLS em todas as áreas da sua vida.

> Decifrar o piloto automático – feitio

Quando falamos com alguém, o nosso cérebro repete o que já aprendeu e como agiu no passado.

É o comportamento normal ou o piloto automático, o qual prefiro chamar de feitio, que vai revelar ainda mais informações sobre a essência da pessoa. O método é simples e consiste em conhecer a pessoa pela forma como ela se comporta em piloto automático, ou seja, qual é o seu feitio. Em comportamentos que pensamos ser normais, podemos descobrir muito sobre a pessoa.

Deixei a seguir algumas perguntas para você. Leia todas elas e assinale com as quais você se identifica mais.

☐ No trabalho, prefere focar o bem-estar ou os objetivos?
☐ Sente que é impulsivo ou ponderado?
☐ Gosta de informação para decidir ou é impulsivo?

- [ ] Sai de férias sempre para o mesmo lugar ou gosta de variar?
- [ ] Gosta de explicar ou é mais objetivo?
- [ ] Fala mais ou ouve?
- [ ] É sonhador ou tem os pés no chão?
- [ ] Nas redes sociais, publica mais selfies ou compartilha notícias?
- [ ] Gosta de seguir regras ou de quebrá-las?
- [ ] Gosta de confrontos ou prefere evitá-los?
- [ ] Prefere comandar pessoas ou ser comandado?
- [ ] Costuma dizer "quem não arrisca não petisca" ou "uma pessoa prevenida vale por duas"?
- [ ] É mais direto ou indireto na mensagem?
- [ ] É mais divertido ou mais pragmático?
- [ ] Responde rápido aos comentários negativos? Responde emocionalmente ou com fatos?
- [ ] Fala mais sobre si mesmo ou sobre os outros?

a) Feitio analítico

São pessoas que falam de maneira muito calma, ponderada, com um tom de voz constante, com tendência a ser monótono, dão muita informação e pedem muitos detalhes. Eles querem que os outros sejam precisos, prestam atenção aos detalhes e, quando possível, costumam minimizar a socialização. As pessoas os descrevem como precisos e detalhados, mas, às vezes, são excessivamente críticos, negativos e minuciosos. Embora tímidos, valorizam os poucos relacionamentos próximos. Querem saber o *como*, preferem perguntar a falar, ouvem mais e falam menos, não reagem exageradamente, a velocidade da fala é mais lenta, falam em vez de escrever, são detalhistas e precisos, têm foco em tarefas, muito ordenados, muito meticulosos, conscientes do tempo, é difícil perceber as suas emoções e querem estar certos. Gostam de verificar fatos, não apreciam mudanças rápidas, têm expectativas claras e zelam pelo profissionalismo.

Nas redes sociais, valorizam muitos os detalhes, querem garantir que as fotografias sejam perfeitas, têm textos mais longos e publicam muitos fatos.

Esse piloto automático revela uma pessoa analítica. Para criar uma ligação melhor com ela, você deve dar prazos claros, mostrar que é confiável, valorizar a lealdade, ser discreto, reservado e preciso, valorizar padrões elevados, elevar o foco, não aparentar imprecisão, verificar os fatos, demonstrar que não precisa de outras pessoas, fazer muitas pesquisas, demonstrar cautela. As pessoas que não gostam desse tipo de comportamento é porque não são analíticas. As pessoas analíticas têm tendência a serem lógicas, organizadas, rigorosas e adoram regras. O analítico procura isso porque tem medo de errar. Por isso ele demora tanto para decidir, já que tem que criar uma lógica em todo o processo: do ponto A ao ponto B faz sentido? Então passa para o ponto B. Do ponto B até o ponto C faz sentido? Então passa para o ponto C. Se do ponto C ao ponto D não fizer sentido, volta ao ponto A. Quando estressado, esse tipo de pessoa tende a adiar as decisões, detestando pressão no processo de decisão. São pessoas que podem estar mais associadas com a força dos espertos de que falamos anteriormente.

b) Feitio autoritário
Uma pessoa com o feitio autoritário é mais racional, objetiva, gosta de confrontar, pressiona na tomada de decisões, quer controlar e procura poder. Quer saber *o quê*, prefere falar a perguntar e a ouvir, pode parecer rude ou agressiva, usa a autoridade, é contundente e valoriza muito as próprias opiniões. Muito focado na tarefa, esse indivíduo pode ser impaciente e direto, está disposto a correr riscos e é consciente do tempo, revela com frequência histórias de conquistas, confia nos seus instintos e não tem receio de conflitos. A sua franqueza é percebida como falta de empatia, de sensibilidade, desinteresse devido às conversas curtas, os seus comentários rápidos revelam rudeza e frieza. Gosta de liberdade, detalhes e poder, é acessível, prefere respostas diretas e adora prestígio. Nas redes sociais: textos curtos, tem tendência a ser agressivo nas publicações ou comentários, temas mais focados em tarefas e de um só tipo. Para criar mais ligação com o feitio autoritário, tem que ser breve e ir direto ao ponto, seja claro sobre as expectativas, deixe-o sentir que é um líder, mostre competência e independência porque respeita e valoriza a autonomia e não mude frequentemente de assunto em uma conversa. Essas pessoas falam mais rápido, fazem mais gestos com as palmas das mãos para baixo, fazem contato visual mais assertivo.

Decidem rápido porque querem ter mais poder ou resultados mais rápidos. O maior medo delas é perder o controle, podendo ter um comportamento mais agressivo com os outros, acusando-os e confrontando-os. Contudo, depois de pouco tempo, atuam como se não tivesse acontecido nada. Esse tipo de piloto automático quer reconhecimento em forma de poder. As pessoas com o feitio autoritário querem que os outros sejam diretos, que vão direto ao assunto, não enrolem, sejam claros e focados nos resultados. As pessoas descrevem-no como duro, agressivo ou dominador, mas também o veem como um empreendedor e alguém que faz as coisas acontecerem.

c) Feitio amigável
O feitio amigável é aquela pessoa agradável, cooperativa, calma e que gosta de dar e receber apoio. O seu maior objetivo é a preocupação pelo outro e querer agradar. É uma pessoa mais afável e simpática, dando mais importância ao próximo do que a si mesma. Querem saber o *porquê*, preferem perguntar a falar, ouvem mais do que falam e, quando o fazem, é de maneira baixa e calma, são reservadas, quietas e calorosas. Pedem opiniões, gostam de ambientes amigáveis, são pacientes, não são impulsivas nem procuram reconhecimento, são tolerantes. Demoram para decidir porque têm que criar uma relação de confiança. São amigas, resistem à mudança, têm dificuldade em definir prioridades e prazos e não querem ser o centro das atenções. O maior medo delas é não serem aceitas pelo grupo, não fazerem parte da família. Como têm um sentimento de família enorme, se elas sentirem que não têm esse sentimento, podem se anular em situações de estresse, retirando o seu apoio e não desafiando o outro. O que mais valorizam é a confiança. Esse piloto automático pode ter como forma de amor o cuidar ou a pena. Para criar uma boa ligação, ouça, seja calmo e lógico, dê segurança, tempo para pensar ou decidir, mostre que são importantes e seja sincero. Nas redes sociais publicam sobre os seus amigos, são muito sinceras, emocionais e as suas mensagens são mais pacíficas.

d) Feitio expressivo
Por fim, temos o feitio expressivo, que gosta de ser o centro das atenções, que gosta de quebrar regras e quer amor e admiração, gosta que os outros

sejam emocionalmente honestos, amigáveis, tenham senso de humor e, acima de tudo, reconheçam as suas conquistas, tenta influenciar, necessidade de estar sob os holofotes e de ser popular, supersticioso e costuma exagerar. O seu maior medo é não agradar, por isso ele procura admiração e ostenta mais. Decide por impulso e porque gosta da pessoa. São comunicativos, estão sempre interessados em desenvolver ótimos relacionamentos, são extremamente agradáveis e preferem temas pessoais a profissionais. Dificuldade na gestão de tempo. Em situação de estresse, essa pessoa tende a culpar os outros e a usar emoções extremas para reagir, criando dramatizações. Esse tipo de piloto automático pode estar mais ligado com a forma de amor, admiração. É percebido como extrovertido, fanfarrão, competitivo, superficial, mas com um ótimo senso de humor e que precisa de reconhecimento. Querem saber *quem*. Falam mais do que perguntam e falam mais do que ouvem, e fazem isso rápido, usam muitas histórias e adoram compartilhar emoções, são espontâneos, gostam de rir e de conversar, fazem muitas expressões faciais, tendem a se aproximar muito e a tocar no outro, gabam-se bastante. Para criar ligação com o expressivo, tente uma abordagem informal, relaxada, deixe-o falar sobre sentimentos, forneça depoimentos, caso contrário ele não vai considerar você porque tem um curto período de atenção, faça elogios públicos e use o humor.

Resumindo, os feitios mais analíticos e autoritários focam resultados, não se interessando tanto pela ligação humana ou pelo impacto que possam gerar nas pessoas. Os feitios mais amigáveis e expressivos focam essencialmente a ligação com as pessoas, os resultados deles envolvem mais o bem-estar das pessoas. Os analíticos e os amigáveis demoram mais para decidir. O primeiro porque não tem toda a informação necessária e o último porque não confia, sendo mais ponderado nas suas decisões. O autoritário e o expressivo são rápidos no seu processo de decisão. O primeiro porque sente que está no comando e controle e o último porque gosta e quer agradar, sendo ambos mais impulsivos nas suas decisões.

O feitio autoritário e o amigável geralmente não se entendem: o primeiro normalmente intitula o último como alguém mole e fraco, ao passo que o último vê o primeiro como um ditador, que tem a mania de ser mandão com tudo. O analítico, quando fala com o expressivo, geralmente considera-o irresponsável, já o expressivo percebe o analítico como chato. Por esse motivo, quando o pai é autoritário e o filho, amigável, o pai, ao exercer a sua autoridade, pode fazer com que, na idade adulta, o filho tenha medo de autoridades, não desafiando ninguém e acatando tudo o que os outros lhe disserem.

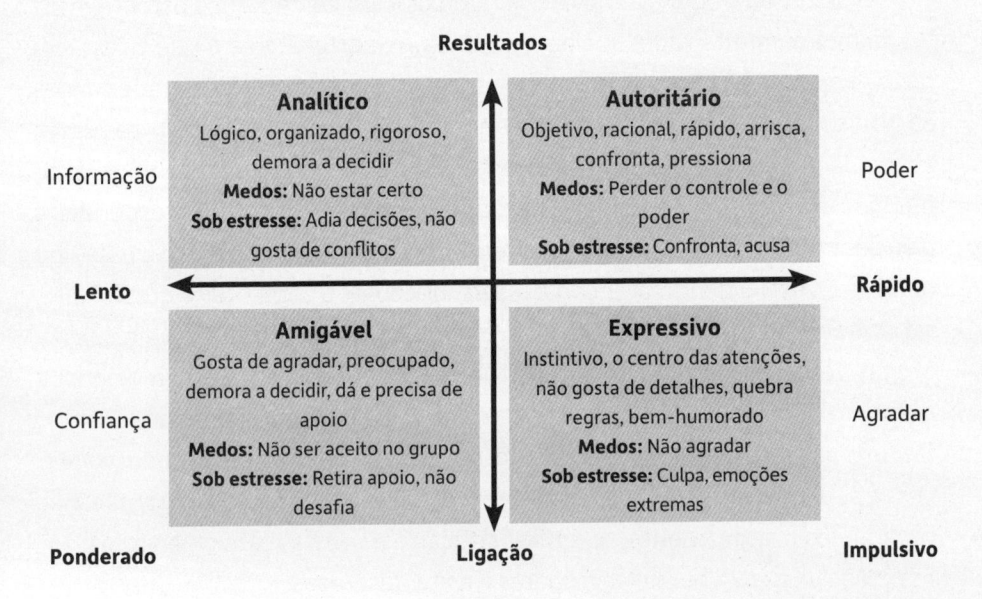

	Resultados		
Informação	**Analítico** Lógico, organizado, rigoroso, demora a decidir **Medos:** Não estar certo **Sob estresse:** Adia decisões, não gosta de conflitos	**Autoritário** Objetivo, racional, rápido, arrisca, confronta, pressiona **Medos:** Perder o controle e o poder **Sob estresse:** Confronta, acusa	Poder
Lento			**Rápido**
Confiança	**Amigável** Gosta de agradar, preocupado, demora a decidir, dá e precisa de apoio **Medos:** Não ser aceito no grupo **Sob estresse:** Retira apoio, não desafia	**Expressivo** Instintivo, o centro das atenções, não gosta de detalhes, quebra regras, bem-humorado **Medos:** Não agradar **Sob estresse:** Culpa, emoções extremas	Agradar
Ponderado	**Ligação**		**Impulsivo**

Muitas das discussões e mal-entendidos acontecem porque as pessoas com feitios de comportamento diferentes estão mais focadas na sua dor emocional do que propriamente na compreensão do outro. Não responda com ego, procure informação sobre o que a pessoa quer, do que tem medo e, se não lhe interessar, não é obrigado a aceitar tudo.

> **A regra das 24 horas**
Quem não tem informação não tem lógica e reage de maneira mais impulsiva. Isso é perigoso. Recomendo sempre às pessoas com quem trabalho que demorem 24 horas para tomar decisões para as quais não seja obrigatória uma resposta imediata, que não decidam comprar coisas que acham que são importantes ou necessárias.

Quando receber um e-mail de acusação, ofensa ou que contenha respostas sem sentido derivadas de mal-entendidos, mesmo que sinta que a resposta tenha que ser dada na hora, não faça isso. Espere 24 horas. Provavelmente iria dizer coisas de que se arrependeria se respondesse na hora. A regra das 24 horas é poderosíssima. Não responda.

Às vezes eu dou o exemplo. Quando colocam comentários ofensivos sobre mim em minhas redes sociais – você é um merda etc. –, o que penso em fazer? Responder. Tenho que contrariar a minha vontade e aplicar a regra das 24 horas. Amanhã vou pensar se respondo ou não. E acreditem: 99% das vezes acabo não respondendo. Se o fizesse na hora, o que aconteceria? Briga, problemas. Isso porque responder a comentários ofensivos é como responder a pessoas conflituosas. O que elas querem? Conflitos. Se eu respondo a esse tipo de pessoa, estou dando atenção e ela vai distorcer e aumentar o que foi dito, tal como os *haters* fazem nas redes sociais. É a mesma coisa. Não vale a pena. Muitas vezes, respondemos à maior parte das coisas de modo emocional e perdemos a razão. Tal como os presentes, as críticas dizem mais sobre quem as faz do que sobre quem as recebe. Diga-me como comenta e direi quem você é. O que será que a pessoa quer e não tem? Qual será a sua dor? Por padrão, não ofendemos gratuitamente, quem faz críticas destrutivas está olhando para si. Essa técnica das 24 horas faz milagres e evita desgraças.

> ## A regra dos 15 minutos

Nem todos os comentários são ruins. Felizmente existem também muitos comentários bons, e aproveito para compartilhar outra técnica que serve para a nossa vida: a regra dos 15 minutos. Quando acontece algo bom ou ruim que afeta o nosso ego, só podemos estar nesse estado durante 15 minutos. Se recebe elogios ou teve uma vitória fenomenal, tem 15 minutos para festejar ou compartilhar e depois voltar ao trabalho, se acontece algo ruim ou desconfortável, tem 15 minutos para se queixar ou chorar e depois começar a pensar nas soluções e trabalhar. Quando o nosso ego fica muito tempo ativo, ficamos distraídos e vulneráveis.

Gritar e utilizar a violência é falta de inteligência.

Existe quase sempre uma predisposição para um tipo de amor ir ao encontro de um tipo de comportamento como regra para alcançar o amor. Uma pessoa que tenha um comportamento autoritário, assertivo e que goste de pressionar tende a procurar o poder. A que é mais preocupada, simpática e amigável tende a procurar cuidado. A que gosta de compartilhar ou procurar informação tende a procurar inteligência. A que é mais extravagante e adora socializar procura a admiração ou a pena. Os espertos têm mais tendência a ir para um perfil mais analítico ou então para um perfil mais autoritário, porque são essas pessoas que gostam de ser percebidas como inteligentes ou querem informação que lhes dê poder.

Como e por que decidem? Como decidem as pessoas? Qual é o piloto automático para a decisão? O que faz a pessoa decidir alguma coisa? Apesar de haver muitos tipos de decisões durante a vida, você sabia que há um padrão na maioria delas? Como espião, agora você sabe que, para decifrar, temos que simplificar e padronizar, e vamos fazer isso neste momento para descobrir por que decidimos como decidimos, o que está subentendido no processo de decisão, o que a pessoa quer ganhar, qual sentimento procura nas suas decisões. Esse sentimento pode ser de surpresa, desvio, novidade, aceitação social, status, necessidade ou financeiro.

Surpresa
Há pessoas que querem sair da rotina, para elas tem que ser tudo diferente. Decidem para sair da mesmice. Não querem fazer a mesma coisa todos os dias, andam sempre à procura de novos locais, de alguma coisa, de nova formação, de desafios e de excitação. Por exemplo: uma diretora de loja trabalha para ir viajar pelo mundo. Entre surpresa e segurança, qual será a sua forma de decidir? Surpresa. Viaja nas férias sempre para locais diferentes, pratica esportes radicais. Quando nós queremos que essa pessoa decida em nosso favor, temos que lhe oferecer a percepção de que a decisão vai evitar rotinas, tédio e ser algo diferente.

Desvio
Não querem pertencer ao grupo. Quem são as pessoas que decidem em desvio? Aquelas que saem do padrão. Decidem para serem diferentes e fugirem

desse lugar. Por que existem pessoas que decidem fazer tatuagens? Agora nem tanto, já que, como começou a ser um padrão, deixam de fazer, mas antigamente as pessoas que decidiam fazer tatuagens queriam se desviar da norma.

Outro exemplo, se no escritório todas as pessoas andam de terno e gravata e existe uma de tênis ou sapatilhas e jeans, o que essa pessoa quer? Primeiro é corajosa, porque poderá ser demitida rapidamente, mas ela quer desvio. Quer sair do padrão.

Vou dar um exemplo que tivemos na política na União Europeia, o do ex-ministro grego de Finanças, Yanis Varoufakis. A maior parte dos líderes da política europeia se veste de terno e gravata. O ex-ministro, no entanto, se vestia de casaco de couro e camisa solta. E andava de moto. O que será que ele valoriza? Desvio. Quando queremos que essa pessoa decida alguma coisa, temos que passar a percepção de que vai sair da norma, do padrão.

Existem pessoas que seguem os outros e outras que vão sempre para o lado contrário. Por quê? Porque elas já pensam dessa forma. Quando obrigadas a fazer qualquer coisa que esteja de acordo com um grupo, querem sair. Não é só se desviar pela parte visual, pode ser também pela parte ideológica. Há pessoas que gostam e aquelas que não gostam de sair da caixa.

Novidade

Para alguns, tudo o que é novo é bom. Eu tenho que ter aquilo que é novo, eu ando atrás daquilo que é novo. São pessoas que não decidem para se desviarem do padrão, mas sim porque querem tudo o que é novo. Por isso, essas pessoas são as primeiras a comprar quando surge uma nova tecnologia. São focadas na novidade.

Isso quer dizer que, a partir de agora, você já pode começar a entender como a pessoa vai decidir e o que a leva a decidir por algo. E assim também vai pensar em como apresentar as soluções.

Imagine que o seu chefe decide pelo desvio, como você irá apresentar um projeto? Traga os diferenciais, o que é fora do normal, fora da caixa. Se o seu chefe decide pela novidade, você deve trazer soluções inovadoras.

Aceitação social
Essas pessoas querem ser do grupo e criticam quem sai dele. A maior parte foca a ligação com o grupo. Precisam seguir a maioria, seguir o grupo, seguir o rebanho. Para quê? Primeiro para se sentirem integradas e depois para se sentirem seguras. Por isso tendem a imitar as tendências. Se o grupo tem um determinado comportamento, essas pessoas imitam sem saber o porquê. Por exemplo: o caso da falta de papel higiênico durante a pandemia. Quem foi atrás dessa questão, normalmente decide da forma social. Nas redes sociais, quando se pede para postar algo por uma causa, essas pessoas são as primeiras a agir. Algumas vezes nem aprovam aquilo, nem conhecem a causa, mas colocam para se sentirem incluídas no movimento. O social gosta de imitar o grupo. São pessoas que imitam tudo para agradar e querem impressionar o grupo, seguindo sempre as modas existentes.

Status
Para algumas pessoas, o que importa é ter status elevado. Normalmente se gabam de sua posição ou cargo superior, mostram a roupa de marca e os bens materiais de luxo. Essas pessoas querem ser conhecidas como líderes, como superiores, como ricas e intelectuais.

Necessidade
São pessoas que focam o preço, pois, para elas, ele é mais importante do que a qualidade. São os chamados "pechinchadores". A intenção é também conseguir fazer o menos possível. Têm muito a ver com ganhar e perder. Quanto menos derem e mais ganharem, melhor para elas. Não priorizam tanto a qualidade, mas sim o esforço feito para o objetivo final, seja ele monetário, profissional ou emocional. Isso tudo porque necessidade não é só dinheiro. Claro que essas pessoas, quando se trata de dinheiro, fazem questão de comprar o que é mais barato, mesmo não sendo tão bom. São aquelas pessoas que, na hora de pagar, saem de fininho. Não é discutir preço, não é fazer bons negócios, é deixar de lado a qualidade em prol do esforço financeiro.

Financeiro
São pessoas que ponderam a relação custo-benefício. Não fazem isso por necessidade, mas sim porque só decidem quando precisam e racionalizam tudo antes de tomar uma decisão. Para executar algo, avaliam se faz sentido. Analisam tudo antes de efetuar determinada compra. Pensam nos resultados que querem com um trabalho: *Se fizer isso, vou conseguir aquilo?* Se a resposta for sim, então decidem. Se eu comprar um Tesla por 500 mil reais com autonomia de 350 quilômetros, quanto é que vou poupar? Quanto tenho que investir? O que vou fazer para o meio ambiente? Qual é o impacto?

Agora você já sabe decifrar a força da essência por meio dos comportamentos. Se conhece uma pessoa que está constantemente reclamando da vida e diz "nada dá certo para mim" ou "só fico doente", se trata de alguém que vive pela força da pena. Se fala sobre a família, os amigos, os colegas, é do feitio expressivo. Se vai ao supermercado e escolhe os produtos sem marca, porque a questão da qualidade não é valorizada, decide de modo financeiro. Se está sempre preocupada com a família, os filhos, os colegas, qual é a força? Exato! É protetor. Quer ganhar prêmios, gosta de ostentar e quer reconhecimento? Vaidoso. Se está entrevistando um candidato que se gaba muito das suas qualidades e fala sobre quão bom era no trabalho anterior, quer admiração para satisfazer a vaidade. Mexe-se bastante e fala muito? Perfil expressivo. Fala no que pode ganhar, eu é que fazia tudo na empresa anterior (eu), gosta de desafios (surpresa), mas não de rotina (novidade).

> **"Procuramos entender a nós mesmos e parece que, a cada dia que passa, nos conhecemos menos, mas com certeza a cada momento de desconhecimento acabamos nos conhecendo ainda mais. É como se, na ausência da razão, residisse a compreensão."**
>
> – Marco Teixeira

4. FALAR E SEDUZIR COMO UM ESPIÃO

Todos dizemos que não somos influenciados e não admitimos isso pois pensamos que a escolha é sempre nossa. Pensar que controlamos as nossas decisões é uma ilusão, já que somos bombardeados com estímulos para gerar comportamentos impulsivos e, muitas vezes, contrariar até nossas intenções iniciais. Na área comercial é onde isso mais acontece e nem temos a percepção de que somos alvos.

Confirme agora se alguma vez se sentiu vítima de algum dos truques que vou colocar a seguir:

- Preço R$ 1,99. O nosso cérebro decifra os números rapidamente e, se o primeiro dígito é menor, vai fazer o preço parecer mais barato, R$ 1,99 parece muito menos do que R$ 2,00.
- Colocar as parcelas do preço em vez do valor final. Assim as pessoas tendem a fixar mais facilmente e achar mais barato, mesmo que saibam o preço total.
- É só um café por dia. Dividir o preço como se fosse o custo diário faz com que ele pareça mais confortável.
- Preço ímpar-par. Os consumidores estão mais propensos a escolher algo com um preço terminado em número ímpar seguido de um número inteiro par, como R$ 4,97.
- Desconto de 21%. Números incertos parecem mais verdadeiros, o que dá a percepção de que existiu um cálculo estudado e justo.
- Alerta de promoções com as cores laranja e vermelho. A combinação dessas cores gera atenção e fome, o que faz do produto ainda mais saboroso e a compra é feita por impulso.
- "Você vai adorar a experiência!". As pessoas são emocionais e procuram experiências, por esse motivo valorizam mais essa frase do que "é o mais barato".

- Antes estava R$ 100,00 agora é apenas R$ 79,99. A distinção visual entre o preço de venda e o preço original é poderosa. Se o preço original é mais elevado, escrito em letras grandes e de uma cor diferente, fará com que o preço de venda pareça mais atraente.
- "Estoque limitado!", "Oferta por tempo limitado!", "Restam apenas três lugares!". As afirmações criam um sentimento de urgência. Por medo de perder a oportunidade, cria-se o sentimento de escassez, fazendo com que não se pense e se aja mais depressa.
- Prato do dia: 20. Não colocar o símbolo monetário. Uma pesquisa mostrou que cardápios que incluem preços sem o símbolo monetário fazem com que os clientes gastem mais do que cardápios com o símbolo.
- Preços em vermelho para homens. Alguns estudos mostram que os homens têm mais probabilidade de comprar produtos se os preços forem exibidos em vermelho. Eles parecem processar os anúncios mais rapidamente se essa cor for usada para indicar um desconto.
- Música calma e lenta. Incentiva os clientes a passar mais tempo na loja. Em contrapartida, a música mais rápida acelera a frequência cardíaca, fazendo com que as pessoas saiam dos restaurantes com mais rapidez.
- Uma entrada brilhante, colorida e com novidades. As lojas costumam colocar na entrada mercadorias coloridas, produtos frescos ou luzes, truques mentais que ativam a atenção.
- Se um item for mais caro do que a maioria, as pessoas não vão comprar; no entanto, se tiver um produto de valor inferior, os clientes sentem que comprar outros itens parece um negócio melhor em comparação.
- Mais de 50 mil já compraram o livro para decifrar pessoas. As pessoas estão mais dispostas a fazer uma coisa se o grupo já tiver feito o mesmo. Parece mais seguro.
- Na rádio dizem: "Sabe quem mente melhor? Depois do intervalo revelamos a resposta!". O nosso cérebro é programado para responder a perguntas e fica desconfortável quando não sabe as respostas, por esse motivo fazem perguntas e não dão as respostas, uma forma de manter as pessoas conectadas e fazer com que ouçam a publicidade enquanto esperam pelas respostas.

Conseguiu identificar quantos truques? Acredito que tenha visto a maior parte deles e que agora fique com a percepção da quantidade de técnicas simples com as quais muitas vezes somos influenciados, mesmo sem termos a percepção consciente disso.

Essa técnica tem como objetivo usar os comportamentos basais e não gerar alertas no cérebro, o que faria com que a pessoa ficasse desconfiada, pensasse e racionalizasse. Assim, muitas técnicas de influência não funcionam porque não são naturais. Para ser um influenciador como um espião, é preciso saber como o cérebro opera normalmente e usar os padrões de comportamentos naturais e intuitivos a seu favor.

As pessoas são previsíveis e o piloto automático nos faz andar no dia a dia como se estivéssemos de olhos fechados.

Nos supermercados é possível identificar quem está planejando roubar pelos comportamentos fora do padrão dos clientes e outros típicos de quem comete esse delito, como olhar para as câmeras, usar chapéu, olhar para cima e para trás com regularidade, evitar corredores movimentados e normalmente estar de costas para a parede. Os espaços também têm padrões e as pessoas seguem as regras deles, caso contrário, desconfie.

PADRÕES DE PILOTO AUTOMÁTICO QUE ESTÃO PRESENTES NO DIA A DIA

A seguir, você encontrará 37 padrões. Vamos lá!

1. Julgamos os outros pela personalidade ou caráter, mas nos julgamos pela situação.
   Exemplo: ele chegou tarde, então é preguiçoso. Eu cheguei tarde, mas foi o trânsito.
2. Desculpamos os fracassos com fatores externos, mas os sucessos são da nossa responsabilidade.
   Exemplo: não consegui ganhar porque estava chovendo. Ganhei porque trabalhei muito para isso. Ganhamos porque jogamos bem. Perdemos por causa do árbitro.

3. Favorecemos as pessoas do nosso grupo em oposição àquelas que estão fora dele; devido ao desejo de conformidade e harmonia, tomamos decisões irracionais, muitas vezes para minimizar conflitos, e, quanto mais o grupo adotar ideias, crenças ou modas, mais as pessoas vão fazer isso também.
Exemplo: se ela é do meu time, gosto mais dela. Se ela tem isso, também vou comprar. O vizinho fez uma obra, repare no aumento de obras que vão acontecer na sua vizinhança.
4. Se quando conhecer uma pessoa perceber que ela tem algo positivo, essa impressão positiva vai ser percebida na maior parte dos seus comportamentos; no entanto, se perceber algo negativo, essa impressão negativa também vai ser percebida na maior parte dos seus comportamentos.
Exemplo: ela não pode ter feito isso, é tão simpática. Ele não está sendo legal, então deve ser também um líder ruim, pai descuidado e amigo fofoqueiro.
5. Acreditamos que as pessoas concordam conosco mais do que realmente acontece. Exemplo: todas as pessoas fazem isso! Todas as pessoas pensam assim! O que não corresponde à verdade.
6. Quando sabemos algo, presumimos que todos os outros também sabem.
Exemplo: não posso usar essas técnicas porque todas as pessoas sabem disso também.
7. Superestimamos o quanto as pessoas estão atentas ao nosso comportamento e aparência.
Exemplo: você reparou como ele estava vestido hoje? Você viu, a roupa estava cheia de manchas. Não cuida do cabelo! Não vou contratar porque parece desorganizado pela forma como se veste.
8. Desculpamos ou defendemos mais as pessoas se nos relacionamos com elas, seja no quesito crenças, seja no quesito gostos ou experiências.
Exemplo: se a pessoa é parecida comigo e acredita nas mesmas coisas que eu, é difícil de acreditar que tenha feito algo ruim.
9. As pessoas mais inteligentes se fazem de burras e vice-versa.
10. Confiamos muito nas primeiras informações apresentadas para tomar decisões.

Exemplo: está com desconto, é um bom negócio! Black Friday tem só bons negócios.

11. Fazemos o contrário do que nos dizem, especialmente quando percebemos ameaças às liberdades pessoais.
12. Encontramos e nos lembramos de informações que confirmam as nossas percepções e crenças.
    Exemplo: acredito em óvnis! Vi uma luz ontem à noite, devia ser um óvni! (Na realidade, era uma estrela-cadente.)
13. Temos tendência a romantizar o passado e a ver um futuro negativo, acreditando que a sociedade está em declínio. Exemplo: antigamente os jovens não eram assim! A sociedade está perdida.
14. Tendemos a preferir que as coisas permaneçam iguais em vez de pensar na possibilidade de mudar e perder algo.
15. Investimos mais em coisas que tiveram um custo para nós do que no que é oferecido.
16. Adotamos crenças generalizadas de que os membros de um grupo terão certas características, apesar de não termos informações sobre como eles são.
    Exemplo: todas as pessoas daquele grupo são iguais.
17. Confiamos e somos mais influenciados pelas opiniões de pessoas com autoridade.
    Exemplo: o Ronaldo usa aquela roupa, então deve ser boa. No mundo dos influenciadores digitais, se uma pessoa tem um milhão de seguidores e usa um produto, é porque ele é bom.
18. Decidimos mais depressa quando o risco é menor.
    Exemplo: garantia de dois anos. Devolução do valor em trinta dias.
19. A percepção do tempo se altera quando existe trauma, uso de drogas, amor ou esforço físico.
    Exemplo: quando me acidentei, parece que o tempo parou. Quando estou com ela, o tempo voa.
20. Damos um peso desproporcional às questões triviais, muitas vezes para evitar questões mais complexas. Quando nos sentimos pressionados e

temos dificuldade em lidar com isso, tendemos a nos preocupar com coisas mínimas para evitar a dor de enfrentar o que é grande.
21. Lembramo-nos mais das tarefas incompletas do que das concluídas.
O cérebro precisa de conclusão, assim como no anúncio da rádio de que falamos anteriormente ou nas cenas dos próximos episódios das séries.
22. Valorizamos mais as coisas que criamos e construímos. Quando vendemos os nossos pertences, queremos sempre mais do que eles valem.
Exemplo: estou iniciando um projeto e ele é espetacular.
23. Quanto mais pessoas por perto, menos provável de alguém ajudar caso necessário.
Exemplo: em acidentes, devemos ligar para a polícia, mas sempre pensamos que alguém já ligou.
24. As pessoas são mais simpáticas se você colocar um espelho para que se vejam. Isso acontece porque elas têm uma percepção mais rápida das suas emoções desagradáveis e controlam mais os comportamentos negativos.
25. As amizades entre os 16 e os 28 anos são mais robustas.
26. O sarcasmo revela inteligência e boa resolução de problemas, mas as pessoas não gostam dele.
27. Quanto mais rápido é o pensamento, mais ilegível e confusa é a letra.
28. O tempo médio de uma pessoa guardar um segredo é de 47 horas e 15 minutos.
29. As pessoas que querem que os outros sejam felizes são aquelas que se sentem mais sozinhas.
30. Quando segura a mão da pessoa que ama, sente menos dor e menos preocupação.
31. Quanto mais inteligente uma pessoa for, menos amigos terá; é mais seletiva.
32. Casar-se com o seu melhor amigo ou amiga diminui o risco de divórcio em 70%.
33. As pessoas problemáticas são aquelas que mais têm problemas.
34. Mulheres bem-dispostas, felizes e animadas têm mais amigos homens.
35. Sentir solidão tem o mesmo impacto que fumar quinze cigarros por dia.
36. Você fica mais atrativo quando fala do que gosta.
37. Pensamos que não somos afetados pelos padrões.

Os espiões usam todos esses comportamentos a seu favor, e as pessoas não conseguem ter a percepção de que estão sendo influenciadas por eles. Uma função importante do cérebro é procurar comida, o qual funciona mediante a fome ou o apetite: se está de estômago cheio, o cérebro abranda e provoca sonolência; se está de estômago vazio, fica mais atento e perspicaz. Se quiser então estar mais preparado cognitivamente para uma tarefa, é importante não comer muito antes dela, fique com o estômago levemente vazio e assim vai estimular a atividade cerebral. E, para ajudar ainda mais a ativar a sua capacidade de análise, mexa-se antes do evento. Como o córtex motor está perto do córtex associativo, tanto sua ativação quanto sua contração vão estimular o cérebro associativo, tendo um impacto positivo na memória e nos processos cognitivos. Pode fazer isso ficando de pé, ao mesmo tempo que inspira e levanta os braços, e, ao expirar, baixe-os e mantenha a barriga encolhida. Além de ficar mais alerta, ainda vai fazer com que flua mais sangue para os órgãos, membros e cabeça. Entende agora o objetivo do processo de espreguiçar? Se costuma ficar nervoso, abane ou sacuda as mãos; se quiser acalmar o cérebro, mas os pensamentos repetitivos de medo persistirem, pergunte a si mesmo: esse pensamento é útil? E responda: *não*! E deixe fluir o pensamento, não resista, uma vez que o que resiste persiste.

Ser um influenciador é ser um conector entre o que a pessoa deseja e como pode conseguir, porque as pessoas só fazem aquilo que as aproxima da concretização dos seus sonhos ou objetivos. Uma vez que a influência é sempre sobre o outro, qualquer ato influencia a pessoa a tomar uma decisão. É preciso compreender a relação entre o conteúdo emocional e a química e eletricidade do cérebro. Liberar as substâncias corretas e criar eletricidade nas zonas exatas do cérebro vai fazer com que as pessoas tenham mais dificuldade em dizer não para você. Mude a química, mude a emoção, mude a decisão.

Os filhos são muito bons em trabalhar com a nossa química. Quando eles querem pedir alguma coisa e sabem que provavelmente vamos dizer não, o que fazem? Mimos e elogios! Química e não razão. Os mimos e os elogios liberam dopamina e oxitocina, uma combinação explosiva que nos deixa entorpecidos e faz com que sejamos mais influenciáveis. As zonas racionais desligam quando temos respostas emocionais fortes, sejam elas boas, sejam elas más.

Quando começamos a compreender a química do cérebro e como os hormônios são liberados, dominamos o processo de influência.

> **DICA DO DECIFRADOR**
>
> Quero fazer uma recomendação: se ficar abalado com um e-mail, mensagem de texto, chamada telefônica ou com vontade de comprar algo, espere! Não decida já! Analise.
>
> Somos seres reflexivos, desse modo respondemos ao que acontece. Um exemplo simples: se sorrir, a pessoa vai responder com um sorriso; mas, se estiver mal-humorado, como acha que a pessoa irá responder? Ouço muitas pessoas falando que só encontram pessoas antipáticas e mal-humoradas. Por que será? As suas expressões faciais influenciam não só a si mesmo, mas também têm muito impacto no outro, porque o objetivo delas é comunicar para o outro e não para você. Além de ser responsável pelo amor, a oxitocina é o hormônio da confiança. Por esse motivo, as pessoas mais tristes e estressadas são as mais desconfiadas. Quer que a pessoa confie mais em você? Faça-a liberar oxitocina.

COMO AUMENTAR OS NÍVEIS DE OXITOCINA?

Modos não verbais:
- Sorrir;
- Tocar o braço;
- Abraçar;
- Beijar;
- Elogiar;
- Levantar as sobrancelhas rapidamente;
- Fazer contato visual simpático;
- Apontar para o umbigo;
- Acenar com a cabeça moderadamente.

Modos verbais:
- Poderia me ajudar?
- Vou contar um segredo para você
- Obrigado

- Preciso de você
- Sua apresentação estava incrível
- Uau! Muito bom! (Sons de confirmação.)

Um dos inimigos da produção de oxitocina é quando uma pessoa com o ego elevado e ferido está chateada e recebe elogios demais sem motivo. Essa atitude quebra a ligação emocional e gera competição. É preciso ser líder e pensar sobre como vai ajudar as pessoas. Liderança não é domínio, é servir os liderados.

Pessoas que têm o hábito de culpar os outros estão paradas, não aprendem e tornam-se vítimas. O ego delas é frágil, não as deixe sabotar as suas relações. As pessoas agressivas, por outro lado, são inseguras porque estão escondendo o medo; a agressividade não tem a ver com você, mas sim com elas, então as ajude.

Faça as coisas parecerem memoráveis e de fácil entendimento, já que não nos lembramos do que não conseguimos compreender. A influência tem que ser simples e temos que trabalhar no nível do conhecimento da pessoa que queremos influenciar.

??? VOCÊ SABIA QUE...

Os discursos do ex-presidente norte-americano Barack Obama foram feitos como se falassem com um jovem do 8º ano? Isso porque um jovem dessa idade consegue perceber a mensagem principal do discurso.

DICA DO DECIFRADOR

As pessoas não concordam com aquilo que não entendem. Quer que uma ideia se torne apelativa? Simplifique-a. Se, por outro lado, quer que uma ideia seja rejeitada ou que não exista tanto debate, complique-a.

Técnica de tendência, hemisfério e gestos (THG)

Quero compartilhar agora com você uma técnica que poucos conhecem para exponenciar a ligação emocional com as pessoas e otimizar o seu poder de influência. Os movimentos e os gestos variam de acordo com o nível de emoção, os pensamentos e os sentimentos, e cada um de nós usa mais um lado preferencial quando se refere a algo negativo ou positivo. É possível que mexa mais a mão direita quando diz algo positivo e a esquerda quando diz algo negativo; ou então incline o corpo para um lado quando fala sobre algo positivo ou para o outro lado quando fala sobre algo negativo. Esse movimento está relacionado à tendência dos hemisférios. Lembro-me de aprender com o formador das agências secretas mundiais.

Para descobrir o THG, basta pedir à pessoa que conte a você uma experiência boa ou fale sobre o que gosta. Depois, observe para que lado ela olha com mais frequência. Esse será o lado da tendência do hemisfério positivo. Depois, também pode fazer o contrário e pedir à pessoa que fale sobre uma experiência negativa e perceba para que lado olha.

Agora que descobriu para que lado olha para as questões positivas, use esse conhecimento a seu favor para influenciar a pessoa. Para fazer isso, mexa mais a mão do lado positivo dela, dê um ligeiro passo para o lado positivo ou sente-se e aborde-a por esse mesmo lado. Essa técnica pode ser usada para confirmar se a pessoa gosta e confia em você. Para isso, verifique se o ombro do lado positivo está mais próximo ou afastado em relação ao lugar que você está, porque, quando desconfiamos ou não gostamos de alguém, o ombro do lado positivo retrai. Normalmente, o lado positivo é o lado esquerdo da pessoa.

As pessoas adoram quem é parecido com elas, especialmente quem se comporta da mesma forma. Então, se a pessoa gesticula mais com a mão esquerda quando fala sobre algo negativo, também deve usar o seu lado esquerdo para falar de coisas negativas.

Use o corpo a favor do sentimento que quer gerar na pessoa ou toque no lado correspondente à emoção que quer transmitir. Pode-se usar uma mão para falar, deslocar-se uns centímetros para o lado negativo ou positivo, fazendo com que olhe mais para o seu lado direito ou esquerdo, aumentando a probabilidade de respostas positivas.

Em discussões, quando alguém disser "tem razão", é o mesmo que ouvir "OK, chega". As palavras influenciam o cérebro emocional; quando se fala com uma pessoa, ela cria imagens para compreender o mundo mais rápido e facilmente. O segredo está em fazer com que a pessoa veja as imagens que você quer que ela visualize. Mas como fazer isso se é a pessoa que decide o que quer ver?

Imagine um limão cortado ao meio. Pegue-o agora com a mão direita e coloque-o na boca. Você provavelmente começou a salivar, não é mesmo? Como é possível acontecer isso se não colocou nenhuma gota dele na boca nem está vendo o limão nesse momento?

Imaginar é experimentar. Quando usamos a palavra "imagine", automaticamente a pessoa cria uma imagem de acordo com o que foi pedido e reage biológica e emocionalmente ao que foi falado.

Foi assim que conquistei a minha esposa e garanto que não foi fácil. Éramos apenas amigos, mas comecei a me apaixonar e não sabia como deveria abordar isso com ela porque tinha medo de perder a nossa relação de amizade se revelasse a minha paixão. Lembrei-me da técnica do "imagine" e decidi usá-la. Em vez de perguntar a ela se queria namorar comigo, falei: "Imagine só se namorássemos!". E fiquei esperando a reação dela. Se ela fizesse a expressão de nojo e dissesse "Credo, nem pensar", ficaria com uma manobra possível para dizer: "Verdade, não tem sentido nenhum". E assim não estragaria a amizade. Mas, felizmente, a reação dela foi boa e aproveitei para avançar.

PODE-SE USAR ESSA TÉCNICA NAS DIVERSAS ÁREAS DA SUA VIDA: NEGOCIAÇÕES, INFLUENCIAR AMIGOS E FAMILIARES ETC.

- Imagine só se essa proposta desse certo e...
- Imagine só se saíssemos para jantar...
- Imagine só se estudasse dois dias e tirasse boas notas...
- Imagine só se já tivéssemos resolvido o problema, ficaríamos mais tranquilos, né?

Para influenciar pessoas, é necessário compreender os mecanismos biológicos, evolutivos e emocionais que influenciam os nossos comportamentos, o que nos leva a agir. Sabia que leva apenas alguns segundos para convencer alguém a falar com você? Antes de ter o pensamento e concluir se o outro quer conversar, lembre-se de que o nosso cérebro quer responder apenas a quatro perguntas simples: amigo ou inimigo? Vencedor ou perdedor? Competente ou incompetente? Quero me relacionar com essa pessoa ou há possibilidade de fazer isso?

O consciente confirma o que o inconsciente sente.

Transforme o modo como vê a mente humana, porque, para mudar uma pessoa, você tem que focar a emoção, e não a razão. Como não pode mudar a pessoa diretamente, mude a consciência, a capacidade de percepção. Se mudar isso, você estará mudando também as emoções e a biologia, abrindo a possibilidade de controlar a sua vida e a dos outros. Somos motivados pelas emoções, e não pela razão, decidimos de acordo com as emoções e usamos a lógica para justificar.

Ele só diz mentiras, mas pelo menos é honesto.

Desenvolva a habilidade de ler e manipular o inconsciente por meio de técnicas biológicas e emocionais. Essas técnicas são ensinadas por *hackers*, negociadores, trapaceiros e engenheiros sociais nas escolas de espionagem para ajudar os espiões a obterem mais informação, aumentarem as possibilidades de resultados desejados e fazerem com que as pessoas ajam de acordo com o que planejaram, pensando que são elas que estão decidindo. Quando estiver lidando com pessoas, lembre-se de que não está lidando com seres lógicos, mas sim seres emocionais e com ego.

É importante dominar a biologia e a emoção, mas, se conhecer a história do outro, terá ainda mais poder, porque só somos influenciados por aquilo que já nos influencia. Estamos sempre à procura de padrões, então não só tem mais poder quem gera mais atenção como também mais importância. Conseguir captar a atenção é compreender o piloto automático e saber que já existem programas inconscientes que geram mais atenção do que outros: o que brilha é mais poderoso do que o que é maçante, o movimento é mais do que o que é estático, o campo visual alto é mais poderoso do que o baixo, a energia e o entusiasmo são mais do que o aborrecimento, o som é mais do que o silêncio, a surpresa é mais do que a rotina, os segredos são mais do que o conhecido e o medo é mais do que o prazer. Se você controlar a atenção, controla a pessoa.

Não tente convencer ninguém. É preciso que o outro se convença sozinho. Trabalhe com as ideias que ele já tem ou já conhece, sejam elas corretas, sejam elas incorretas. Não o corrija, ajude-o a ser o que ele quer ser ou ter, mesmo que precise seguir os seus passos para que goste mais de você. Confie mais e se torne mais memorável, tornando-se assim ainda mais impressionante.

Como entramos na mente da pessoa para que ela faça o que queremos que ela faça em menos tempo? Quem são as pessoas mais fáceis de influenciar? As mais céticas, emocionais, tristes e com ego elevado. Não se concentre no que quer, mas sim na relação, em dar amor, satisfazer os seus interesses emocionais. Descubra o que é importante para elas e terá aquilo que quer.

FAÇA O DEVER DE CASA

A arte de influenciar começa antes da interação. O que pode descobrir antes sobre a pessoa? O que pode saber sobre ela e o que procura?

> **??? VOCÊ SABIA QUE...**
>
> Mais de 80% da informação obtida pelas agências secretas tem como origem as notícias publicadas tanto diretamente, por meio de jornais, noticiários ou rádios, quanto indiretamente, por meio da espionagem.

Existem os padrões de ação e comportamento inconsciente, que revelam antecipadamente qual é o seu perfil e o que a pessoa quer ganhar. Mas, se não estamos com ela, como podemos saber? Pelas coisas que compartilha nas redes sociais de modo direto ou indireto.

Se sabe que vai participar de uma reunião ou sair com determinada pessoa, procure informações sobre ela nas redes sociais. Além de conhecer a sua história pessoal ou profissional, isso vai ter um impacto enorme em você, porque, se no futuro interagir com ela, o seu cérebro vai vê-la como menos ameaçadora porque sente que já a conhece, evitando que toda a sua linguagem não verbal emita sinais de ansiedade ou de medo, substituindo-os por de reconhecimento, que são úteis para criar uma ligação poderosa, fazendo, por exemplo, o movimento de levantar e abaixar as sobrancelhas, sinal de que já a conhece, logo não é uma ameaça, e faz sem saber porque o inconsciente não compreende a diferença de conhecer uma pessoa no mundo presencial ou on-line.

Voltando ao que a pessoa pode colocar nas redes sociais, as informações diretas estão relacionadas ao que podemos aprender de maneira clara e lógica, como "Fui almoçar e...", "Estou feliz", "Comecei a trabalhar na empresa X" e "Viajei nas férias para Y". Já as informações indiretas estão relacionadas ao ato de decifrar e analisar o comportamento e compreender por que faz aquilo e o que quer satisfazer emocionalmente. Um exemplo claro são os comentários. Por que comentamos a publicação de alguém específico e o que falamos? Uma frase que exemplifica essa leitura é: diga-me o que comentas e te direi quem és.

Nas redes sociais, tendemos a seguir, expressar gostos ou comentar em publicações de pessoas que admiramos ou de que gostamos, mas deixo um alerta: a admiração de algumas pessoas pode ser feita pelo lado negativo, transformando-se em um *hater*.

O *hater* é uma pessoa que comenta com regularidade de modo destrutivo e insultuoso. Sabia que faz isso por amor ou admiração? Não é sensato, só quer destruir a pessoa porque quer ser como ela ou ter o que ela tem, mas, como não consegue, gera dor para tentar destruir e fazer com que esse sentimento desapareça.

Ao ver esse tipo de comportamento, é simples decifrar quais são os sonhos e ambições que o *hater* quer alcançar e não está conseguindo; assim, vai comentar destrutivamente a pessoa que mais admira. O mesmo acontece no mundo presencial com as pessoas que constantemente criticam os outros de maneira destrutiva.

Assim, faça a pesquisa preliminar da presença social, pois ela nos dá muita informação sobre o seu perfil e outros aspectos da personalidade para mapear o seu estado emocional, quais as necessidades e desejos. Pode até descobrir antecipadamente como ajudar.

O PODER DOS 4 MINUTOS

As pessoas absorvem a maior parte da informação em 4 minutos. A arte de desenvolver relacionamentos com qualquer pessoa – um amigo, família, colega de trabalho ou estranho – resume-se à capacidade de conseguir criar uma relação poderosa em 4 minutos, de maneira que a pessoa se sinta segura, confie em você e reconheça a sua competência e liderança.

> **??? VOCÊ SABIA QUE...**
> A pessoa absorve a maior parte da informação em 4 minutos, e temos 3,2 segundos para captar a atenção dela.

Quero dar a você o poder de criar uma relação poderosa em quatro minutos por meio de técnicas psicológicas avançadas, usadas pelas maiores agências secretas mundiais, líderes e negociadores de sucesso. Ao aplicá-las nos primeiros quatro minutos, você vai conseguir ultrapassar o *firewall* emocional e criar ligações mais rápidas e duradouras, aumentando as respostas positivas em negociações e otimizando o carisma.

Pergunte para ouvir e não para responder.

De onde fala, para onde fala e quem diz as palavras importa. Antes de saber as técnicas que pode usar para criar uma relação poderosa em quatro minutos, é importante captar a atenção da pessoa. Vamos lá!

O que fazer para captar a atenção?

1 – Razão e o porquê
Não diga "Só preciso de um segundo!", diga "Preciso de dois minutos porque quero falar sobre...". Não peça dois segundos a alguém pois um tempo reduzido aumenta a possibilidade do outro dizer não ou não querer interagir. Crie a percepção de blocos de tempo curtos, mas suficientes para lhe dar atenção. Pessoas com mais pressa ou com menos tempo tendem a recusar mais vezes ajuda. Logo, é bom dar a percepção de quanto tempo vai precisar para falar e, muito importante, a razão pela qual necessita do tempo.

Ter um pretexto ou razão, um contexto para o encontro, vai torná-lo menos ameaçador. Crie uma justificativa, uma explicação ou uma desculpa para que aquele encontro aconteça de acordo com aquilo que quer. Os pretextos funcionam como gatilhos emocionais positivos (ganhar) ou negativos (perder). Um bom pretexto alivia, um pretexto ruim aumenta a ansiedade, as preocupações e até mesmo dissipa a vontade de ajudar ou colaborar mais.

Perder e ganhar ativa a parte mais primitiva do cérebro, fazendo, muitas vezes, perder a razão. Diga qual é a razão para a pessoa perceber o que vai ganhar. Não caia no erro de dizer somente:

- Nos falamos amanhã na reunião.
- Quando você chegar, nós conversamos!
- Precisamos conversar.
- Me empresa dinheiro.
- Preciso de você para algo.

Todos esses comportamentos geram ansiedade e medo, então, para estabelecer conversas mais confortáveis, dê uma razão, uma vez que a maioria das pessoas pensa que a outra sabe qual é o motivo pelo qual queremos interagir, o que não é verdade. Mostre a razão e o ganho na fala. Diga:

- Preciso de dois minutos para falar sobre o que você acha de...
- Gostaria de conversar com você sobre... Podemos falar cinco minutos?
- Quero a sua opinião sobre... Preciso só de três minutos!
- Adoraria saber a sua percepção sobre... Podemos falar agora por um minuto?

> **💡 DICA DO DECIFRADOR**
>
> Para reuniões mais eficazes, defina os tópicos do que vai ser debatido e o tempo de duração máximo e compartilhe com os participantes antes de começar. Se puder acabar dez minutos antes do planejado, vai gerar um índice mais elevado de aceitação e bem-estar. Reuniões presenciais superiores a noventa minutos são improdutivas e menos eficazes, enquanto nas on-line a duração não deve ser superior a sessenta minutos.

2 – *1ª impressão*
As pessoas são reflexivas, agem e respondem a gatilhos internos e externos. Para gerar empatia, mesmo antes de falar, é necessária uma primeira impressão poderosa, uma imagem de confiança, valor, cooperação e liderança. Nessa

primeira fase, o mais importante é criar uma ligação emocional, porque, se a pessoa não gostar e não confiar em você, é muito desafiador criar empatia.

A empatia deve começar logo nos primeiros cinquenta milissegundos, com a técnica SOMA:

Sorriso
Olhar
Mãos
Aparência visual

O sorriso é uma ferramenta poderosa. Nos dias de hoje, as pessoas não procuram quem é sério, mas sim quem é mais aberto e sorridente. A questão de mostrar os dentes naqueles cinquenta milissegundos é transmitir confiança e mostrar que não é uma ameaça. Olhar nos olhos é sinônimo de competência. Caso não faça contato visual, reconhecemos o indivíduo como menos competente e vencedor. Sorrir e fazer esse contato visual é prioridade nos primeiros cinquenta milissegundos. Quem tem dificuldade em fazer isso, deve olhar uma vez para os olhos do outro, descobrir a cor deles e, aí, sim, voltar ao seu estado normal.

No caso de uma videochamada, ao colocar a câmera acima do nível dos olhos, vai parecer menor; normalmente quem opta por esse tipo de estratégia procura mais admiração. Nos casos em que a pessoa opta por utilizar a câmera abaixo do nível dos olhos, será percebida como mais arrogante, no entanto revela uma necessidade de poder e controle. Por isso, o ideal será sempre colocar a câmera no nível do olhar ao fazer videochamadas. Outro indicador bastante interessante é compreender a vontade e/ou necessidade de socializar. Quanto mais afastado estiver da câmera, menor é a vontade de socializar ou de criar ligação emocional; por outro lado, quanto mais próximo estiver da câmera, maior é a vontade de socializar e de se aproximar. Mesmo quando a vontade é grande, existe uma tendência de a pessoa querer interferir na sua vida pessoal ou profissional, não respeitando os limites.

Nesses cinquenta milissegundos, é também fundamental mostrarmos as mãos à altura da zona do peito, que está interligada com a credibilidade. As pessoas mais emocionais utilizam e elevam mais as mãos ao falar, enquanto as mais analíticas as usam menos, e, por fim, o tronco deve estar virado para a câmera. Nessa realidade on-line, lembre-se de decifrar a pessoa por meio de pistas de alerta que podem indicar que algo não está bem. São aquelas de que falamos anteriormente e que podemos aplicar às chamadas ou às reuniões on-line.

> **SINAIS DE ALERTA:**
>
> - Enrugar o nariz – Microexpressão de nojo que indica não gostar.
> - Cantos dos lábios para baixo – Microexpressão de tristeza.
> - Sorriso unilateral – Microexpressão de desprezo que indica superioridade ou que não valoriza a sua opinião.
> - Olhos que piscam muito – Falta de interesse, tédio ou cansaço.
> - Tocar muito no rosto – Ansiedade.
> - Tapar a boca – Vontade de falar ou objeção.
> - Lábios pressionados – Tensão, estresse, não concordância ou objeção.
> - Bocejar – Tédio ou estresse.
> - Balançar a cadeira – Quero ir embora.
> - Mãos atrás da cabeça – Eu é que mando aqui.

A aparência visual é outro componente dessa fórmula. Se for a um banco, por exemplo, e deparar com uma pessoa vestida de jeans e chinelo, você entregaria a ela o seu dinheiro? A maior parte das pessoas não entregaria. Por quê? Será que essa roupa faz dela mais ou menos competente? Claro que não, só que já esperamos uma forma de se vestir de acordo com o contexto. Se fosse comprar um sorvete e encontrasse uma pessoa de terno e gravata, o que diria? Que foi demitido do banco!

Não há um modo certo de se vestir, depende sempre do contexto. Aqui está a questão principal: como as pessoas que vão me ouvir ou estão comigo esperam que eu me vista? Se quisermos falar com alguém de modo mais formal, teremos que adequar o nosso vestuário à situação, tal como as cores, como já vimos. Se usar azul, vai ser reconhecido como mais crível; se usar um pequeno acessório vermelho, como pulseira, brincos, pulseira do relógio ou as costuras do casaco nessa cor, vai ser percebido como mais poderoso; se usar cores mais quentes, tais como amarelo, laranja, cor-de-rosa, vai ser percebido como mais emocional; e, se usar cores mais escuras, vai ser percebido como mais pragmático. Quanto à maquiagem, reforço que, por favor, não confunda biologia com ideologia, o excesso, tal como acontece com os acessórios, pode indicar insegurança. Devemos ter cuidado como utilizamos a cor do batom. Se falarmos em contextos ou em negócios mais pragmáticos, o batom vermelho pode criar uma ilusão de que a pessoa está mais focada na sensualidade, podendo-a fazer perder a percepção de competência. Lábios vermelhos são um indicador biológico e primitivo de reprodução. Isso acontece porque, quando estamos mais excitados sexualmente, o sangue flui mais para os lábios e órgãos reprodutivos como preparação para a reprodução, o que os torna mais avermelhados; se interagirmos em contextos com mais emoção, criatividade, imagem, beleza e outros semelhantes, faz todo o sentido apostar no batom vermelho. O mesmo acontece em um contexto mais informal. Não há uma fórmula certa, mas tem que estar de acordo com a pessoa que queremos influenciar, por isso vista-se da maneira com o que o outro espera. Antes de uma videochamada, temos que prestar muita atenção ao tipo, porque é preciso pensar na imagem que se quer passar. Se pessoal, vista a sua versão pessoal, mas, se profissional, vista a sua versão profissional, pelo menos da cintura para cima, desde que a parte inferior não fique visível. Para além daquilo que vestimos, temos que ter em conta o que aparece por detrás de nós. A parede deve ser de uma cor neutra, evitando cansaço cognitivo; estar de costas para uma janela em dias mais claros vai dificultar a visão do rosto e não gostamos de falar com sombras; objetos desnecessários para o contexto da videochamada vão criar distração e a percepção de desorganização; as plantas são sempre um adereço que representa abundância devido ao instinto primitivo de que, quando se via vegetação, existia alimento, proteção e água, mas não abuse. Preste atenção também aos tipos de objetos, como religiosos, políticos, gostos pessoais, pois os grupos e as pessoas amigas tendem a gostar das mesmas coisas. Se estiverem visíveis os gostos ou crenças pessoais que sejam diferentes dos de quem estamos interagindo, pode ser percebido inconscientemente como ameaça. Tudo é sinal e tudo é interpretado, mesmo que não seja de modo consciente.

    A primeira impressão, nos dias de hoje, também é medida pelo número de seguidores e gostos.

> **DICA DO DECIFRADOR**
>
> Um mentor meu dizia muitas vezes: "Não se vista como é, vista-se como quer ser".

O corpo e a mente reagem ao que vemos, ouvimos ou cheiramos. O cérebro é programável, e um dos programas ao qual respondemos automaticamente é responder e obedecer à autoridade, assim como à necessidade de pertencer a um grupo ou tribo. Existem gatilhos evolutivos e biológicos que, sem nos darmos conta, nos fazem obedecer e, ao usar as seguintes técnicas psicológicas, vão satisfazer essas necessidades de maneira subliminar, fazendo com que crie uma ligação poderosa e duradoura.

Técnica da empatia competente

Sempre me perguntei por que algumas pessoas choram bastante nos filmes. Aprendi depois que são as mais empáticas que o fazem.

Empatia é diferente de simpatia. Simpatia é simplesmente estar e ser agradável, ao passo que empatia é compreender o que a pessoa sente e criar uma boa ligação emocional. Existem três tipos de empatia: emocional, cognitiva e competente. A empatia emocional é sentir o que a pessoa sente, a cognitiva é compreender o que a pessoa sente e a competente, a mais eficaz, é compreender o que a pessoa sente e descobrir como pode ajudá-la. Se a pessoa está triste, não fique triste, compreenda a sua tristeza; se chora, não chore com ela, compreenda por que chora e, em seguida, descubra como pode ajudá-la. Criar empatia é como uma divisão entre dois mundos emocionais diferentes em que existe compreensão em vez de julgamento, mas, para que isso aconteça, é preciso que seja criada uma ligação emocional forte para descobrir quais são as prioridades da pessoa.

Você sabia que, em 41% do tempo, falamos sobre as nossas prioridades, o que queremos ou o que não queremos? Saber o que os outros sentem e pensam é muito mais importante para uma relação saudável do que estar constantemente focado em fazer com que as pessoas saibam aquilo que pensa ou sente. Só fale sobre si mesmo por, no máximo, três minutos. Caso contrário, é muito provável que a pessoa perca o interesse.

> a) Comece positivo, comece pela outra pessoa e comece simples
Comece as interações sempre pelo outro e de maneira positiva. A tendência é querermos falar sobre nós, então não caia nessa tentação nem tente mostrar que é mais do que o outro ou mais inteligente. Alimente o *ego* da outra pessoa, e não o seu. A maioria das pessoas comete o erro de tentar conquistar o outro falando sobre si mesmo. Desde o início, relatam suas qualificações, experiências, objetivos, queixas ou os desafios que estão enfrentando no momento e, ao fazer isso, ignoram a história e a perspectiva das outras pessoas e correm o risco de a perder, desperdiçando os primeiros minutos falando sobre si mesmas. A única maneira para estabelecer confiança e construir influência é demonstrar uma compreensão do ponto de vista do outro, mesmo que seja algo que considere ilógico ou inconcebível. Compreenda, não julgue. Nos primeiros minutos, a pessoa não quer saber da sua história, mas o que você pode fazer por ela, se pode ou não confiar em você, se pode ganhar alguma coisa dessa relação, seja ela emocional, seja ela material. Se puder demonstrar que vê a situação da perspectiva dela e que vai ajudá-la, você ganha poder. As pessoas querem saber mais sobre você quando a informação é positiva; se é negativa, nem tanto.

**Simplifique, não utilize palavras complicadas
e de difícil compreensão.**

> b) Fale o nome da pessoa
Diga o nome da pessoa. Ouvir o nosso nome ativa uma área específica do cérebro que nos faz sentir bem e reconhecidos: quanto melhor a pessoa se sentir, mais ela vai associar características positivas a você e aumentar a vontade de interagir. Por exemplo, quando vamos a um restaurante e nos tratam pelo nosso nome, nos sentimos mais importantes, mas geralmente a conta será sempre mais elevada. É importante ouvir, já que a maior parte das pessoas não presta atenção ao nome do outro quando ele se apresenta. Está tão empenhada em ser reconhecida, em querer ser mais admirada, que nem ouve o nome da pessoa, por isso é importante tratarmos pelo seu nome, mas, para isso, temos que ouvir.

> 💡 **DICA DO DECIFRADOR**
>
> Em uma reunião, um dos truques que costumo usar para não me esquecer dos nomes é desenhar a mesa no meu caderno e escrever o nome das pessoas no espaço em que estão sentadas.

Atenção: é importante que repitam o nome do outro apenas duas vezes nesse primeiro período de quatro minutos. Reparem que nunca será pela quantidade, mas sim pela qualidade.

Além de reconhecermos a outra pessoa pelo próprio nome, é importante expressar que entendemos qual é o tipo de amor que querem receber. É claro que, para quem amamos, precisamos também expressar isso verbalmente, uma vez que, se não fizermos, haverá sempre alguém que fará antes de nós. Se não falar que amo a minha mulher, por exemplo, sabem o que pode acontecer? Vai descontar a falta de amor em outras coisas, como nas compras. Como eu sou esperto, chego perto dela e já digo que a amo.

Temos tendência a dizer que amamos a outra pessoa quando precisamos de algo em troca. Na área comercial, em posições de liderança ou mesmo com os próprios filhos, quando é que demonstramos amor? Na área comercial, fazemos isso quando queremos vender algo, só que os clientes não são bobos. O mesmo acontece quando queremos ganhar algo em uma negociação e ligamos para a pessoa, algo que não faríamos normalmente. Se queremos influenciar alguém, antes de pedirmos alguma coisa, temos que começar demonstrando amor. Claro que não é o amor propriamente dito, é mostrar ao outro que você vê como ele é, reconhece o seu valor e gosta dele. Assim, quando precisar de algo, mais facilmente vai conseguir o que precisa.

Essa é uma das formas de amor que podemos dar. A outra é fazer com que a pessoa ame a si mesma. Imagine que ela diz: "Olha, trabalho aqui há quinze anos, é muito tempo". O que falar em seguida? "Com certeza, e reconhecemos a sua vitória e o seu esforço". Nesses primeiros quatro minutos, as pessoas têm por hábito se gabarem das suas conquistas, mas o que devemos fazer é parabenizar pelo sucesso e perguntar como fizeram isso. Por exemplo, na minha casa sou eu que cozinho em alguns dias e, em outros, é a minha esposa, mas ela cozinha muito melhor do que eu. Quando ela faz aquela comida maravilhosa, eu reconheço o seu trabalho e pergunto como ela fez aquela receita. As escolas de espionagem trabalham muito nesse tipo de pergunta, e você pode utilizar isso com sua família, superior hierárquico, colegas e amigos. Como fez isso? Como conseguiu? Qual é o seu segredo? Essa pergunta é poderosíssima, pois permite que a pessoa se autoelogie e não pareça bajulação.

Elogiar primeiro, satisfazer o interesse e fazer com que a pessoa ganhe. Por isso, não interrompa, deixe que ela se autoelogie, porque só ao conhecer a sua história é que vamos conseguir influenciar.

- Quero parabenizar você porque admiro pessoas pontuais.
- Você é extraordinário porque transmite muita honestidade.
- Excelente trabalho porque executou a tarefa X dessa forma.
- Parabéns pelo seu percurso, pode contar mais sobre a sua história?
- Não deve ter sido fácil conquistar o que conquistou. Quais foram os seus maiores obstáculos e como os ultrapassou?
- Muito bom! O precisou fazer para chegar a esse nível?
- Essa comida está excelente, qual é o seu segredo?
- Está mesmo saudável, como conseguiu?

Se fizer com que as pessoas sintam que têm escolha, tornam-se mais influenciáveis. Pergunte onde quer se sentar, onde quer sair para comer, a qual filme gostaria de assistir, se prefere encontrar com você hoje ou amanhã. Dar a percepção de escolha às pessoas, dando duas opções em forma de pergunta, é um passo para aumentar o poder de influência.

> c) Contenha o ego

Para algumas pessoas, não é fácil conversar sem ser sobre elas. Além disso, têm dificuldade em ouvir as conquistas dos outros, ficam corrigindo constantemente, falam coisas como "não sei", "desculpa" e forçam a conversa para voltar para elas mesmas devido ao ego. Essa necessidade é inata de aprovação. Assim, não responda "Eu também sou", "Eu também fiz" ou "Eu também tenho", valorize o que a pessoa é, fez ou tem com palavras de entusiasmo. Não tenha receio de valorizar porque é sinal de confiança, ao contrário da luta, do eu tenho, sou ou fiz. Para criar ligação, o ideal é deixar de lado a vontade de ter razão. Não tente mudar os valores ou crenças das pessoas, entenda a maneira de verem o mundo. As pessoas não querem saber a sua opinião, mas sim entender como as trata e o que pode fazer por elas.

> d) Peça ajuda

Somos criaturas que, de uma forma primitiva, tendemos a ser altruístas. É sobrevivência. As tribos eram mais fortes quando estavam unidas, logo existe essa necessidade de ajudar, e atendemos mais facilmente aos pedidos dos outros se nos pedirem ajuda.

- Tenho uma opinião/projeto/ideia e adoraria compartilhar com você para que me ajude. Quando podemos nos reunir?
- Poderia me ajudar a...
- A sua ajuda é fundamental, poderia estar presente no dia...?

> e) Seja camaleão

A via mais rápida para criar conexão é a inconsciente. Essa técnica tem o objetivo de construir confiança e convencer a pessoa de que é como ela, o que faz com que a pessoa foque você e goste mais de você. Adoramos pessoas como nós. Aprendi centenas de formas de fazer isso, mas escolhi as mais simples e poderosas. Normalmente, as pessoas usam os mesmos comportamentos, movimentos e palavras para se comunicar, e existem métodos mais sofisticados comprovados que são exponencialmente mais efetivos do que as tradicionais abordagens oferecidas pela Programação Neurolinguística (PNL). Muitas vezes, na formação de PNL, nos dizem para imitar ou fazer movimentos semelhantes aos da pessoa com quem estamos interagindo, no entanto em algumas outras não é especificado que só devemos imitar os movimentos feitos em momentos que sejam associados a emoções positivas. Espelhar o comportamento de quem admiramos ou gostamos é um comportamento primata que trazemos no nosso inconsciente; assim, usar a natureza para influenciar é o mais poderoso. Quando uma pessoa começa a ficar familiarizada com outra e gosta dela, os comportamentos não verbais e verbais tendem a ser iguais, é automático. Começamos a copiar e a sincronizar os comportamentos, movimentos e palavras das pessoas de que gostamos e confiamos. Muitas pessoas ficam chateadas ao serem imitadas. No entanto, quem imita admira, é um bom sinal. Agora deixo um alerta: tente criar mais depressa do que as pessoas copiam.

Existem as mais variadas formas de criar essa ligação por meio do ato de espelhar ou *rapport*:

(1) Espelhar os movimentos ou gestos com um espaço de tempo de dois a três segundos. As suas mudanças de posição devem ser sutis e não deve imitar todos os gestos, somente os que a pessoa faz quando se refere a algo positivo. Quando a pessoa imita os seus gestos, o cérebro dela segue. A forma subliminar mais fácil e simples de criar ligação com a pessoa por meio dos gestos e para não ter o desconforto de ser descoberto é acenar com a cabeça três vezes quando termina de falar ou de ouvir a pessoa. Vai reparar que, quando faz isso, a outra pessoa também faz.

Experimente essa variante para descobrir se a pessoa já está ligada emocionalmente a você. Por exemplo, quando está tomando um café com outra pessoa, pegue a xícara e beba. Se a outra pessoa pegar na xícara e também beber logo em seguida e fizer isso mais de uma vez, significa que está ligada emocionalmente. Um espião usa essa técnica para perceber se está sendo observado ao bocejar. Se a outra pessoa fizer o mesmo, é sinal de ligação, logo pode estar sendo observado. Experimente em casa com a sua família ou grupo de amigos. Não bocejar em resposta ao seu bocejo indica que a pessoa não está conectada.

É uma excelente ferramenta não só para criar ligação, mas também para testar se a pessoa está mesmo interessada em você. Existem várias formas de fazer isso: apontar para fora e perceber se a pessoa olha, inspirar fundo e expirar e perceber se o outro faz o mesmo, endireitar a postura e perceber se faz o mesmo, dar um passo para trás e observar se vai se aproximar de você para diminuir a distância.

A sintonia entre duas pessoas é tão poderosa que, quando abraça alguém, tende a regular os batimentos cardíacos e os sentimentos. Se a pessoa que ama estiver nervosa, estressada ou ansiosa, não diga nada, simplesmente a abrace.

Quem copia, admira.

(2) Nomes semelhantes, pois nome igual pode não ter o impacto de ligação desejado, mas o que funciona bem é se eles tiverem a sonoridade inicial ou final semelhante (João – Joana; Pereira – Teixeira). Outra dica que pode usar, se tiver um familiar com nome ou apelido semelhante ao da pessoa com quem está interagindo, é falar "Que coincidência, o meu avô também se chamava Joaquim".

Assim, se contar uma história, pode dar à personagem um nome igual ou parecido ao da pessoa com quem está interagindo. Ela vai se identificar mais.

"Aprendi uma grande lição com o (nome parecido), e foi muito importante para mim."

Cuidado com os sobrenomes e apelidos, pois podem criar afeição ou desdém.

(3) Pedir o mesmo tipo de comida ou bebida. No restaurante, deixe a pessoa pedir primeiro, porque, se pedir algo semelhante a ela – as entradas, o prato principal, a bebida ou a sobremesa –, e até comentar que foi uma excelente escolha e que também gosta daquele prato, a pessoa sente que fazem parte da mesma tribo. Comer com alguém cria uma ligação poderosa, tanto que os casais que compartilham o copo, a comida ou até a sobremesa revelam uma ligação forte.

(4) A voz tem muita influência no inconsciente da pessoa: o tom de voz baixo comunica autoridade e força, mas, se acabar uma frase ou declaração com a voz aguda, transmite incerteza. O tom agudo denota falta de autoridade, ao contrário do mais grave, que, além de criar a ressonância vibracional, é um tom de voz hipnótico, gera autoridade e gera sintonia. Se quiser descobrir o seu tom hipnótico, coloque a mão na parte de baixo do peito e fale: quanto mais sentir a vibração, mais poderoso será o seu tom hipnótico. A neurobiologia explica por que temos essas percepções somente ao ouvir uma voz grave ou aguda. Quanto maior é o nível de testosterona, hormônio muito associado à força, maior é a percepção de que a pessoa é forte e de que vai nos proteger, logo ficamos mais seguros. Mas, se os níveis de estrogênio, hormônio sexual feminino, forem mais elevados, indica fertilidade, tanto que se comprovou que as mulheres no período fértil ficam com a voz mais aguda.

Imagine como um simples som pode alterar a nossa biologia, química, emoções e pensamentos. Neste exato momento, enquanto escrevo esta frase, estou na cozinha no período mais sereno da manhã tomando um café, ouvindo os pássaros cantarem e, de repente, ouço passos descendo as escadas. O meu coração pula e sinto meu peito inundar de emoções boas e de alegria, pois é o amor da minha vida que está vindo. Veja como um simples som é capaz de alterar o nosso estado biológico, emocional e racional.

Compreender o funcionamento da biologia, e ainda associar a psicologia evolutiva, nos dá o enorme poder de compreender e influenciar subliminarmente comportamentos, com pequenos grandes truques de bioinfluência. Esse tipo de influência é muito usado no mundo da espionagem, porque não é percebido na maioria das vezes pelos seus alvos. Esse truque utiliza as leis da natureza.

A velocidade da fala é importante, primeiro para descobrir o que a pessoa mais valoriza e para induzir sentimentos. Se ela fala depressa, indica entusiasmo, emoção e pensamento rápido; se fala devagar, é mais analítica, tímida ou relaxada. É importante não falar muito depressa porque se perde credibilidade.

Para captar a atenção da pessoa, pode-se aumentar ligeiramente a velocidade da fala e, para fazer com que se sinta relaxada ou tranquila, diminuir a velocidade. Se quiser que a pessoa entre em sintonia consigo, fale na mesma velocidade dela, e depois, se quiser atenção, pode aumentar de acordo com o padrão da pessoa ou diminuir para relaxar.

Não deve só aproximar a velocidade da fala, mas também o tom de voz e o volume. E, por fim, vou revelar uma técnica simples e poderosa para aumentar a percepção de poder: usar pausas curtas, antes ou depois das frases de efeito, criando curiosidade e dando tempo para o outro absorver o que foi compartilhado. Isso fará com que você seja visto como poderoso e carismático.

(5) Pronomes. Comece por "você" e use "nós" em vez do "eu", pois pode gerar competição. O "ele" e "ela" revelam interesse e indicam colaboração. Ao usar o "nós", não é sentida rejeição, mas sim segurança e conexão, o que faz com que a pessoa fique mais envolvida e mais comprometida. É muito difícil a pessoa ficar contra você quando diz "nós".

- Qual é a sua opinião?
- Como está?
- O que pensa sobre...?
- Nós podemos fazer isso, o que você acha?
- Se fizermos assim, vamos ganhar mais!
- Vamos pensar nós dois sobre o assunto?
- Algum restaurante bom que recomendaria?
- Estou pensando em tirar férias, você recomenda algum lugar? E que tenha já visitado?
- Estou pensando em ler um livro no verão, tem algum para recomendar?
- Estou pensando em dar um presente para a minha namorada, pode me ajudar?
- Estou pensando em comprar um carro, qual é a sua opinião?

Qual é o pronome que a pessoa usa habitualmente? O "eu", o "nós" ou o "eles"?

É possível saber mais sobre a pessoa pelo pronome que usa com mais frequência. Quando é o pronome "eu", foca-se mais em benefícios próprios, no que ganha, é mais vaidoso e egocêntrico. Quando o pronome mais utilizado é "nós", é uma pessoa de equipe e família. As pessoas que são altruístas, caridosas e mais preocupadas com os outros do que propriamente com elas utilizam mais o pronome "eles" e, mesmo que não o usem de forma explícita, as atitudes ou comportamentos vão identificar qual é o pronome em questão. Se o pronome utilizado for "eu", devemos dar ao outro admiração. Se for "nós", devemos dar o sentimento de família e cooperação. Se for "eles", devemos dar o sentimento de contribuição. Se utilizamos o pronome "você", significa que valorizamos a informalidade nas relações. Essa informação é importante, não só para criar ligação mas também para a usarmos para influenciar.

(6) Palavras, adjetivos e nomes. Conheça as palavras-chave da pessoa; a forma mais fácil de criar ligação é utilizá-las, sejam elas nomes, sejam elas adjetivos. Se ela diz impecável, diga impecável, se ela diz inovação, diga inovação. Não use apenas o seu vocabulário, escute e não se esqueça de que tem que ser interessante e não interessado. As palavras que as pessoas usam são muito importantes para recolher pistas sobre a inteligência comportamental.

Primeiro, pode usar as palavras para criar ligação e fazer com que gostem mais de você. Para que isso aconteça, use os mesmos nomes ou adjetivos que a pessoa utiliza quando se refere a um sentimento, objetos ou coisas. As palavras que a pessoa quer ouvir não são aquelas que eu gosto de ouvir, mas sim aquelas que ela quer ou precisa ouvir. Um mesmo sentimento, objeto ou coisa pode ser descrito das mais variadas maneiras ou palavras, então, para uma pessoa que está feliz, pode dizer que está feliz e, para outra, pode dizer impecável; uma, por sua vez, pode se referir a uma casa como apenas casa; outra, como imóvel ou habitação. Usar palavras diferentes das utilizadas pela outra pessoa gera imagens diferentes, apesar de falarem das mesmas coisas. Agora, se usar palavras semelhantes às da pessoa, ela sente que você a compreende e fala a mesma linguagem que ela, criando empatia e ligação. Use, portanto, os mesmos nomes e adjetivos para descrever sentimentos, objetos e coisas.

Exemplo:
"Estou feliz! E você?"
"Estou muito feliz!"

> **DICA DO DECIFRADOR**
>
> O tipo de adjetivo que a pessoa usa indica como ela vê o mundo, se de maneira negativa ou positiva. Confirme se a pessoa usa mais adjetivos negativos, como nojo, indisposição, nervoso, velho, tristeza e pior, ou se usa mais adjetivos positivos, como extremamente, lindo, liberdade, confortável, aliviado, calma, fantástico e maravilhoso.

Copie as entoações. Se a pessoa fala com mais emoção quando diz "espetacular!", faça o mesmo, mas com menor intensidade.

Evite usar muito as palavras "sinceramente", "honestamente" e "obviamente". Elas são muletas que, quando utilizadas, destroem o seu discurso, porque são indicadoras de insegurança em relação à mensagem; outro comportamento verbal que se deve evitar, à exceção de contextos familiares ou quando se fala com crianças, é usar as palavras no diminutivo, como bocadinho, tempinho, cafezinho e almocinho. Esse recurso faz com que o discurso fique infantil. Referir-se às pessoas como chefinho, coleguinha ou amiguinha revela que se sente superior.

Se não escuta, não sabe com quem está falando.

(7) Histórias, hobbies ou interesses. Gostamos de pessoas como nós, com histórias, hobbies e interesses em comum. Ter algo em comum gera sentimento de pertencimento, além de o cérebro liberar uma explosão química que fornece prazer, respeito e confiança.

A pessoa gosta de futebol. Se você também gostar de futebol, vocês têm uma ligação forte. O mesmo acontece se moram longe da família e se gostam de golfe, por exemplo. Todas essas semelhanças devem ser aproveitadas para aumentar a ligação.

Atenção: não minta. Se não tem o mesmo interesse ou hobby, não invente, porque vai ser descoberto. O ideal é usar outra vez a família. Se sabe que a pessoa vai para a praia nas férias, mas você não costuma ir, não minta, diga apenas: "Eu não costumo ir para a praia, no entanto a minha avó vai sempre e adora". A frase cria um efeito semelhante. Existem padrões nos interesses em comum: para lidar com jovens, fale de música, jogos, séries, filmes e futebol. Se seus amigos já são pais de filhos pequenos, pode falar sobre pediatras, escola e futuro.

Técnica da autoridade transferida

Agora que você já sabe que seguimos as autoridades e obedecemos a elas, então, se quiser aumentar a sua e fazer com que as pessoas respeitem mais você, ou então não duvidem, use a autoridade transferida. Existem quatro formas de fazer isso.

> Autoridade

- Comente que leu ou ouviu algo de uma autoridade que a pessoa reconheça como tal.
- Vi um programa na televisão e o apresentador descrevia que...
- Lembro-me de ver um documentário em que as pessoas explicavam que...
- Na aula, a professora disse...
- Há um artigo interessante sobre como podemos ler pessoas em três tempos.
- Um mentor me disse que...
- O meu avô me disse que ...
- Estava ouvindo o Dr. Phil e ele falou que a resistência causa depressão.
- Lembrei-me de ler uma frase do Prêmio Nobel da Paz sobre...
- Quando o campeão de surfe faz isso...
- O Dalai Lama fala sempre que...
- Ouvi um empreendedor de uma empresa famosa dizer que...

> Sabedoria

Adoramos frases sobre a história e a vida de pessoas sábias e acreditamos nelas naturalmente. Se comentar sobre frases de famosos, vai conseguir ultrapassar mais rápido o fator crítico do ceticismo inicial. Se souber a pessoa ou o tipo de pessoa que o outro admira, faça citações dessa personalidade. E agora você pode estar se perguntando: como posso descobrir? Simples, pesquise nas redes sociais, em conversas, livros expostos ou revistas.

> Influência social

Nós ainda continuamos programados para viver, caçar e proteger em grupo. Estamos mais inclinados a ajudar as pessoas que são do nosso grupo; logo, se quiser ajuda dessa pessoa, você tem que ser parecida com ela para que ela tenha a percepção de que está interagindo com alguém do mesmo grupo. O que é aceito pela sociedade ou pelos outros é mais facilmente aceito por você. Alguns influenciam mais do que outros, no entanto têm sempre impacto na pessoa. Pode comentar sobre modas, tendências, o que todos fazem ou usam.

> Estatísticas

Estatísticas também trazem uma mistura de autoridade e influência social. Isso acontece porque as estatísticas normalmente são feitas por entidades competentes que analisam o grupo. Se as estatísticas indicarem a maioria das pessoas, vai ter o efeito de influência social.

- Estudos revelam que 70% das pessoas vão se arrepender de não terem seguido o seu sonho.
- Lembro-me de ver 80% das pessoas confiando mais em si mesmas quando acabaram de ler o livro.
- Você sabia que 95% das pessoas que fizeram o curso "O Código" se sentiram mais poderosas depois?

"Nem o ser humano nem os animais podem ser influenciados por outra coisa senão por uma sugestão."
– Mikhail Bulgákov

> **DICA DO DECIFRADOR**
>
> Saber o nome não é saber a história. Perguntar é uma forma útil e fácil de obter informações, de mudar o curso de uma conversa ou de tornar a pessoa ciente de uma necessidade. Obter informações é o foco principal. Não podemos forçar a pessoa a fazer aquilo que nós queremos, temos que fazer com que façam aquilo que queremos, e para isso temos que compreender o mundo dela. Não queira mudar as pessoas.

Técnica OOAPE

Aprendi a próxima técnica com um dos melhores formadores mundiais das agências secretas e utilizo-a sempre que quero saber muito sobre o outro, ajudando-me também na sistematização daquilo que devo saber sobre as pessoas. Essa técnica no mundo da espionagem é muito usada para complementar o que já sabemos sobre a pessoa e a sua essência, e vai nos ajudar no processo de conexão e autoridade.

Objetivos: Quais são os objetivos que ela tem a curto prazo? Se soubermos o que a pessoa quer da vida, vamos conseguir oferecer e ajudar muito mais naquilo que ela quer. Se não soubermos o que ela quer, como conseguiremos influenciar? Simplesmente não conseguiremos, por isso é importante sabermos os seus objetivos.

Ocupação: Qual é a sua profissão? Qual é a função que ela ocupa na empresa? Precisamos dessa informação para calibrarmos o nosso discurso. Se a pessoa for médica, podemos criar analogias com a medicina para que seja possível influenciá-la. Por exemplo, se quisermos vender batatas a um médico, tenho que criar uma analogia entre batatas e medicina. Como faço isso? Depende da conversa, mas, ao saber que ela é médica, vou criar exemplos e cruzar informação entre a parte da medicina e a parte das batatas. Aqui está o ponto principal: perceber o que o outro faz.

Amor: Do que a pessoa gosta? Do que não gosta? O que mais gostaria de ter e não tem? Por exemplo: do que o outro mais gosta na praia? O mar calmo, a praia vazia ou cheia? Profissionalmente, quando trabalhamos com equipes, do que o outro mais gosta no grupo? O que ele gostaria que a equipe fizesse e não está fazendo? Com os clientes é a mesma coisa: do que gostam mais no meu produto? O que gostariam que o produto tivesse e não tem? Nas relações pessoais, pergunte ao seu parceiro ou parceira: do que você mais gosta em mim? Do que não gosta? O que gostaria que eu fizesse e não estou fazendo? Isso se tiver coragem, porque a resposta pode surpreender. Isso nunca deverá ser feito de modo literal. Comece aos poucos e vá perguntando.

Paixão: Saber para onde vai viajar nas férias, por exemplo, pode ser feito usando uma informação curta para a pessoa devolver com a informação completa. Se diz: "Este ano fui para o Nordeste, e você?". Você colocou toda a informação que já tem e usou para obter a informação de que precisa. Pode perguntar o tipo de hobby da pessoa e o que ela faz no tempo livre. Por exemplo, quem viaja sempre para o mesmo local nas férias está procurando o quê? Estabilidade e segurança. A pessoa que está constantemente mudando de destino procura surpresa e variedade. O que significa que o seu produto, serviço ou influência tem que ir sempre ao encontro daquilo que os diferentes tipos de pessoas querem. Se gostam de revistas sobre negócios, explore esse assunto; se gostam de revistas sobre flores, fale de flores.

Expectativas: Quais são os sonhos? Onde a pessoa quer estar? O que ela quer alcançar a longo prazo? Por que ela trabalha? Para os filhos, para ela ou para reformar ou ter uma casa?
Quando soubermos essas cinco informações sobre as pessoas, conseguiremos influenciá-las com mais facilidade.
Temos que ter em mente que, às vezes, nem sabemos como as pessoas mais próximas de nós responderiam a essas perguntas. Há aquelas que estão tão interessadas em ser os interessantes que se esquecem de ser os interessados. Quando estamos em modo interessante, é a mesma coisa que sermos surdos e cegos com um megafone na boca.
Depois de saber mais sobre o outro, não caia na tentação de falar sobre si mesmo. Aprofunde ainda mais a relação fazendo mais perguntas. As pessoas adoram falar sobre elas e adoram ainda mais quem as ouve.

> Como? Quando? Quais desafios?

Para fazer com que a pessoa fale mais, use essa técnica simples para aumentar a ligação e descobrir ainda mais. Faça mais perguntas sobre o que descobriu por meio da técnica OOAPE e comece com: Como? Quando? Quais desafios?

- Como começou a fazer isso?
- Quando percebeu que você tinha talento para...?
- Quais desafios encontrou até agora durante o seu percurso de...?

> Não verbal

Mudar ou endireitar a postura durante a conversa vai fazer com que a outra pessoa fique mais atenta. A forma como se comporta não verbalmente pode aumentar e fazer com que a pessoa confie mais em você.

- Respiração abdominal mais devagar demonstra relaxamento e tranquilidade, já que é o que fazemos quando estamos dormindo.
- Relaxe os ombros: ombros contraídos indicam ameaça. Se nos sentirmos ameaçados, a pessoa vai ficar desconfiada.
- Expor o pescoço. Pode-se usar uma técnica para a pessoa expor essa região. Uma delas é olhar para cima e pensar.
- Faça expressões de felicidade, curiosidade ou surpresa. Faça com que as pessoas queiram falar mais com você. Elas são atraídas por expressões positivas ou temas de que elas gostam.
- Gestos abertos. Ouvir de braços cruzados faz com que se retenha menos informação e aquelas pessoas que falam menos com as mãos não compartilham tanta informação. As pessoas que cruzam os braços quando ouvem ou falam tendem a ter menos sucesso.
- Inclinar-se para a frente revela interesse.
- Faça sinais verbais de concordância. "Sim, sim!", "Hum, hum!". Esses sons dão motivação para a pessoa continuar falando.
- Guarde o celular e não o coloque na mesa. O celular é hoje em dia um dos maiores focos de distração nas conversas e todos sabemos disso. Guardar o celular é o indicador inconsciente de que vai dar toda a atenção para a pessoa com quem está falando, mostra que é importante. Não basta virar a tela para baixo, é preciso guardá-lo no bolso ou na bolsa.

Para confirmar se a empatia foi criada, observe os sinais não verbais.

Conforto

- Sorrir;
- Inclinar ligeiramente a cabeça ou acenar;
- Elevar as sobrancelhas;
- Falar com as palmas das mãos para cima;
- Movimentos com os braços e as mãos para cima e para fora.

Desconforto

- Lábios pressionados;
- Sobrancelhas para baixo;
- Agarrar o próprio braço ou mão com mais força;
- Movimentos com os braços e as mãos para baixo e para dentro.

Para avaliar uma pessoa depressa, deixe cair algo e verifique se ela tem o impulso de ajudar a pegar. Se ajuda, indica pessoa mais altruísta.

> Próximos passos

Dar uma direção, conhecimento ou revelar os próximos passos para a pessoa seguir. Se ela souber o que vai acontecer a seguir, perde poder. Dê direções. Oferecer mais do que três opções é exagero, e a estratégia tem que estar de acordo com os seus valores e crenças.

Repare quantas vezes vê em títulos "Sete passos para ser rico", "Três passos para a felicidade", "Os próximos passos".

Para usar essa técnica a seu favor, mostre um caminho simples e enumere os passos a serem seguidos.

- Quero mostrar a você o que pode fazer a seguir...
- Se faz sentido, posso guiar você...
- Faz sentido? Se sim, os próximos passos são...
- Ajudarei com os próximos passos com todo o prazer.

Se sei o que procuro, ganho poder de influência sobre a pessoa.

> Elimine as possíveis ameaças

Elimine as possíveis ameaças que a pessoa percebe na mudança. Crie uma imagem de segurança, antecipe dúvidas. Estamos falando sobre perceber medos e gerir consequências. Crie um ambiente seguro para que a conversa possa fluir. O medo gera agressividade ou faz com que a pessoa se esconda ou fuja. Se a livramos do medo, livramo-nos da agressividade. Então, descubra o medo.

Tememos o que não percebemos. Clarificar a razão por que vai fazer aquilo, prever e perceber que as pessoas agem da mesma maneira nas mesmas situações de ameaça – param, lutam ou fogem – e criar a imagem do que vai acontecer vai ajudar a pessoa a ver para além do que está à frente dela. Alimente com informação suficiente para que ela sinta que está decidindo bem.

Ser amado e estar em segurança são as necessidades mais poderosas, por esse motivo é importante eliminar qualquer percepção de ameaça. Mesmo que ela exista, você deve diminuir a sua percepção. Se quer que alguém vá para algum lugar, vá primeiro. Pode dar um exemplo de que você ou alguém já fez. Respirar bem é fundamental para transmitir segurança, que é revelada pela forma como fala e ouve.

> Transmitir segurança subliminarmente

- Inspire, conte até cinco e expire no mesmo tempo.
- Não interrompa, pois transmite insegurança.
- Balance a cabeça três vezes quando a pessoa acabar de falar e faça sons de confirmação.
- Incline ligeiramente a cabeça para o lado direito.
- Feche os olhos devagar e balance a cabeça ligeiramente. Isso cria confiança.
- Sorria com os olhos, tenha gratidão.

Há outra forma de influenciar: dando mais insegurança e medo para a pessoa agir. Ao dar consequências, medo e insegurança vão tornar as pessoas influenciáveis; se elas sentirem que estão perdendo o amor e a segurança, vão fazer aquilo que quer que elas façam.

Se a pessoa estiver em um elevado grau de medo, sem nem conseguir pensar, ouvir ou compreender, tem que resetar o que está acontecendo para eliminar esse estado e fazer com que ela consiga ouvir você. Em medo ou pânico, podem-se usar as seguintes frases, dependendo do contexto ou das pessoas:

- Porque acredita naquilo que duvida!
- Não faz sentido não pensar para não se sentir assim!
- Qual é a cor do seu espelho?
- Qual é o sexo da cobra?
- No que não está pensando agora?

O medo vem, muitas vezes, disfarçado de ganância, inveja, vaidade, autoritarismo, raiva e perfeccionismo. Essas são algumas das desculpas em que as pessoas acreditam para não agir.

Se mudar a relação com o medo, mudará a sua vida.

> KISS – Keep It Simple & Short

Torne o processo simples e curto, não complique. Aqui estamos falando sobre mostrar simplicidade e criar facilidade no processo de mudança. Fale menos, pergunte e ouça mais. Faça a pessoa se sentir especial e mostre que ela vai ganhar. Se existe um truque simples, esse é oferecer atenção. Ouvir o que a pessoa tem para dizer, compreender, mostrar curiosidade e interesse e direcionar os próximos passos faz com que as pessoas se sintam especiais e únicas e queiram agir.

> **DICA DO DECIFRADOR**
>
> A maneira como a conversa termina é tão importante quanto como começa. A última impressão é tão poderosa como a primeira.
> Termine a conversa falando sobre o quão fantástico foi falar com a pessoa: "Vou me lembrar muito de você". O foco é estar genuinamente interessado e fazer com que a pessoa fique mais feliz e melhor depois de nos conhecer. É simples, mas não é fácil, e, apesar de muitas pessoas saberem, muitas não se lembram de fazer isso.

Faça as pessoas se sentirem especiais, porque realmente são.

> REGISTRAR PARA RECORDAR

Quando aplicar todas as técnicas, você vai saber muito mais sobre a pessoa do que ela, muitas vezes, sabe sobre si mesma, no entanto não pode confiar totalmente na sua memória, pois alguma informação importante pode se perder. Após a interação, deve anotar sobre o que ouviu e decifrou para que, em futuras interações, se recorde do que é importante para a pessoa, quais são as suas prioridades, desafios, gostos, medos ou sonhos, já que, se nelas falar sobre pontos que foram conversados anteriormente, a pessoa vai sentir que você a conhece e a valoriza.

Técnica OODA

Estudos mostram que as pessoas mais bem-sucedidas tomam decisões mais rápido, mas sempre informadas.

Os seres humanos são criaturas de hábitos e padrões; para aprender melhor, é necessário simplificar e sistematizar, porque esse conhecimento vai ajudá-lo a compreender melhor a mente humana, a chave para decifrar pessoas. Estamos constantemente nos comunicando com os outros e com o mundo, então, para ouvi-los, é necessário prestar atenção ao óbvio. Isso pode mudar a sua vida, fazer com que erre menos, que decida e influencie melhor, mudando a sua maneira de pensar sobre como você pensa.

O que fazem os espiões? Procuram informações que possam ser benéficas para a sua segurança e estejam de acordo com os seus objetivos, e para isso precisam saber decifrar e influenciar as pessoas. O poder do espião está na relação H2H (humano para humano) e no processo de desenvolvimento dele, ou seja, no ato de desenvolver o conjunto de características e qualidades que lhe permitem ter relações poderosas e atingir os seus objetivos. O meu mentor da CIA diz que os espiões são são os melhores negociadores do mundo. Reparou na repetição da palavra "são"?

Você tem cinco segundos para responder. Quantos animais da mesma espécie levou Moisés para a Arca?

Você errou se disse dois. A resposta certa é nenhum. Moisés não levou nenhum animal para a Arca, foi Noé.

Quando estamos distraídos, o cérebro inconsciente, que é rápido, não lógico, emocional e impulsivo, fica no controle e torna-o mais vulnerável, pior decifrador e faz com que erre mais vezes. É essencial preparar-se para não cair nas armadilhas do cérebro, sistematizando os processos de decifrar e influenciar.

Um espião tem que ser atento, empático, simpático e fazer com que os outros se sintam à vontade para interagir com ele e ainda ter uma capacidade inata para que as pessoas confiem e o percebam como autoridade. Além disso, tem que descobrir e explorar as qualidades e vulnerabilidades das pessoas, prestando atenção a tudo o que está acontecendo ao seu redor. Prepare-se para não ser vulnerável e, assim como os espiões, terá que controlar a informação para estar um passo à frente, e, muito importante, contenha o ego, pois deve evitar comportamentos que prejudiquem a interação. Não julgue, investigue mais, evite dar ordens ou conselhos, elogie mais, não queira ser a pessoa que precisa vencer a discussão, não se comporte como superior ou melhor, não interrompa, não rebaixe o seu status ou profissão e nunca termine as frases pelas outras pessoas. Não diga o que sabe e seja um bom ouvinte. Procure decifrar os padrões da maioria para depois descobrir as exceções, não comece por elas.

Uma das razões pelas quais precisa se comportar de maneira tranquila e calma é para que as pessoas não o vejam como ameaça. Se gritar ou acusar, elas vão reter informações ou desafiar.

Os espiões deparam-se constantemente com situações em que precisam tomar decisões rápidas e avaliar as situações. Eles se perguntam:

- O que posso fazer?
- Quais são as possibilidades?
- Qual é a decisão mais correta?

Para serem mais eficazes na avaliação das situações e decidirem o melhor possível, os espiões e as forças especiais usam a técnica chamada OODA. Ela foi criada por um ex-capitão da Força Aérea chamado John Boyd para ajudar os pilotos a tomarem decisões durante o combate aéreo.

> OODA

Observar.
Recolha o máximo de informação por meio de todas as fontes possíveis e disponíveis. Sinais não verbais, verbais e redes sociais. O que estou sentindo? O que ela está sentindo?

Orientar.
Analise a informação recolhida e defina opções de resolução de acordo com o que foi observado e aprendido. A ideia aqui é prever comportamentos da pessoa de acordo com a essência, os seus perfis, feitio e respostas possíveis em amor ou medo. Vou responder com o ego? O que a pessoa quer ganhar comigo ou com essa situação? Do que tem medo? Quais são as consequências? E as oportunidades?

Decidir.
Decida o que vai fazer. Não decidir é pior do que decidir de modo ruim.

Agir.
Implemente a sua decisão. Faça e resolva.
Em qualquer circunstância em que se envolva, existe um processo de tomada de decisão; trazendo razão ao processo, pode ganhar o poder de influenciar as ações dos outros. Aplicar a técnica OODA evita a maioria das armadilhas do cérebro primitivo.
Depois de tudo o que aprendi com os melhores do mundo, desenvolvi vários sistemas para ajudar você a decifrar pessoas, baseados na melhor informação, investigações e ciência. Os sistemas ajudam a recordar o que precisa ler e fazer para decifrar e influenciar pessoas, não importa qual seja o seu ponto de partida.
Esses planos incentivam uma abordagem baseada no que é mais recente e melhor do conhecimento para ajudar a orientá-lo na sua jornada. Observar e seguir os passos é fundamental para se tornar imparável. São passos fáceis de cumprir que vão transformá-lo em um decifrador de pessoas.

CONCLUSÃO

Cada um de nós é um universo que precisa ser descoberto pela pessoa certa.

Há muitas maneiras de vencer na vida e alcançar os nossos sonhos. Podemos ser muito inteligentes, talentosos, espertos e bem-relacionados. Tudo isso vai nos ajudar a conquistar os nossos objetivos, mas, na verdade, não existe garantia de nada. O que vai fazer com que você consiga vencer, na realidade, é a força de vontade, é acreditar e se lembrar de ser o interessado, e não interessante. Ler a verdadeira essência das pessoas é o poder que dou a você para conseguir ajudá-las ainda mais para que elas conquistem o que desejam, e isso fará com que você conquiste aquilo que quer. Essa é a lei universal.

Os comportamentos revelam sentimentos e emoções, os olhos podem contar os segredos que o coração guarda, a voz pode revelar os sentimentos de uma pessoa e o silêncio pode funcionar como um poderoso instrumento de influência. Um toque pode influenciar, confortar ou motivar.

Este livro é para mim um projeto gigantesco que não teria sido possível sem o incentivo, o amor e o apoio sem fim da minha esposa e das minhas filhas, que me fizeram sentir como se eu não estivesse sozinho nessa batalha e acenderam em mim a chama para continuar quando estava prestes a desistir. E, de todas as pessoas que me acompanham todos os dias, todas elas me estimularam a fazer um livro melhor. Escrevi este livro para ajudar todas elas. Dedico também a todos os meus mentores e especialistas, os quais me ensinaram todo o conteúdo e me fizeram ser melhor e ainda mais focado. A Sofia, que me desafiou e apoiou a fazer essa jornada e teve uma paciência de outro mundo. Obrigado, Sofia.

Gratidão e contribuição são os sentimentos que me envolvem enquanto escrevo estas palavras. Foi difícil, mas gratificante. Ouvi há muitos anos uma frase que diz que a paciência é amarga, mas o seu fruto é doce.

Quero que saiba que essa jornada não termina aqui. Conte sempre comigo e desejo bons momentos decifrando pessoas.

"Tu te tornas eternamente responsável por aquilo que cativas."
– O Pequeno Príncipe

**Acreditamos
nos livros**

Este livro foi composto em Depot New e impresso pela Geográfica para a Editora Planeta do Brasil em dezembro de 2022.